高素质农民培育系列读本

农耕文化与乡村旅游

沈凤英　秦丽娟　主编

中国农业出版社
北　京

图书在版编目（CIP）数据

农耕文化与乡村旅游 / 沈凤英，秦丽娟主编 .—北京：中国农业出版社，2020.9
（高素质农民培育系列读本）
ISBN 978-7-109-26739-8

Ⅰ. ①农… Ⅱ. ①沈… ②秦… Ⅲ. ①农业—传统文化—研究—中国 ②乡村旅游—旅游规划—研究—中国 Ⅳ. ①F329 ②F592.3

中国版本图书馆 CIP 数据核字（2020）第 054529 号

农耕文化与乡村旅游
NONGGENG WENHUA YU XIANGCUN LÜYOU

中国农业出版社出版
地址：北京市朝阳区麦子店街 18 号楼
邮编：100125
责任编辑：国　圆　郭晨茜　　文字编辑：刘昊阳
版式设计：杨　婧　　责任校对：赵　硕
印刷：北京印刷一厂
版次：2020 年 9 月第 1 版
印次：2020 年 9 月北京第 1 次印刷
发行：新华书店北京发行所
开本：880mm×1230mm　1/32
印张：9.5
字数：256 千字
定价：45.00 元

编 委 会

前言

在中国几千年的文化中，有哪一种文化比“农耕文化”更古老?

对创造了人类历史上最灿烂的农耕文明的中华民族来说，“农耕文化”是值得我们骄傲的。中国传统农业被世界公认为精耕细作、用养结合、地力常新的典范，被看作是中国之所以能在有限的土地上养活地球上最庞大的人群，而且几千年经久不息、绵延不绝的根本所在。本教材从悠久的中国农耕文化出发，总结了中国传统农耕文化的类型，进而对如何传承与发展农耕文化进行了研究分析。

乡村是“农耕文化”的发祥地。“采菊东篱下，悠然见南山”是古代乡村生活的写照，越过千年，这依然是现代人对乡村生活的美好向往。近些年来，随着家庭游、自驾游的兴起，乡村旅游越来越受到人们的青睐，从城市到乡村，人们想念的正是乡村特有的气质与味道。但并不是每一个做旅游的乡村都能捧起“聚宝盆”，要想打造出令人魂牵梦绕的乡村旅游胜地，就要留住乡村的乡土味、人情味，留住乡村的自然与古朴，呈现乡村固有的样子。本教材对乡村旅游发展模式进行了总结，对如何做好乡村旅游策划、乡村旅游营销、乡村旅游管理进行了详细介绍，并通过典型案例的列举，提炼和总结了乡村旅游发展的经验，以期能为乡村旅游开发与经营管理者提供借鉴，为培养更多的乡村旅游开发与经营管理能手、推进全国乡村旅游产业的转型与升级做出贡献。

目录

第二篇　乡村旅游

第三篇 案例

第四篇 专题

第一篇
农 耕 文 化

第一章 悠久的中国农耕文化

中国农耕历史悠久，形成了博大精深、丰富多彩的农业文化，对社会经济的发展产生了广泛而深远的影响。在现代农业的发展进程中，历史文化的影响也普遍存在，研究文化问题的学者一般把传统文化中保留下来的并且对现代社会生活仍然产生影响的“活”的因素称为“文化传统”，农耕文化传统是其中的一个重要组成部分。中国农业文化发展的前两个时期，即原始农业文化和传统农业文化时期，可统称为农耕文化时期或古代农业文化时期。

农耕文化是历经几千年的积累和沉淀而形成的文化资源，是中国文化资源宝库的重要组成部分，系统、全面地认识农耕文化资源，科学合理地推进农耕文化资源的产业化开发和利用，是弘扬和传承民族文化的需要，也是推进文化创新发展的需要。农耕文化是指农民在长期农业生产中形成的一种风俗文化，以为农业服务和农民自身娱乐为中心。中国的各民族大多为农耕民族，各民族的农事活动既是农作的劳动过程，又体现出独特的文化特色。

农耕文化是人类在长期的农耕实践活动中创造、传承的物质财富和精神财富的总和。在上万年的农业历史进程中，中华民族的先民们一代接一代，不仅创造了领先世界的物质文化，还保证了中华民族的繁衍昌盛。

第一节　原始农耕文化

一、概念

对于“原始农耕”一词，在《中华文明的起源》中有这样的表述：“以半坡遗址和河姆渡遗址为例，简述中国原始农耕文化的特征。”根据李根蟠等著的《中国原始社会经济研究》一书（中国社会科学出版社，1987），我国原始社会若按“生活资料生产方式的演进”划分，可分为“原始采猎业”和“原始农业牧业”两大阶段。原始农牧业是人类第一次通过自己的活动来增殖天然的产品，从而改变了整个社会的经济面貌，对人类的发展产生了深远的影响。而“农业的发明是人类历史上一件划时代的大事，是由攫取经济到生产经济的伟大革命性转变。”

据最新考古资料可知，我国黄河流域最早的农业遗址为黄河中下游的河北武安磁山文化、河南新郑裴李岗文化遗址等。数据表明，这些遗址年代都在公元前6000年至前5000年，即距今七八千年，都比半坡和河姆渡的农耕文化略早。一般来说，原始农耕时代相当于石器时代的新石器时代，也相当于以社会结构为演进标志的氏族公社繁荣阶段。

二、原始农耕文化

1. 原始农耕文化简介

我国的农业是从母系氏族社会开始萌芽、发展的。人类在经历了漫长的旧石器时代后，渐渐进入新石器时代，开始普遍使用磨制石器，磨制石器比打制石器锋利得多，因而大大便利了人们对大自然的开发和利用。妇女在长期采集的过程中发现一些种子在一定的土壤、水分、季节条件下可以发芽、开花、结果，于是，她们有意无意地在住地附近撒些剩余的种子，以待生长，开始了最简单、最原始的农业。后来人们用火烧掉森林，用石斧砍掉树枝，开始农耕生活，这就是所谓的刀耕火种。

原始农业的出现使人们有了可靠的食物来源，于是人类开始了定居生活。在母系氏族公社时期，人们已经能够在一定的地区长期活动。定居的生活又促进人们进一步改进和提高农业技术，带把的骨耜及钻孔安装把柄的石斧的出现就是农业技术和农业生产工具进步的标志。原始农业的出现促进了原始手工业的发展，半坡氏族已经能够制造精美的彩陶。在制造陶器时，他们会使用陶轮，使陶器的表面光滑、细腻，他们还在陶器的四周刻上精心制作的花纹。原始农业的出现也促进了原始畜牧业的发展，人们逐渐驯养狗、猪、牛、鸡等野生动物。

原始农业的出现还促进了人类社会自身的发展。在母系氏族社会中，人们按照血缘关系组成一个个氏族公社，在氏族公社内部，人们又有严密的组织与分工。母系氏族社会的一整套制度有调节氏族成员之间、个人与社会之间关系的作用。在母系氏族里，因为妇女在社会生活中起着主导作用，因而妇女的地位很高，在氏族的内部按妇女的辈分来决定社会地位的高低，一个氏族公社实质上是一个老祖母的后代。农忙季节，妇女率领全体氏族成员一起出动，男子砍伐树木、开辟土地，妇女松整土地、播下种子；收获季节，妇女领着全体氏族成员一起收割，共同劳动、共同分配。

2. 原始农耕文化的发展

农耕文明起源于母系氏族繁荣期，半坡聚落与河姆渡聚落均属农耕文明阶段。“聚落”一词与以往的“氏族”不同：“聚落”就是早期人类的定居地；“氏族”又称“氏族公社”，是按血缘关系组成的比较固定的社会群体（集团）。从地域意义上说，“聚落”应包含很多氏族，半坡居民和河姆渡居民可能是由若干个氏族组成的一个大公社、一个大的聚落。

（1）河姆渡聚落。河姆渡遗址是我国东南沿海最早的新石器时代母系氏族繁荣时期的聚落遗址，河姆渡先民为中华民族古文化的形成和发展做出了重要贡献，距今约 7 000 年，是长江流域氏族聚落的代表。河姆渡居民普遍使用磨制石器，还用动物骨骼制作工具，主要种植水稻，还饲养猪、狗、水牛等家畜。其房屋是干栏式的，干栏式建筑一直是江南地区的主要建筑形式之一。

（2）半坡聚落。半坡聚落位于陕西西安半坡村，距今约 6 000 年，属新石器时代晚期，是黄河流域氏族部落的代表。半坡居民饲养猪、狗等家畜，还打猎、捕鱼，已经学会纺线、织布和制衣，并且普遍使用磨制石器。陶器是那时人们日常生活的主要用具，半坡遗址出土了大量陶器，陶器的底色一般为红色，上面多绘有人、动物和几何花纹等图案，称为彩陶。

半坡聚落与河姆渡聚落有共性，也有其各自的特性。共性是：①两者都处于大致相同的发展阶段，属母系氏族阶段；②都是以农业生产为主要经济形态，兼有饲养、渔猎、采集等经济活动；③都会建筑房屋，过着定居生活；④都会使用、制作磨制石器和陶器。相异之处是：①地理环境不同；②建筑房屋的特点不同；③农作物不同；④陶器制作的风格不同。

因此，我们常认为半坡聚落反映了北方半干旱地区农耕文明的特点，是黄河流域母系氏族文化的代表；河姆渡聚落反映了南方湿润地区农耕文明的特点，是长江流域母系氏族文化的代表。

第二节　传统农耕文化

农耕文化是指在农业生产实践活动中创造出来的与农业有关的物质文化和精神文化的总和。农耕文化是中国劳动人民几千年生产生活的智慧结晶，反映并体现了中国传统农业发展中的思想理念、生产技术、耕作制度以及中华文明的内涵，它的形成和发展浸透着历代先贤的血汗，凝聚着中华民族的智慧。源远流长的农耕文化是中华文化之根，今天仍然渗透在人们的生活中，特别是渗透在乡村生活的方方面面。

农耕文化可以分为农耕实物文化和农耕意识文化两种。农耕实物文化是指以实物形式保留及流传下来的因素，具体形式有农作物、耕作方式、农耕器具、农耕服饰、农用建筑等。农耕意识文化是指在农耕生产方式基础上产生的各种意识形态的文化因素，具体包括岁时节日、农事礼仪、神话谣谚。

农耕文化博大精深、内涵丰富，主要包括 4 个方面：一是应时，即要顺应时间与节气等自然节律开展农业生产。二是取宜，强调因时、因地、因物制宜，这是开展一切农业生产活动必须遵守的根本原则，体现了农业生产要顺应自然。三是守则，所谓

"则"，即准则、规范、秩序，它是人与自然长期互动形成的实践原则，农业生产中必须遵循这些原则和规范，否则必将受到自然的惩处。比如，"人误地一天，地误人一年"说的就是生产中耽误一天，就会影响一年的收成。四是和谐，在天时、地利、人和以及各种条件充分具备的情况下，才能风调雨顺、政通人和，实现人与自然的和谐。作为一种文化形态，农耕文化在生产力的推动下不断发展，农业现代化和现代农业发展是现阶段农耕文化的表现形式，是对中国农耕文化的继承和发展。

一、传统农耕文化简介

在《现代汉语词典》中，"精髓"被解释为"比喻精华"，所谓"精华"则被解释为"（事物）最重要、最好的部分；（书）光华；光辉。"从"精髓"本身的内涵可以看出，传统文化的精髓既是一个事实判断，又是一个价值判断，是两者的结合，但价值判断归根到底取决于传统文化本身的内在价值及其生命力。

在传统农艺中，培肥地力是农耕文化的基础，其主要措施是施用畜禽粪肥，这样既可改良土壤，提高土壤肥力，又可保持地力不衰。早在两千多年前的春秋战国时代，就有了人为的农田施肥活动。《老子·四十六章》："却走马以粪"；《韩非子解老》："积力于田畴，必且粪灌"；《荀子·富国》："掩地表亩，刺草殖谷，多粪肥田，是农夫众庶之事也"。这些优良的农作传统一直得到保持并继续发扬光大。宋代陈旉著《农书》专门讨论了肥料问题，提出了有名的"用粪犹如用药""地力常新壮"等观点。相对于此，西方现代农业中采用无机肥料的方法在提高农作物产量方面效果显著，但副作用很大，易导致土壤板结、地力衰竭、环境污染等不良后果。中国的现代农业在经过了一番优劣选择之后，走上了一条有机与无机相结合、培肥地力与提高产量双丰收的道路，农家有机肥与化学肥料在农业生产中配合使用，发挥着"1＋1＞2"的作用。

二、传统农耕文化的内容

1. 农业思想

农业思想是历史上形成的对农耕文化的总结，包括对农业的态度、认知、著作等精神类成果。农业思想对农民从事农业活动具有指导作用，能够促进农业技术的进步和农耕文化的发展。如北魏时期中国杰出农学家贾思勰系统总结了 6 世纪以前黄河中下游地区农牧业生产经验及食品的加工与贮藏、野生植物的利用等技术，形成了《齐民要术》一书，该书是中国历史上出现的第一部系统农书，对中国农耕文明的发展起到了很大的促进作用。

2. 农业制度与法令

以农为本、自给自足的小农经济是中国古代社会发展的根基，劝农重耕一直是农业立法的指导思想。封建时期长期的发展历史形成了一系列的农业发展制度和法令，主要包括 4 个方面：一是赋予农业崇高的地位，二是明确政府官员鼓励农耕等职责，三是保护农民权益，四是采取各种措施发展农业生产。这些制度与法令成为农耕文化的重要组成部分。

3. 乡村礼仪与价值观念

乡村礼仪是农民在农村生活中以约定俗成的方式来表现待人处事的方法和律己敬人的过程。中国幅员辽阔，民族众多，各地乡村礼仪、风俗习惯以及宗教信仰等有显著差别，各民族、各村落人们的价值观念也各有特色。几千年来，相对封闭的农村环境使农民一直遵守和延续着传统的乡村礼仪，缤纷多样的乡村礼仪和价值观念成为中国农耕文化的无形财富。

4. 农事节日习俗

中国传统节日中有大量与农业生产息息相关的农事节日，其本质是对农业生产过程的高度概括和总结，体现了农业生产因地、因时制宜的根本原则，同时又融入了饮食、服饰、艺术等大量的农村文化习俗，如清明节、端午节、中秋节、腊八节等，均与农耕生产和农村生活紧密相连，是农耕文化的集中体现。

5. 农耕饮食文化

中国的饮食文化与农耕文化的发展息息相关。长期以来，中国农村受地理环境、气候条件、农业产物、文化传统及民族习俗等因素的影响，饮食文化各具特色。丰富的自然食材为饮食提供原料，不同民族的风俗礼仪为饮食注入文化特质。经过长期发展，在一些区域形成了有一定亲缘承袭关系、菜品风味相近、知名度较高并为当地群众喜爱的地方菜系，其中，粤菜、川菜、鲁菜、淮扬菜、浙菜、闽菜、湘菜、徽菜被称为“八大菜系”。中国农耕饮食文化风格多样，除了主流菜系，在各地、各民族还有各自独特的饮食文化。

三、传统农耕文化特色

1. 中华农耕文化

中华农耕文化包括：①传统农业技术，主要包括养殖技术、种植技术（品种选育技术、嫁接技术、作物虫害防治、温室栽培技术、果品贮藏保鲜技术）、水利灌溉技术；②物候与节气，主要指月令与物候、二十四节气；③农产品加工，主要包括粮食加工，食用油、蔗糖、豆腐加工，茶叶加工，桑蚕制作；④民间艺术，主要包括年画、剪纸、农民画、蜡染；⑤生活方式，如耕读文化等；⑥节庆娱乐，如花朝节日、斗牛比赛等。

2. 秦岭农耕文化

（1）特色民俗。主要有：①干“帮帮活”，即互相帮工干活。②唱“锣鼓草”。这是一种促进生产劳动的娱乐形式，干活前人们先推荐一位擅长歌舞者自敲自唱，大伙边劳动边帮腔。③敬“财神”。人们认为耕牛是种庄稼的主要助手，最劳累辛苦，又因为牛的双角很像“天官财神”的双帽翅，故认为牛能给农家带来财富。④小麦抽节扬花是农事较闲时，各地借古庙会期，围绕麦收举办骡马会、农忙会、青苗会等。⑤陕南民间有“投石乞子”的习俗。⑥陕南老年人“做寿”。一般都从60岁开始祝寿，以后年龄每增一个整十数，称为“上十”，每届“上十”之年，要做一次大寿。

⑦在陕南，采茶要唱“采茶曲”，喝酒要唱“敬酒歌”。

（2）生活方式。庭院为“杏花门前开，白果屋后栽”，含有前面“幸福花开”后边“百年有果”之意。民居多以茅草屋、石洞为主，条件稍微好的人家住房一般系竹木结构的瓦房或做成砖石结构的院落，形成了“竹茅架屋”的居住习俗。

（3）传统工艺和作坊。磨坊、手工编制（竹编、藤编）、造纸业、桐油业和生漆业、桑蚕业、烧坊（酿酒作坊）、茶业、草药加工等。

（4）生产用具。包括犁头、长耙、筒车、镰刀等。

（5）农事节气和生产谚语。

3. 商洛农耕文化

商洛农耕文化包括：①民间艺术，主要有曲艺、故事、民歌、歌谣、民乐、社火、灯会；②民间工艺，如制作蓝印花布、枕头顶、香包、泥胎胖娃、狗娃咪、编织类、金属制品；③饮食习俗；④节庆娱乐；⑤非物质文化遗产；⑥特色民居。

第二章 传统农耕文化的重点类型

中国自古以来以农立国，耕耘畜养绵延了上万年。在这年复一年的春种、夏耘、秋收、冬藏的农业实践中，华夏民族的祖先创造了灿烂辉煌的中华农耕文化。他们不仅在发明与革新农具、改进农艺、治水灌溉、桑茶利用等方面积累了丰富的经验，创造了一整套独特的精耕细作、用地养地的技术体系，使土地利用率和土地生产率不断提高，而且在与大自然的长期互动中，造就了丰富多彩的民俗风情和民间艺术，孕育了“天人合一”的思想，铸就了中华民族自强不息的精神。农耕文化是中华优秀传统文化的重要组成部分，是中华民族生生不息、团结奋进的不竭动力，是构建中华民族精神家园的重要文化源泉。

第一节　精耕细作传统

中国古代农业最显著的特点是建立在小农经济制度之上，以发掘土地增产潜力、提高土地生产率为目的的精耕细作传统。在原始农业向传统农业演进的过程中，黄河流域逐渐形成了土地连作、多熟种植的精耕细作技术体系。这一体系的核心是通过深耕熟櫌、中耕管理、抗旱保墒、施用肥料、种植绿肥等措施，提高单位面积的农作物产量。隋唐以后，随着曲辕犁的发明，以耕、耙、耖配套的南方水田精耕细作体系逐渐形成并深入发展。

一、传统精耕细作技术的萌芽

中国是世界上最早出现农业的国家之一，可追溯到距今10 000年左右，主要分布于黄河流域和长江流域，数量众多的新石器农业遗址证明距今六七千年前已有相当发达的原始农业。

1. 刀耕火种式

原始农业是一种刀耕火种式的农业，其方法是用火烧掉地上的杂草与森林，用木棒石斧点穴播种，来年易地而种（图 1）。

图 1 刀耕火种

2. 耒耜

祖先们在垦荒和耕种过程中，发明了原始农具。最初的耕地农具是耒耜，耒自早期的尖木棍发展而来，下端呈尖锥式以利于松土，耜的下端呈扁叶式，后来，耒入土部位的逐渐增大，发展成为一种新的松土工具——耒耜（图 2，图 3）。

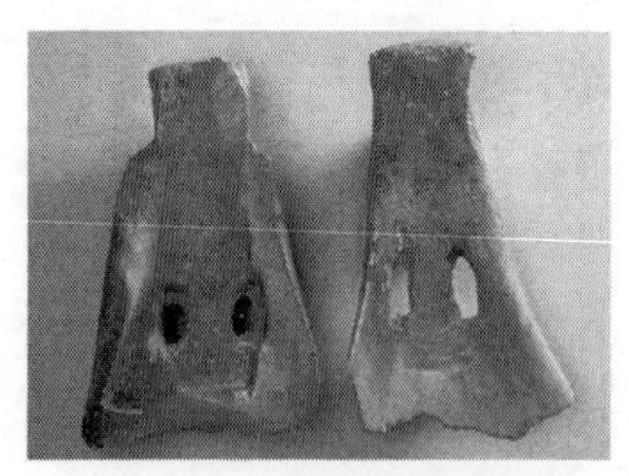

图 2 原始农具耒耜

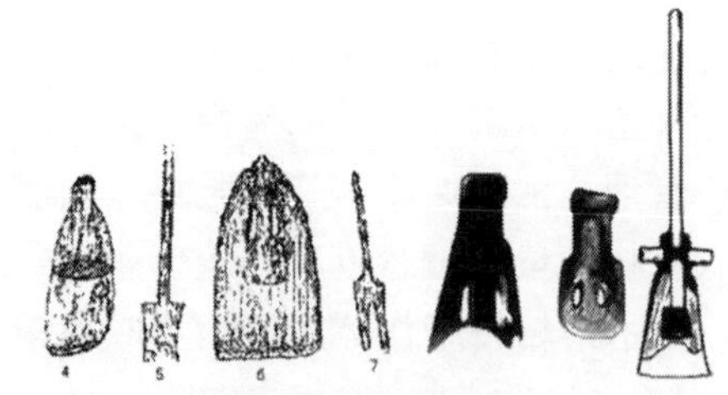

图 3 各种耒耜

3. 耦耕

早期先民们在开沟及从事其他耕作活动时。通常需要两人一组进行协作，实行二人二耒并耕，即耦耕，以求提高劳动效率（图 4）。

图 4　耦　耕

4. 农田沟洫体系

黄河流域河水经常泛滥，平原坡降小，排水不畅，同时地下水位高，内涝盐碱。先民们为排水洗碱，发展了农田沟洫体系。这是一种垄作形式的旱地农业，是中国早期农业文明的重要内容（图 5）。

图 5　农田沟洫体系

5. 上田弃亩、下田弃甽

针对黄河流域旱地农业的环境条件，先民们发明了“上田弃亩、下田弃甽”的“垄作法”，即在高旱田将庄稼种在甽（沟）中，便于抗旱；在下湿田将庄稼种在垄上，便于防涝（图 6）。

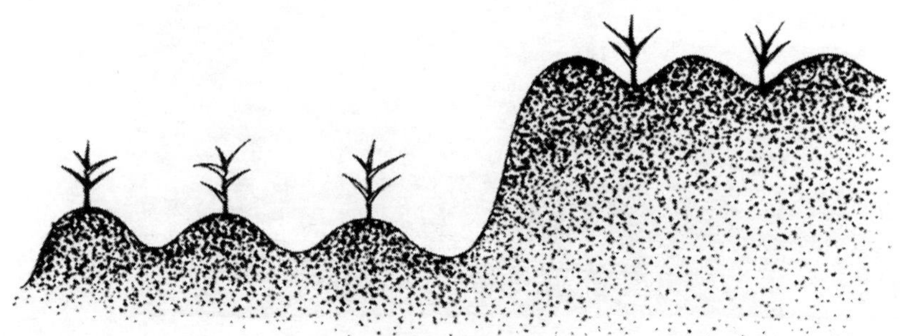

图 6　垄作法

6. 土地连种

刀耕和锄耕时期主要采用撂荒制，一年而易称生荒、数年而易称熟荒。到了犁耕阶段，采用施肥和中耕技术，实现了同一块土地上连续多年种植，称“连种制”。

7. 铁制犁

西周晚期至春秋时期出现铁制犁，并开始用牛拉犁耕地。由于铁的坚硬度和原料来源均优于青铜，铁制农具迅速推广，生产效率迅速提高。铁农具和牛耕的使用为精耕细作技术的发展奠定了坚实的物质基础，也标志着农业发展进入了新的阶段（图 7）。

图 7　铁制犁

二、北方旱地精耕细作技术体系形成

秦汉魏晋南北朝时期是北方精耕细作技术的形成时期。由于黄河流域春天多风少雨，抗旱保墒是农业要务，促成人们发明了以耕、耙、耱为核心的精耕细作技术体系（图 8）。

图 8　精耕细作工具

1. 使用畜力

使用畜力进行耕地、耙地、耱地一整套作业，以达到抗旱保墒、充分利用地力的目的。深耕熟耰及耕、耙、耱配套技术体系完整地出现在魏晋时期。

2. 耙

耙是碎土农具，其作用主要是将耕后土块破碎，平整田面。北方旱地耕后的较大土块上常附着杂草和害虫，用耙破碎土块，能起到消灭杂草、抑制虫害、改变土壤结构、保墒防旱的作用（图 9）。

图 9　耙

3. 耱地

耱地的主要作用是平整土地、松土保墒。耱由手工操作的耰发展而来，由畜力拖动，耱地至迟于汉代发明并运用（图 10）。

图 10　耱

4. 代田法

代田法是汉代在“垄作法”基础上发明的沟垄互换的种植方式，以达到连作种植而又局部休闲的效果，且具有抗旱保墒功能。

5. 利用冬天积雪保墒

该技术发明于汉代，目的是利用冬天的积雪覆盖土壤，提高土壤墒情。

6. 发明耧车

耧车是畜力条播机具，由耧架、耧斗、耧腿、耧铲构成（图 11，图 12）。

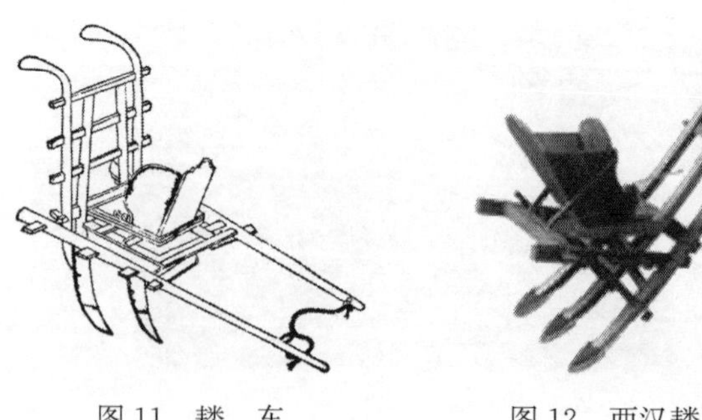

图 11　耧　车　　图 12　西汉耧车模型

三、南方水田精耕细作

耖是南方水田耕作时使用的一种专门农具，它的作用和北方的耢类似，在破碎土块的同时，还具有平整田面的作用。耖在西晋时就已在南方水田稻作中出现，但真正普及则是在宋代以后（图13）。

图13　耖

筒车是靠水力转动提水的农具，初见于唐陈廷章《水轮赋》，文中有“升降满农夫之用，低徊随匠氏之程”的叙述。筒车作业时，通过水力推动木叶轮不停转动，将竹筒中的水提升到高处沟渠和农田中（图14）。

图14　筒　车

翻车又名龙骨水车，相传系东汉末年毕岚发明，后经三国时马钧改进。唐以后出现了功效更高的脚踏翻车、牛转翻车、水转翻车和以风力为动力的风力水车。龙骨水车的问世对南方部分不易自流灌溉的土地开发起了决定性的作用（图 15）。

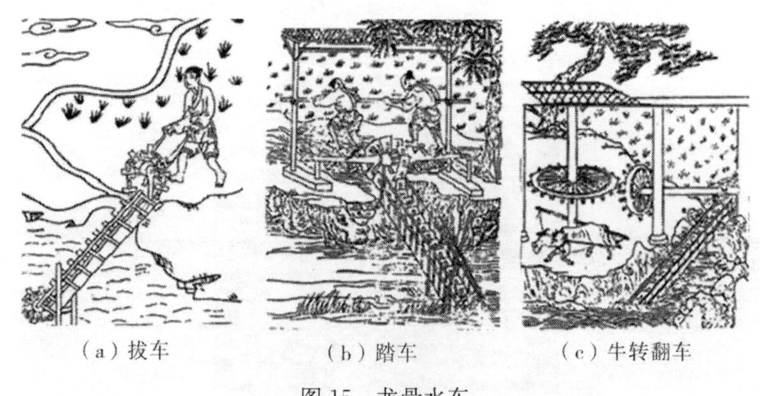

（a）拔车　（b）踏车　（c）牛转翻车

图 15　龙骨水车

宋代以后，南方采用水稻与麦类轮作倒茬及间作套种方式，形成了一年两熟制和一年三熟制，明清以后逐渐进入成熟阶段。

第二节　传统农业技术

在长期生产实践中，先民们在不断完善精耕细作技术体系的同时，还发明、创造并运用了许多合理有效的技术，包括作物品种穗选技术、作物虫害生物防治技术、植物嫁接技术、畜禽的杂交利用技术、鱼类分层混养技术等。这些代代相传并不断完善的传统农业技术显现了古代先民们的创造力，也铸成了中华古代农业科学技术成就的灿烂与辉煌。

一、种植技术

古代劳动人民在植物种植过程中，发明并运用了许多技术，包括品种选育技术、嫁接技术、作物虫害防治技术、温室栽培技术等。

1. 品种选育技术

北魏时期，劳动人民关于种子保纯、种子处理和作物对于土壤的适应性等各方面丰富的经验已达到很高的水平，据《齐民要术·收种》记载，当时先民们已采用穗选法培育和繁殖良种（图 16）。

2. 嫁接技术

汉代已将嫁接技术运用于蔬菜生产上。嫁接技术较普遍地用于果树生产，其中又以梨的嫁接最早也最为普遍（图 17）。

图 16　品种穗选技术　　图 17　嫁接技术

3. 作物虫害防治技术

虫害是农业生产过程中的伴生物，古代人们在长期与虫害斗争的过程中，积累了宝贵的防治经验。晋稽含《南方草木状》记载岭南地区的人们在桶子树成长过程中要在树上放养一种黄猿蚁，消灭橘树害虫，这是迄今为止最早的关于生物天敌防治作物虫害的方法。

4. 温室栽培技术

蔬菜种植受气温影响大，冬天人们很难吃到夏天的菜肴。但是，在中国古代就发明了利用天然温泉和人工温室的方式种植蔬菜（图 18）。

汉代就发明了利用人工温室冬种葱、韭技术，具体方法是在封闭的小房中，通过日夜不停地烧火加温，促使葱、韭在冬天生长。这是最早的关于人工温室利用的记载。

图 18　温室栽培技术

二、土地利用

土地是农耕的重要因素，随着人口的增加，平原容易利用的土地开发完后，人们又发明了其他土地利用形式。如在湖区出现了架田，在湖滨、河滩地区出现了围田，在山地从浅丘向山坡出现了冲田、梯田，大大增加了可利用的耕地面积。

1. 人工架田

人工架田是一种漂在水上的耕地（图 19）。

2. 圩田

圩田是江南湖滨河滩地区创造的土地利用方式，三国时期出现了圩田的雏形。圩田的标志是有合围的堤，堤内开沟渠，设涵闸，能排能灌（图 20）。

3. 砂田种植技术

明清时期，甘肃陇中地区的农民发明了砂田种植技术。他们在耕地上铺砂石，以起到蓄水保墒、抑制蒸发、控制泛碱、提高土温的作用。利用这种技术，能够在年降水量仅二三百毫米的干旱条件下获得农作物的丰收（图 21）。

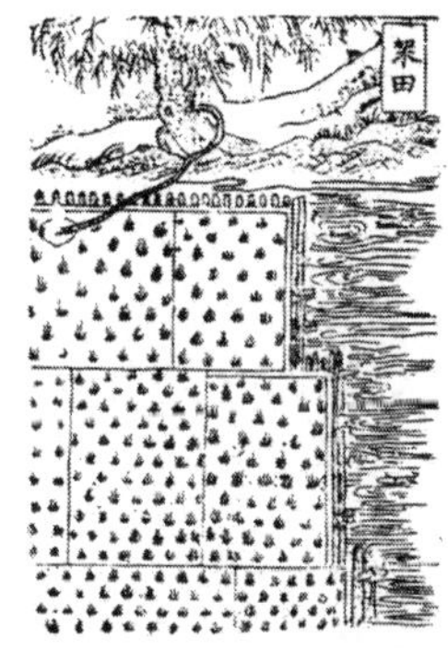

图 19　人工架田

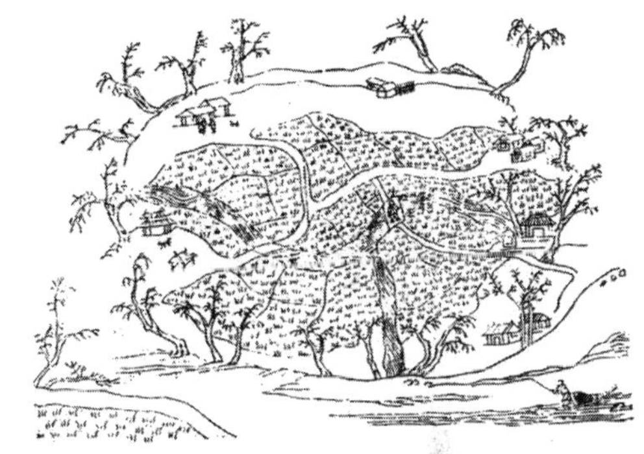

图 20　圩　田

图 21　砂田种植技术

4. 梯田

在山地多、平地少的山区和丘陵地区，为了扩大耕地面积，古代先民们修建了梯田（图 22）。

5. 冲田

冲田是利用两座小山丘之间相对平缓的土地而开垦的稻田，是在南方丘陵地区广泛应用的一种土地形式，因两山之间为冲，故称其为冲田。一般在冲田中上部位挖有池塘蓄水，以供灌溉（图 23）。

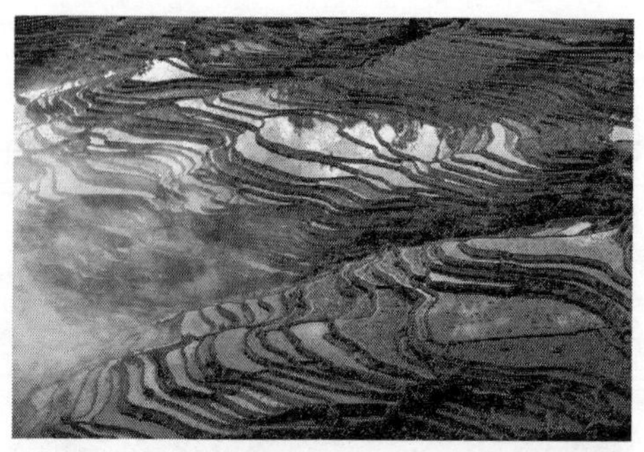
图 22 梯 田

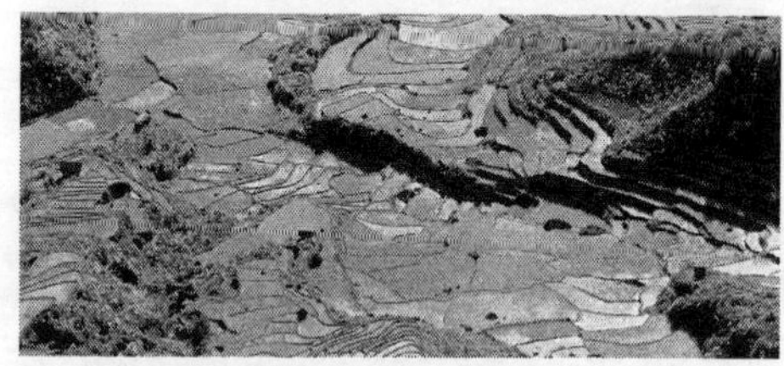
图 23 冲 田

三、畜禽养殖

新石器时代开启了驯养家畜的历史，中国古代先人们率先驯化了猪、水牛和鸡。随着六畜中其他家畜的驯养完成，各种畜禽养殖技术不断出现。

家畜驯化主要通过拘禁的方式完成，各类家畜驯化后形体变化程度不一，其中以专供肉食的猪的变化相对明显（图 24）。

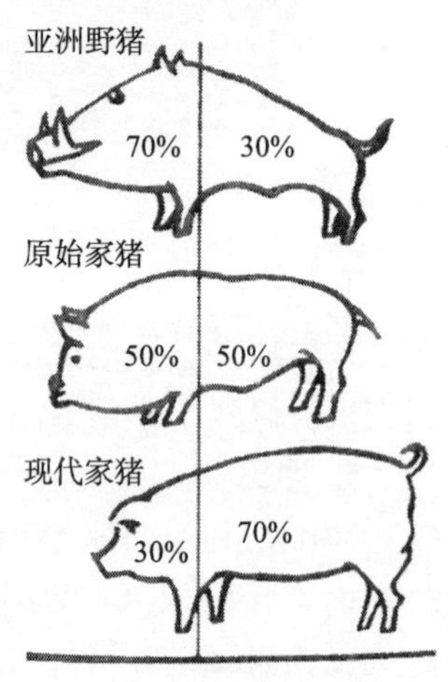

图 24 家畜驯化

伯乐是春秋时期最有名的相马者，他总结了前人和当时相马名家的经验，加入自己在实践中的体会，写成《相马经》，但该书现已失传（图 25）。家禽人工孵化法出现在宋代（图 26）。

华南猪是育成于广东一带的猪品种，为世界著名猪种的育成做出了贡献。18 世纪初，英国就开始引进中国猪，以改良当地的品种（图 27）。

图 25　伯乐相马

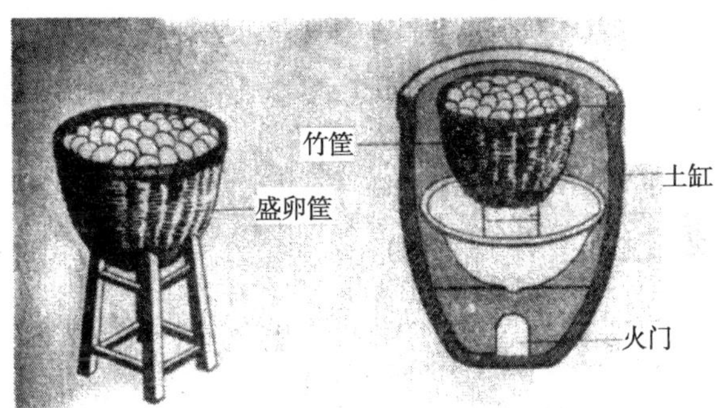

图 26　家禽人工孵化

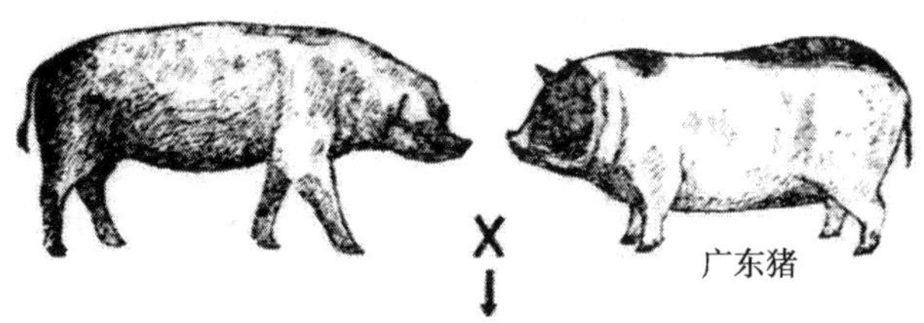

图 27　广东猪

四、水产养殖

在水产养殖方面，古人很早就开始人工养鱼，至宋代，人们已完成了四大家鱼的人工养殖，明清时期，人们较充分地了解了鱼的生活习性并进行分层养殖（图 28）。

在人工养殖珍珠方面，宋代庞元英《文昌杂录》记载有：“养珠法，以今所作假珠；择光莹圆润者，取稍大蚌蛤；以清水浸之，伺其开口；急以珠投之，频换清水；夜置月中，蚌蛤采玩月华；此经两秋即成珠矣。”开创有史以来人工育珠的先河（图 29）。

图 28　人工养鱼

图 29　人工养殖珍珠

第三节　治水文化

自古以来，中华民族对水的忧患意识异常强烈，我国黄河上下、大江南北水灾旱灾彼落此起，是世界上自然灾害最深重的民族之一。为此，华夏儿女同大自然进行了数不清的搏斗，兴修了无数各种类型的水利工程，有力地促进了农业生产的发展，一些古老的水利工程至今仍发挥着重要作用（图 30）。

相传远古时，共工氏曾以土壅治洪水，但遭到失败。到尧时又发生洪水，尧命禹治水土，他采取导江河、通航道、凿水井的办法，多方面开发水利，获得成功（图 31）。

图 30　古老的水利工程

图 31　大禹治水

凿井技术出现于原始社会中期。水井最初是利用地下水供人畜饮用，商代用于灌溉，到了汉代，陕西关中发明了挖掘地下窑井技术，称“井渠法”，后来著名的坎儿井就是利用了该技术（图 32，图 33）。

芍陂位于安徽省寿县南，由楚相孙叔敖主持兴建。该工程利用丘陵地势，在低处环湖筑堤，形成周长 50 余千米的水库，是历史上最早的大型陂塘蓄水工程，其受惠地区逐渐成为楚国著名的粮仓（图 34）。

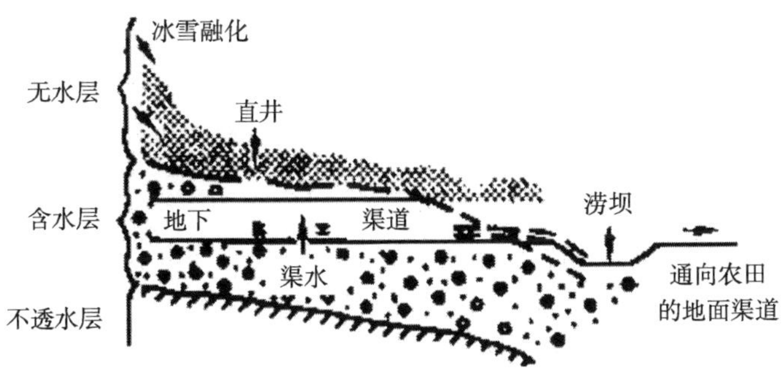

图 32　凿井技术

图 33　坎儿井

图 34　芍　陂

郑国渠是秦国兴建的一项大型灌溉工程。该工程从泾水的中山开渠东通洛水，总灌溉面积达 4 万余顷①，使灌区内农作物的产量倍增（图 35）。

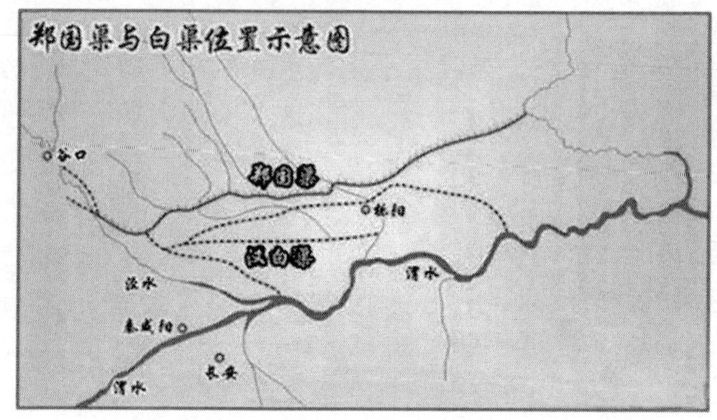

图 35　郑国渠

坎儿井创始于西汉，是流行于古代西域的水利工程，由竖井、暗渠、明渠和涝坝 4 部分组成。其引地下潜流灌溉农田，具有水行地下、蒸发少、不用动力自流灌溉的特点，是干旱风沙区一种优良灌溉工程。坎儿井自汉代形成雏形后逐渐传到中亚和波斯一带（图 36，图 37）。

木兰陂位于福建省莆田市西南的木兰溪上，是北宋时期兴建的

① 顷为非法定计量单位，1 顷≈6.667 公顷。——编者注

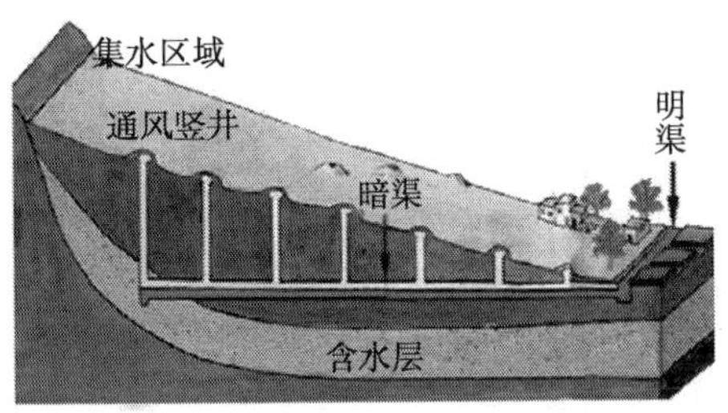

图 36　坎儿井示意图

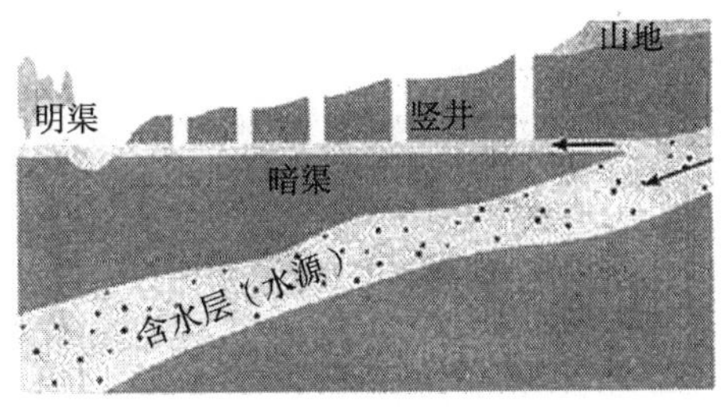

图 37　优良灌溉工程

大型水利工程，具有引、蓄、排、灌综合利用的特点，于北宋元丰六年筑陂成功，可溉“田万有余顷”。木兰陂至今仍在发挥着灌溉效益（图 38）。

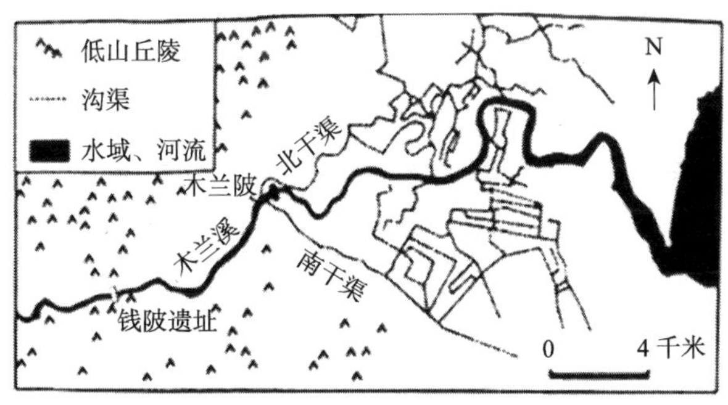

图 38　木兰陂

第四节　物候与节气

在漫长的农业生产实践过程中，我国古代先民们不断对天地间的变化进行观察、总结。从依据月亮的阴晴圆缺观测万物的荣枯盛衰到发现地球与太阳的相对运行规律，积累和掌握了大量农事季节与气候变化的规律，最终发明了使用至今的七十二物候和二十四节气，为保证农业生产、不误农时发挥了重要作用（图 39）。

图 39　二十四节气

一、月令与物候

在节气概念产生以前，人们观天象并制定历法。相传在 4 000 多年前的夏朝，就开始有了历法，人们把中国古老的传统历法称为夏历。夏历是按月亮的运行周期制定的，又称阴历。由于历法中有节气变化和农事安排，所以又称农历。但农历是以月亮运行为依据的，因此难以准确地指导生产活动（图 40）。

物候与太阳的运行直接相关，自然界的生物长期适应特定地域的温、光、湿条件的周期变化环境，就会形成与此相适应的生长发育节律，这种现象称为物候现象。适时的花开花落、蛰虫鸟类出没就是大自然的“物候语言”。

物候农谚是人们总结特定地区反映动物和植物相关的物候现象与农业生产活动关系的谚语。人们依据物候现象，准备和从事相应的农业生产活动。经过长期的农业生产实践，人们总结了很多与物候相关联的指导生产的农谚（图 41）。

图 40　月　令

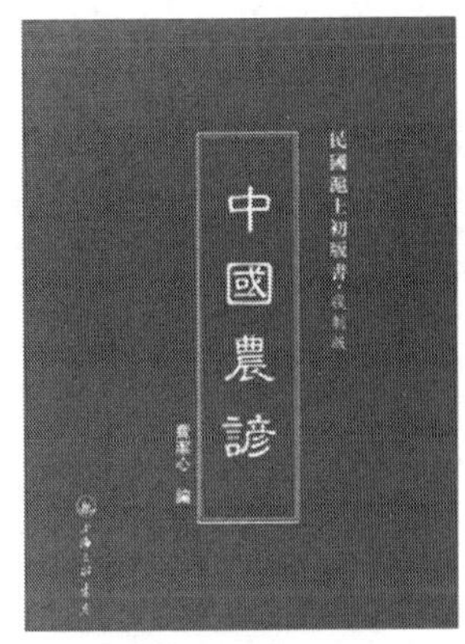

图 41　物候农谚

二、节气

在了解月令的限制与探索物候的规律过程中，人们发现认识太阳的运行规律最重要，于是发明了与太阳运行规律相符的历法，促成了二十四节气的产生。

人们依据太阳的运行规律，把一年寒暑的变化分为二十四等份，即所谓的二十四节气。二十四节气是逐步形成的，西周时期有“两分”“两至”；到战国后期，《吕氏春秋》已有立春、立夏、立秋、立冬的“四立”概念；《逸周书》上已经有完整的二十四节气内容，只是与今天的顺序不一样（图 42，图 43）。

汉代的《淮南子·天文训》记载了与现代完全一样的二十四节气的名称，并将节气中出现的自然现象分为七十二候，以五日为候、三候为气、六气为时、四时为岁，每岁二十四节气（图 44）。

图 42 《吕氏春秋》

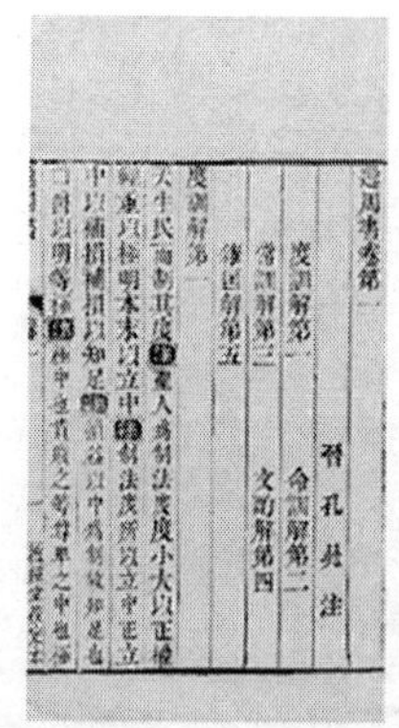

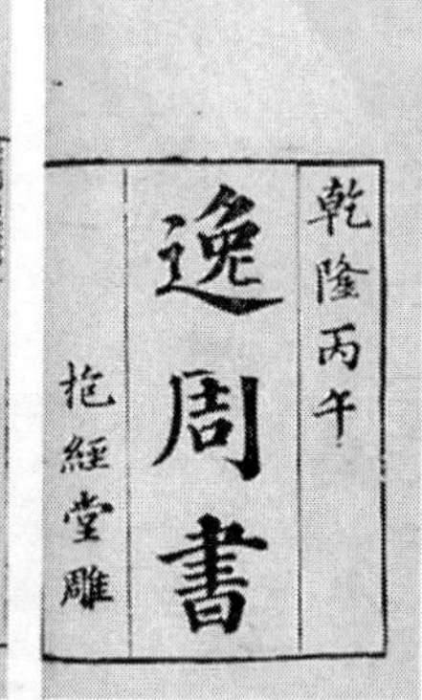

图 43 《逸周书》

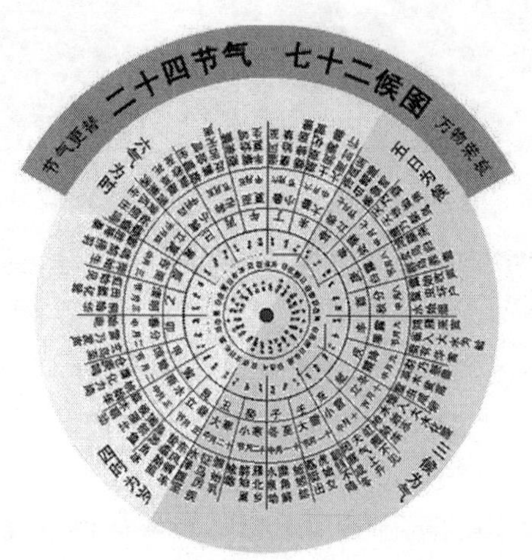

图 44 《淮南子·天文训》

立春作为节令，早在春秋时期就有，是当时一年中的八个节令之一。自那时起，迎春便是先民于立春日进行的一项重要活动，后来逐渐形成了“打春”“咬春”“报春”等众多民俗（图 45）。

“芒”指麦类等有芒作物的收获，“种”指谷类作物。“芒种”与“忙种”谐音，表示农忙季节已经进入高潮（图 46，图 47）。

图 45　立　春

图 46　芒种（一）

图 47　芒种（二）

第五节　农业生态

古代先民在长期的农业生产实践中认识到，人和自然不是对抗关系，而是和谐共生关系，生物之间也具有共生关系。根据这一思想，先民们从自发到自觉，逐渐创造了农田立体间套、稻鱼共生、水域立体养殖等农业生产模式，充分有效地利用环境资源来实现农业的循环发展。这一生态理念的建立和发展，为中华农业能够实现几千年的持续发展发挥了重要作用，具有重要的历史意义和现代价值。

一、古代农业的原生态

商周至秦汉时期，林草植被完整，林牧渔业资源丰富，天上飞禽、地上走兽、水中鱼鳖甚多。先民们或耕作田上，或湖中泛舟捕鱼，或奔走林中射猎，人与自然和谐相生（图 48，图 49）。

图 48　人与自然和谐相生

图 49　耕作田上

秦汉时期，耕作与渔猎为一体，人们所获山珍野味、鱼米之利较多，整个农业生机盎然（图 50）。

图 50　耕作与渔猎为一体

东汉时期，先民们开始用鸬鹚捕鱼，发明了以禽捕鱼、以鱼养禽的生态捕鱼方法（图 51）。

图 51 以鱼养禽的生态捕鱼

二、生态养殖

在我国东南、西南地区出土了东汉水田陂塘模型。水田陂塘一般用于养鱼或种植水生植物，并与稻田相连。陂塘养殖与稻田灌溉相结合，反映了东汉至三国时期大田与水体综合利用的生态农业经济模式（图 52）。

稻田养鱼流传千年。放养田鱼可吃掉杂草及稻飞虱等害虫，其排泄物可作为水稻的肥料，田鱼游动又增加了田间通风，促进水稻生长；水稻可为田鱼遮阴、提供食物（图 53）。

图 52 陂塘养鱼

图 53 稻田养鱼

在勉县蜀墓出土的冬水田模型中有不规则田埂，将田面分为几块。在此冬水田模型中，不但有菱角、莲花等水生植物，还有蛙、螺、鱼、鳖，再现了三国时期于田间发展淡水养殖业的情景（图 54）。

图 54　勉县蜀墓出土的冬水田模型

三、桑基鱼塘

明代太湖流域——杭嘉湖地区的先民们利用独特的自然条件创造出了“桑基鱼塘”生产模式，其流程是田基种桑—水塘养鱼—桑叶饲蚕—蚕屎喂鱼—塘泥壅田、培桑—池塘余水用于灌禾，田产饲料喂猪，猪产肉并积肥壅田，循环交替，数利俱获（图 55）。

图 55　桑基鱼塘

明代在稻田凿池养鱼，于池上架梁设笼用以养鸡养猪，以农养牧、以牧促农，以鱼养桑、以桑养蚕、以蚕养鱼。通过这种物质循环方式，实现水产业与蚕桑业共同发展（图 56）。

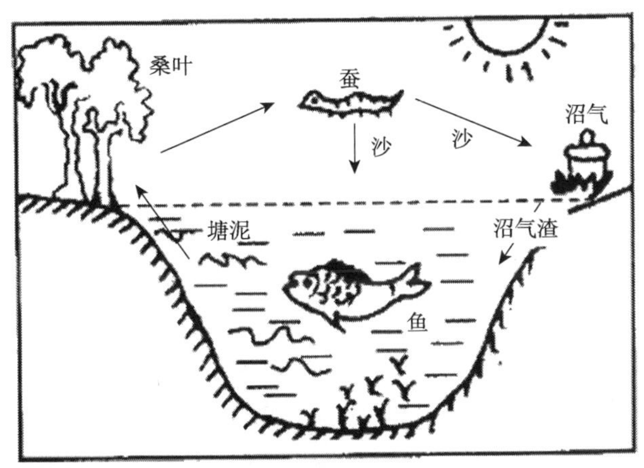

图 56 稻田凿池养鱼

四、生物治虫

汉、晋之时，先民们不仅培育了一些新的免虫害品种，还采用轮作防病栽培法，同时，创造了食物诱杀法，应用盐水浸种和捕食性天敌除虫，为病虫害防治开辟了新的途径。尤其是捕食性天敌方法，是生物防治植物病虫害的重要技术成就（图 57)。

图 57 生物治虫

汉代之初，云、贵地区的农民在田边的水池内养鸭、养蛙，这些地畔池中的鸭子和青蛙很容易进入田中啄食，吞吃稻虫，以利田禾成长（图 58）。

养鸭治虫技术至今仍然是我国农业生产中行之有效的好方法，稻鸭共作是以水田为基础、以种稻为中心、以家鸭野养为特点的自然生态和人为干预相结合的复合生态系统（图 59）。

图 58　稻田鸭

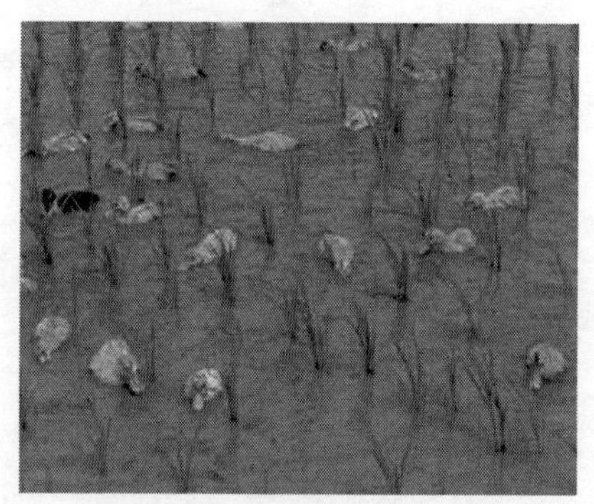
图 59　养鸭治虫技术

第六节　农产品加工

中国的古代先民不仅创造积累了农业生产技术，还发明了多种农产品加工技术，使得米粉、食油、食糖、豆腐等在几千年前便成为中国人的必食品或餐桌上的美味佳肴。随着社会经济的发展，农产品加工工具和工艺不断进步，成为中华饮食文化发展的基石。

一、粮食加工

杵臼乃属击打式粮食加工工具，肇始于新石器时代早期。臼起初是在地上挖的圆形坑，内铺兽皮或麻布，倒进谷物用舂打，继之又发明了适用性较强的石杵、石臼，以作舂米和粉碎谷物之用（图 60）。

石磨盘棒产生于旧石器时代的晚期，到了新石器时期，古人对

图 60　石　臼

之进行改造、磨制，并加以细化。这种谷物加工工具一直使用到后来的夏商、周时期（图 61）。

图 61　石磨盘棒

为了把米、麦、豆等粮食加工成粉或浆，春秋时期的先民们发明了石磨。石磨由上下两扇扁圆形石体组成，下扇中央凿孔装轴，用以与上扇套合在一起，两扇相对的平面上皆凿有磨齿。秦汉以后，除了人力推磨外，还出现了畜力拉转石磨（图 62）。

宋代以前一般多是将长木棒绑缚于磨顶，用来作杠杆（图 63）。到了元代，杠杆的位置做了调整，从上扇磨的顶部下移到了该扇磨的侧面位置，改变了旧的用力点，使石磨运转更加平稳，可谓是一种进步。

碓由杆臼发展而来，是一种原始而传统的农业机械，创始于秦汉之际，是由木、石组合而成的舂米器具。长久以来，碓成了广大农民生活的必需之物，对我国经济文化产生了深远的影响（图 64）。

图 62　石　磨

图 63　木棒绑缚于磨顶

图 64　碓

石碾是古代进行脱粒、碾粉的粮食加工器械，早在南北朝时期就已产生，在国内各地的谷物加工中发挥了巨大的作用。完整的一套石碾主要由碾盘、碾台、碾槽、碾磙、碾架几部分组成（图 65）。

图 65　石　碾

早在东汉，我国就已经有了利用水力驱动的水碓。魏晋南北朝时期，随着科技的发展，我国又逐渐有了水力磨和水力碾，这些水力加工机械一直延续到后世各代，扩展了加工能源，提高了生产力（图 66）。

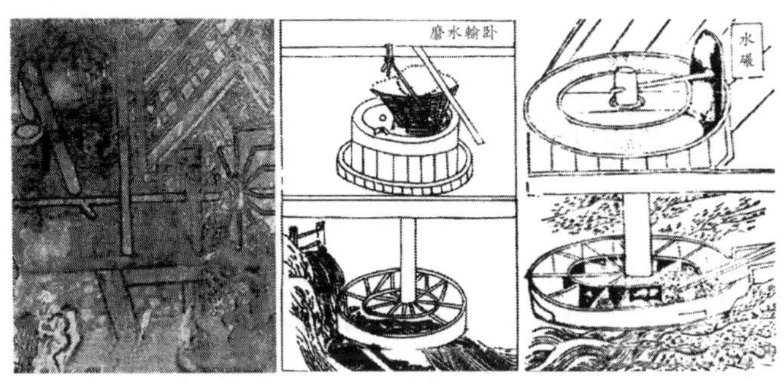

图 66　水　碓

二、食用油、蕉糖、豆腐加工

古代食用油生产压榨法产生于魏晋时期。其方法是先把炒熟的油籽倒入槽碾碾磨，随后将碾碎的油料包放在铁箍里，放进中间镂空的大木槽——油榨内，用木楔打紧加压，榨取食用油（图 67，图 68）。

图 67　古代食用油生产压榨法

图 68　木榨榨油

糖制作开始于先秦，起初大多是用石轴或木轴碾压甘蔗，取汁、过滤、煎之成糖。元明时期用扎糖车制糖，扎糖车与扎棉车相似，蔗过浆流，汁浆流板有槽，枧汁入于缸内，将稠汁聚入一锅，用火煎熬，凝结为砂，乃成糖，供人们食用（图 69，图 70）。

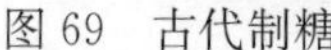

图 69　古代制糖

图 70　古代制糖流程

豆腐是我国古代重要而普遍的菜肴，发明于汉代。其制造方法是取黄豆为料，经水泡软后用石磨磨成浆，以隔布过滤，入锅煮熟，加卤水提纯，施压力去水成型（图 71）。

图 71　古代制作豆腐的流程

第七节　茶文化

我国是茶树的原产地，是世界上饮茶、种茶和制茶最早的国家，数千年来，不但为人类发现和提供了具有保健功能的茶饮料，创造了几乎全部的古代茶业加工工艺与科技，也为世界呈现了丰富多彩的饮茶方式，形成了独特的茶文化现象。目前，茶已成为风靡世界的三大饮料之一（图 72，图 73）。

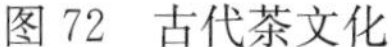

图 72　古代茶文化

图 73　古代茶文化

一、茶叶的生产与利用

我国是茶树的原产地，素有“茶的故乡”之称，许多古籍，如《茶经》《尔雅》《群芳谱》等都有野生大茶树的记载。至今仍生长在云南省勐海县大黑山的古茶树，最大的树龄已达 2 500 多年，高 30 米（图 74）。

图 74　野生大茶树

三国时开始出现茶叶的简单加工，其做法是将采来的叶子做成饼，晒干、烘干，用时捣碎。魏晋南北朝时期，江汉地带出现了新的饮用茶叶之风尚，那时人们曾用米粥和茶，制成茶饼备用，到饮用时捣末煮饮或泡饮，以提神健胃（图 75）。

图 75　茶叶制作

二、茶叶的加工与分类

绿茶是以适宜茶树新梢为原料，经杀青、揉捻、干燥等典型工艺过程制成的。古代人类采集野生茶树芽叶晒干收藏，可以看作是广义上的绿茶加工的开始，距今至少有三千多年。真正意义上的绿茶加工是从公元 8 世纪发明蒸青制法开始的，到 12 世纪又发明了炒青制法，这时的绿茶加工技术已比较成熟，一直沿用至今，并不断完善（图 76 至图 79）。

图 76　萎　凋

图 77　晾　干

图78　称　重

图79　包　装

乌龙茶又称青茶，是经过杀青、萎凋、摇青、半发酵、烘焙等工序制出的茶类，明清时期起源于福建。据福建《安溪县志》记载：“安溪人于清雍正三年首先发明乌龙茶做法，以后传入闽北和台湾。”（图80）。

图80　古代制茶流程

白茶素为茶中珍品，历史悠久。白茶采摘后不经杀青或揉捻，只经过晒或文火干燥即可（图81）。

图81　白　茶

黑茶是我国特有的茶类，因以销往边疆地区为主，所以历史上多称为“边销茶”，它是我国少数民族日常生活中必不可少的饮料。黑茶制茶工艺一般包括杀青、揉捻、渥堆和干燥4道工序（图82）。

图82 黑 茶

第八节 桑蚕文化

中国是世界上最早发明蚕桑业的国家，早在新石器时代，我们的祖先就开始在黄河中下游和长江流域种桑、养蚕，进行织丝活动，后来，蚕桑业在世界上独领风骚数千年。汉、唐以后，随着蚕桑业的推广，丝纺丝织技术不断提高，产品更为丰富，成为中西经济文化交流的重要物资。

一、蚕桑生产

蚕桑业的起源与发展是历代劳动人民智慧的结晶。山西夏县西阴村出土的原始茧壳表明，我国栽桑、采桑的历史至少已有五六千年之久（图83）。

据考证，我国的黄河中下游、长江中下游地区以及成都三江平原等皆是驯化野蚕为家蚕的起源之地。到夏商西周时期，养蚕业已在许多地方逐渐开展起来，不少地方每年都向王室缴纳蚕丝或丝织品（图84）。

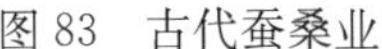

图 83　古代蚕桑业

图 84　蚕桑业

汉唐至宋代，各朝政府皆重视蚕桑业，并采取种种措施给予鼓励，使得蚕桑生产长久维持兴盛。民间还广泛应用嫁接技术繁育桑苗，保留母树的优良性状，从而不断提高桑树资源的品质。

在养蚕方面，隋唐宋元时期在蚕种培育和推广上取得不少成就，人们还逐渐掌握了蚕病的防治技术。其主要措施是日晒消毒，包括卵面消毒、经常剔除桑渣粪便等，并进行药物添食，效果极佳（图 85）。

原始的纺纱活动是通过小木棍穿上坠轮进行工作的。其纺轮或坠轮由石片或陶片简单打磨而成，呈鼓形、圆形、扇圆形等状。战国出现了手摇纺车。在此基础上，汉代、宋代的纺车逐渐精细，纺纱水平也大为提高（图 86）。

图 85　养　蚕

图 86　纺　纱

操作原始织机需要上下开启织口、左右穿引纬纱、前后打紧纬密 3 个动作。战国出现了带有脚踏装置的斜织机，秦、汉以后普遍使用，它将织工的双手从提综动作解放出来，专门从事投梭和打纬，大大提高了生产率（图 87）。

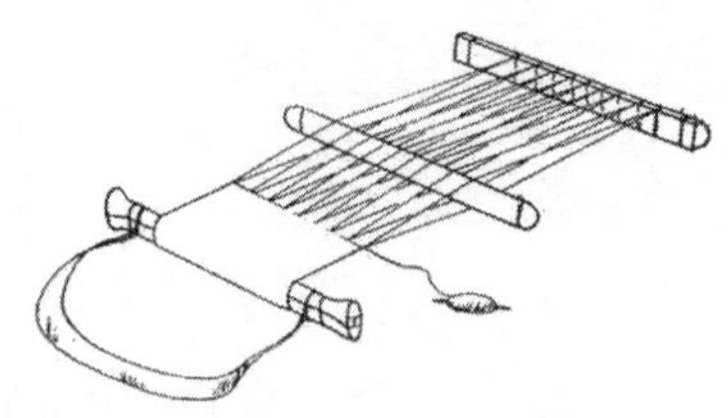

图 87　原始织机

隋唐时采用机织绸绢，还要进行捣练处理。所谓捣练，即捣洗煮过的熟绢，使之柔软洁白。其按劳动工序可分成捣练、织线、熨烫三个组合性工序。捣练之举使绸绢更加美观实用（图 88）。

图 88　绸　绢

二、丝绢产品

新石器中期的先民使用简陋的腰机织出了原始的丝帛，其产品虽显粗糙，却为蚕桑产业之后的发展打下了根基。

战国之后，丝织品质量普遍提高，产品可分为锦、绮、绢等几类。汉代有了提花织锦技术，解决了高经密条件下减少牵线数和衙脚根数的问题，织出的菱格纹暗花绮，产品柔软美观，逐渐销往海外（图 89）。

唐代丝绸产品的质量和数量均领先于世。河南道仙的纹绫，扬州的锦被、锦袍，越州（今浙江绍兴）的绫、纱，成都的蜀锦，享誉国内外，还出现了印花丝绸、缀锦等新品种（图 90）。

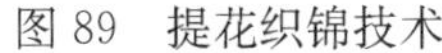

图 89　提花织锦技术

图 90　缀　锦

宋代发展了缂丝技艺，比唐代更加精湛，尤以大幅的缂丝画为特色，品格高雅。同时还出现了新品种缎和宋锦，其色泽图案精致，被赋予中国“锦绣之冠”（图 91）。

图 91　缂丝技艺

元明丝绢刺绣承继了宋代传统，且进一步表现出精美灿烂的特色。其品质普遍提高，材料精良改进，技巧娴熟洗练，而且趋向繁缛华丽的风尚。

三、丝绸之路

养蚕治丝是我国先民利用自然、改造自然的伟大成就，其产品曾通过丝绸之路大量输出。由此，我国丝绸和养蚕技术传到西方，促进了中、西文化交流，对世界经济文化的发展做出了重大贡献。

自张骞通西域以后，中国与中亚及欧洲的商业往来迅速增加，逐渐形成了一条延续千年长达 7 000 多千米的商贸大道。在通过这条长路进行贸易的货物中，中国的丝绸最具代表性，“丝绸之路”因此得名。通过这条大道，中国的丝、绸、绫、缎、绢等丝制品源源不断地运向中亚和欧洲（图 92）。

图 92　丝绸之路

第九节　古代农学思想与农学

中国不但有悠久的农业历史，而且在长期的农耕实践中产生了丰富的农学思想，留下了众多的农学典籍。奠基于春秋战国时期的中国古代农学思想以整体、辩证、发展为特点，强调天地人之间的和谐、有机地利用自然，成就了中华农业的长盛不衰。

一、古代农学思想

在长期的农业生产实践过程中，人们总结了用来指导生产实践的农学思想，至今仍然闪烁着智慧的光芒。其内容主要包括三才观、农时观、物性观、循环观、地力观、节用观等。

自然和谐、天人一体的三才观主张，人既非自然的奴隶，又非自然的主宰，而是生产过程的参与者和调控者，所谓“天人相参”。

古人认识到农业的肥源可以通过农业系统的内部循环化腐朽为神奇来解决，这种经验在明清时期上升为理性认识，出现了“桑基鱼塘”的生态循环布局，促成利用自然的良性循环（图 93）。

图 93　生态循环

古代将土地肥力称为“地力”，种庄稼要消耗地力，地力得到补充才能继续种庄稼。人们通常采用种植绿肥、轮作复种等手段培肥地力（图 94）。

图 94　培肥地力

二、古代农书

中国古代富于智慧的农学思想和农学理论蕴藏于各类古农书中。从春秋战国到近代西方农学传入以前，历代共刊刻了各种农业典籍 600 多种，现存 300 余种，蔚为大观。

汉代的《氾胜之书》主要论述了黄河流域的农业生产经验和耕作技术，内容包括耕作的基本原则，播种日期的选择、种子处理，作物栽培、收获、留种和贮藏技术，区种法等（图 95）。

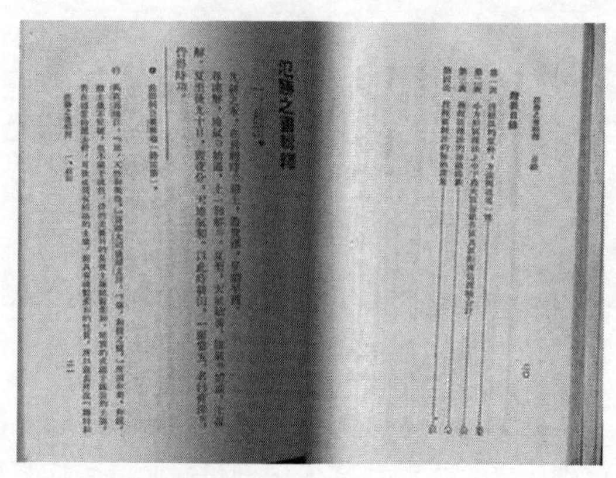

图 95 《氾胜之书》

北魏贾思勰的《齐民要术》是我国现存最早、最完整的综合性农书。该书对黄河流域的生产技术进行了系统的总结，内容涉及农耕和牧养技术、食品加工、农家生活等方面，是后世农书的典范，影响深远，唐宋时期就流传到国外（图 96）。

元代王祯的《农书》是古代大型农书，该书兼论北方农业技术和南方农业技术，第一次对传统农具做了系统的总结，对广义农业生产知识做了较全面系统的论述，第一次构建了中国传统农学的完整体系（图 97）。

元代初年问世的《农桑辑要》是我国第一部官修农书，主要论述了北方黄河流域的农桑技术。该书在元代甚为流行，重刊多次（图 98）。

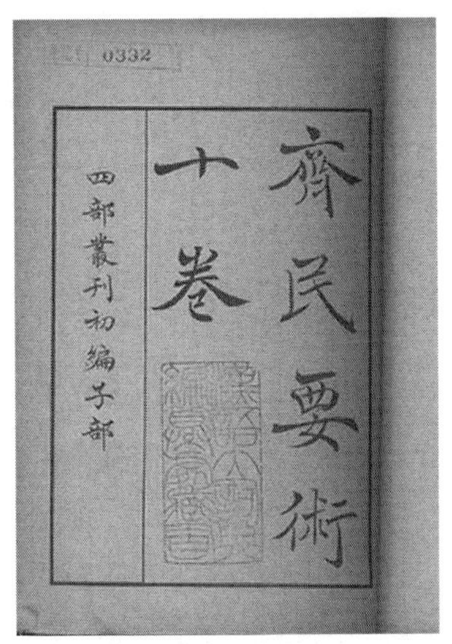

图 96　《齐民要术》

图 97　《农书》

图 98　《农桑辑要》

明代农学家徐光启编著的《农政全书》是一部涉及农业技术与农业政策的综合性农书，囊括了古代农业生产和人民生活的各个方面，贯穿着治国治民的“农政”思想。该书的“泰西水法”开了介绍西方农业技术的先河（图 99）。

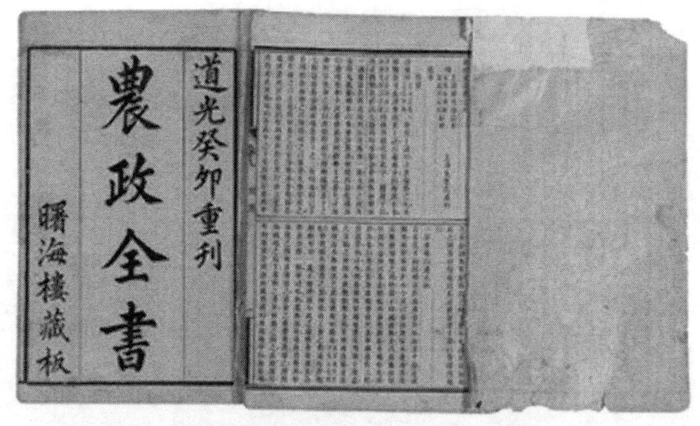

图 99 《农政全书》

第十节 民间艺术——年画、剪纸、农民画、蜡染

我国农民在数千年的农耕活动中，逐渐创造和发展了自己独特的民间文化艺术，并不断充实和完善。民间艺术具有质朴率真、随意大方、热烈夸张等特点，其中年画、剪纸、农民画等更能反映农民淳朴、热情、活泼的性格和生产生活态度，是广大农民喜闻乐见的艺术形式。

一、年画

年画是中国特有的一种传统绘画体裁，其表现内容从早期的自然崇拜和信仰逐渐发展为祈福禳灾和欢乐喜庆、美化环境的节日风俗活动，表达了民众崇拜先贤、热爱劳动和向往美好生活的思想感情与愿望。其题材内容、刻印技术显现了鲜明的艺术风格，具有雅俗共赏的特点（图 100，图 101）。

民间祈求和盼望粮食丰收、家畜兴旺、财物增多，人们通过年画这种形象、生动、活泼的艺术形式，将自己的理想和追求充分表达出来，借用鲤鱼、葡萄、石榴、寿桃等农产品来寓意高升、长寿、多子多福等美好生活愿望（图 102）。

图 100　年画（一）

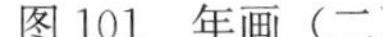
图 101　年画（二）

图 102　传统年画

二、农民画

农民画系农民自己制作和自我欣赏的画作，包括在门面、炕头、墙壁绘制的反映生产、生活思想的图案。其创作历史久远，至少可回溯到龙山文化时期，近几十年来，逐渐被社会所重视（图

103 至图 105）。

现代农民多在纸面上绘画，具有浓厚的乡土气息，色彩鲜艳夺目，装饰性极强。20 世纪 50 年代以来，陕西户县（现鄠邑区）、安塞，江苏邳县、六合，上海金山，吉林东丰等地逐渐成为农民画乡，形成了新的艺术风气。

图 103　农民画（一）

图 104　农民画（二）

图 105　农民画（三）

三、剪纸

剪纸是民间传统装饰艺术之一，发明于西汉。在创作时，用剪子或刻刀在纸张、树皮、布、皮、革等材料上剪刻图形。剪纸是一种镂空艺术，在视觉上给人以透空的感觉和艺术享受，有耕作、纺织、渔牧、民间歌舞等题材（图 106）。

图 106 剪纸（一）

妇女是剪纸的主要创作者，她们热爱劳动、热爱生活，其剪纸题材较广，涉及农林、牧、渔的方方面面，风格淳朴，乡土气息很浓，其中畜牧养殖是剪纸艺术经常表现的内容。创作剪纸时，首先要进行巧妙的构思，然后用恰当的手法表现出来。反映人物的手脚时，大多采取整体轮廓造型（图 107）。

图 107 剪纸（二）

四、蜡染

蜡染是古老的民间纺织品印染工艺，产生于秦汉时期。它是用蜡刀蘸熔蜡绘画于布，再以蓝靛浸染，布面呈现出蓝底白花或白底蓝花的多种图案。浸染时，作为防染剂的蜡自然龟裂，使布面呈现“冰纹”，颇具民族特色，画面朴实大方、清新悦目（图 108 至图 110）。

图 108　蜡染（一）

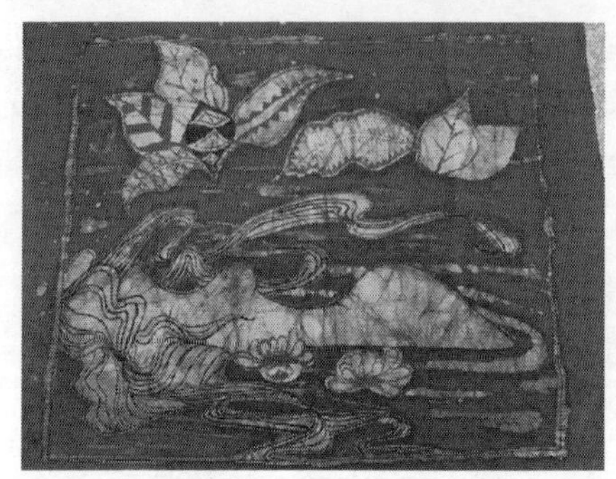

图 109　蜡染（二）

图 110　蜡染（三）

第三章 农耕文化传承与发展

目前，传统农业正快速向现代农业转变，切实加强对传统农耕文化的保护，深入挖掘农耕文化的内涵及其当代价值，传承、开发和利用优秀传统农耕文化，不仅对保障粮食安全、改善和保护生态环境、促进农业可持续发展具有重要的现实意义，而且对拓展农业功能，推动现代休闲农业、乡村旅游和农村民间工艺产业的发展等具有重要作用。中华传统农耕文化的保护利用必将为农村经济发展注入新的活力，并为丰富农村文化生活和促进农村社会和谐发挥重要的基础性作用。

第一节 秉承精耕细作传统，保障粮食安全

精耕细作技术是我国劳动人民几千年生产生活实践的智慧结晶。在我国人多地少的国情条件下，秉承精耕细作的集约化耕作传统，通过改良土壤（图 111）、培育良种、改进耕作栽培、防治病虫害等技术措施，不断提高土地生产率，为保障国家粮食安全发挥了重要作用。

由于我国自然条件复杂，中低产田面积占总耕地面积的 70%以上，其中低产田占 30%以上。中华人民共和国成立以来，各地一直把改造中低产田作为农业建设的一项重要任务，研究提出了不同类型区的主要农作物高产、优质、配套栽培技术（图 112）。

早在 20 世纪 50 年代，我国便开始进行系统育种和杂交育种，并大面积推广选育出的优良品种，实现了第一次品种更新。进入 20 世纪 60 年代，利用常规育种，先后培育了一大批矮秆、半矮秆

水稻良种用于生产，从而实现了水稻品种的第二次更新，为世界水稻生产史揭开了新的一页（图 113)。

图 111　改良土壤

图 112　配套栽培技术

图 113　杂交育种

利用杂交技术，我国还培育了杂交玉米、杂交油菜等大宗农作物高产品种，并获得大面积推广。我国对于杂种优势的利用走在了世界的前列（图 114)。

旱作农业生产技术主要是通过蓄水、保墒、品种和农艺等技术

图 114　杂交玉米

的综合运用，协调配合土、肥、水、光和热之间的关系，充分利用雨水，提高雨水的利用率。目前，我国尚有 52%的耕地属于灌溉条件的旱地，采用旱作节水灌溉技术是干旱、半干旱区未来农业发展的现实选择，对保障我国粮食安全具有重要战略意义（图 115）。

图 115　灌溉技术

通过对主要农作物病虫的灾变规律研究，我国成功研发出一系列关键防控技术，建立起综合防治技术体系，并在生产上进行试验示范和推广应用，使粮食病虫害损失率从 20 世纪 60 年代的 30%～40%下降到 21 世纪初的 10%～20%（图 116，图 117）。

图 116　防治农作物病虫害

图 117　防治农作物病虫害

第二节　深化生态文化理念，发展可持续农业

随着社会经济的发展，人口、资源和环境问题越来越严峻，农业可持续发展面临威胁。近年来，人们从传统生态文化理念出发，把传统的农业技术精华与现代农业的科学技术结合起来，开始按照整体、协调、循环、再生的原则，对山、水、田、林等进行全面规划和综合开发，实现系统物质能量再生循环，以及农业经济与生态环境的协调发展，使农业走上了可持续发展的良性循环轨道（图 118，图 119）。

图 118　物质能量再生循环（一）

图 119　物质能量再生循环（二）

一、维护生态平衡，保护农业环境

2000 年以来，长江上游、黄河上中游等地区开展水土保持工作，并在 25°以上的山地实施退耕还草、封山育林、治理水土流失的“立体农业”技术（图 120，图 121）。

图 120　退耕还草

图 121　立体农业

在 25°以下的坡地实施“坡改梯”农林牧结合的“旱作农业”技术，通过坡改梯工程建设，使耕地由零碎变整块、由陡坡变平整、由零乱变规范；使跑土、跑水、跑肥的“三跑地”变成保土、保水、保肥的“三保地”（图 122，图 123）。

图 122　坡改梯（一）

图 123　坡改梯（二）

在荒漠化地区恢复草、灌、乔植被，实施“人进沙退”的沙地农业技术，建设良好的生态环境（图 124）。

为防止草地草坡发生退化、沙化和碱化，在牧区发展“圈养”综合生态技术，扭转草场生态持续退化的趋势（图 125）。

从 20 世纪末开始，我国政府加大了对长江流域的治理力度，

图 124　沙地农业技术

图 125　“圈养”综合生态技术

开始了退田还湖工程，使水面积出现了恢复性增长，实现了千百年来从围湖造田向主动还江河湖泊空间的历史性转变（图 126）。

图 126　退田还湖

在丘陵山区和干旱地区实施“小流域”蓄水工程技术，开展雨水积蓄利用，建设农田水窖（图 127）。

图 127　“小流域”蓄水工程技术

20 世纪 90 年代以来，出现了一种新型耕作技术——“免耕播种”，在保留地表覆盖物的前提下免耕播种。很快，这种保护性耕作技术成为重点推广的农业技术之一，并呈现出规模化推进的势头（图 128，图 129）。

图 128　免耕播种（一）

图 129　免耕播种（二）

二、实施生态农业，发展循环经济

在治理生态环境的同时，以协调人与自然关系、促进农业和农村经济可持续发展为目标，以“整体、协调、循环、再生”为基本原则的新型综合农业体系——“生态农业”成为农业发展方向，并按照各地不同的自然生态条件和经济发展水平，形成了不同的生态农业发展模式（图 130，图 131）。

图 130　生态农业（一）

图 131　生态农业（二）

1. “猪—沼—果”三位一体的生态模式

在南方地区，把沼气建设与果树生产和牲畜养殖结合起来，建立起一条绿色的生态纽带，前促养殖、后带种植，形成“猪—沼—果”三位一体的生态模式（图 132）。

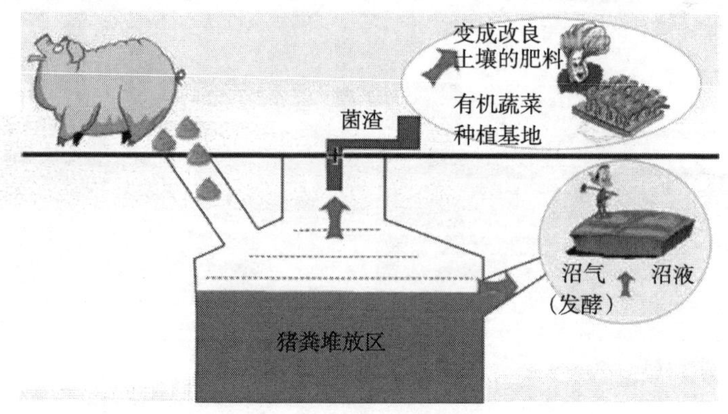

图 132　“猪—沼—果”三位一体

2. “四位一体”能源生态模式

“四位一体”北方农村能源生态模式以沼气为纽带，以太阳能为动力，通过生物转换技术，在农户庭院或田园全封闭状态下，将沼气池、畜（禽）舍、厕所、日光温室组成利用体系，实现产气与积肥同步，种植、养殖并举，具有增产增收、净化环境和多业结合的集约经营功能（图 133）。

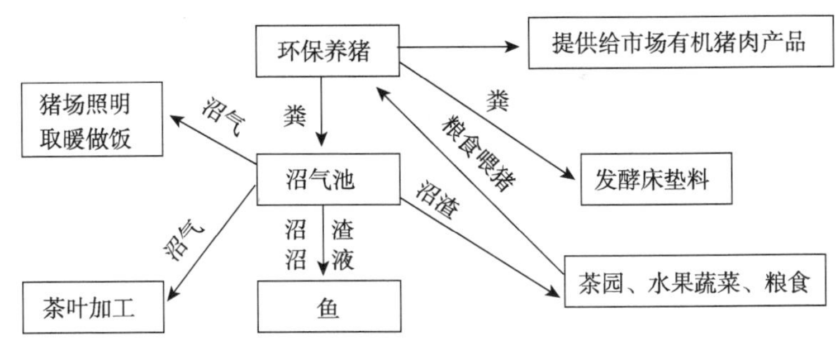

图 133　“四位一体”能源生态模式

3. “稻—鱼—禽”生态养殖模式

近年来，为进一步提高经济效益，一些山区农民因地制宜，在养鱼的同时附带养禽，进行鱼禽综合主体养殖，形成“稻—鱼—禽”生态养殖模式，降低了养鱼和种稻成本，提高了土地的产出率（图 134，图 135）。

图 134　稻田养鱼

图 135　稻田养鸭

4. “五配套”生态农业模式

“五配套”生态农业模式是以土地为基础，以沼气为纽带，形成以农带牧、以牧促沼、以沼促果、果牧结合的配套发展和良性循环体系，是解决西北干旱地区用水、促进农业持续发展、提高农民收入的重要模式（图 136）。

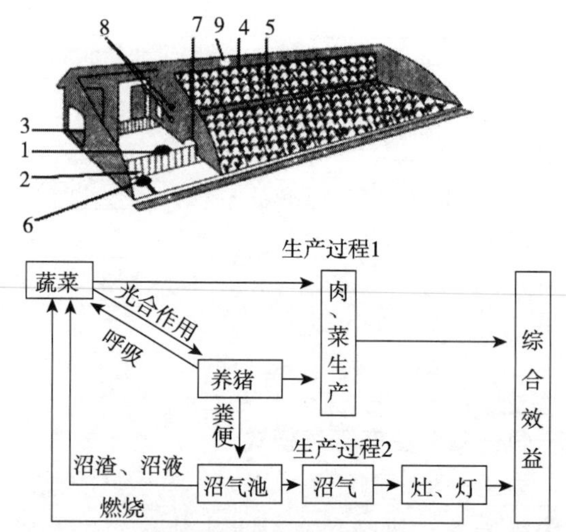

图 136 “五配套”生态农业模式

1. 沼气池 2. 猪圈 3. 厕所 4. 日光温室 5. 菜地
6. 进料口 7. 出料口（出沼渣、沼液） 8. 通气孔 9. 沼气灯

5. 农作物秸秆

农作物秸秆是可再生资源，我国拥有量居世界首位。在全国每年产生的大约 6 亿吨农作物秸秆中，通过机械化还田、堆沤腐熟还田和青贮与氨化过腹还田，可利用农作物秸秆 4 亿吨左右。循环经济理念促使农作物秸秆的综合利用技术迅速发展起来（图 137）。

图 137 农作物秸秆

三、发展绿色农业，促进食品安全

采用间作套种技术防治病虫害已成为植物保护的新领域。通过作物混植和间作，如辣椒与玉米、烤烟与草木樨、小麦与蚕豆等多种间作套种模式，可有效提高作物群体的抗性水平，防治病虫害，达到自然控制病虫害的目的，促进农作物高产、高效、持续增产（图 138，图 139）。

图 138 间作套种技术

图 139 农作物混植

目前，不用农药、化学肥料和植物生长调节剂等非天然物质，运用传统农业技术发展有机农业，创立有机农业基地，成为发展现代特色农业的重要选择。

绿色食品是指在无污染的条件下种植、养殖，施有机肥料，不用高毒性、高残留农药，在标准环境、生产技术、卫生标准下加工生产，经权威机构认定并使用专门标识的安全、优质、营养类食品的统称。发展绿色食品已成为我国保障食品安全、提高农产品国际竞争力的重要途径（图 140）。

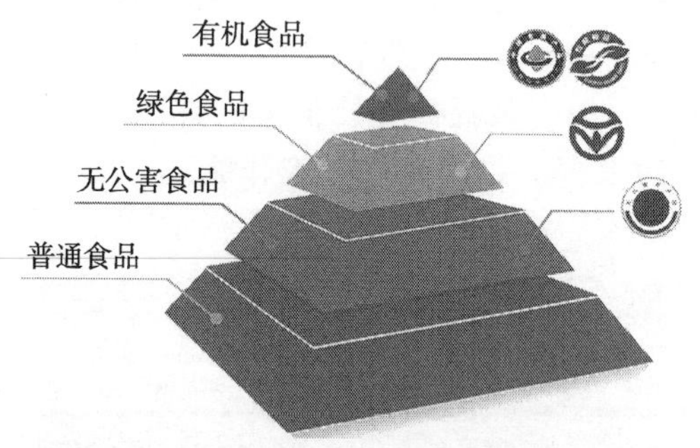

图 140　食品质量安全等级

第三节　探索创新农耕文化，建设现代农业

在传统农耕文化的基础上，现代工业文明与农业文明相融合，使农业发展由依赖资源投入转变为依赖不断发展的现代科学技术，并逐渐实现了农业生产方式的变革，使农业集约化水平不断提高，传统农业逐渐向现代农业转变，从而探索创造了现代农耕文化。

1949 年以来，我国农业的机械化水平不断提高，在相对发达地区，拖拉机已取代牲畜和人力，成为主要动力（图 141，图 142）。

图 141　农业机械（一）

图 142　农业机械（二）

农业工厂化生产，高新科技组装配套，采取地膜覆盖、小拱棚覆盖、塑料大棚和温室等人工设施实现高产高效，减少产品污染，已成为现代农业的发展方向（图 143）。

图 143　高新科技组装配套

20 世纪 80 年代以来，随着以计算机技术和网络技术为代表的信息技术在农业生产科研和产销领域的广泛应用，传统农业向现代农业转变的进程明显加快（图 144）。

图 144　信息技术

快速推广的标准化种植，统一规划标准、统一技术规程、统一种植管理、统一投入品供应、统一病虫害防治，杜绝和减少了生产过程中的各种污染，加快了无公害农产品、绿色食品和有机食品生产基地的发展步伐（图 145）。

图 145　标准化种植

随着中国经济的发展、生活水平的提高、农产品需求量的不断增加和人们对健康品质的追求，“品牌农产品”这一特有的新农业发展趋势已经越来越受到广大农民的关注（图 146）。

图 146　品牌农产品

第四节　开发农业文化资源，拓展农业功能

近年来，随着经济社会的快速发展，全国各地注重挖掘本地农耕文化的内涵，大力开发农业文化资源，充分利用物质类农村文化遗产展示传统风俗，同时，发掘非物质农业文化遗产，并与农业生产相结合，努力推动农业文化产业化，从而形成了丰富多样、各具特色的乡村旅游产品体系，拓展了农业功能，对促进农民就业增收、推进新农村建设发挥了重要作用。

一、开发农耕遗址、发展特色旅游

四川都江堰水利工程建于公元前256年，是全世界迄今为止年代最久、唯一留存、以无坝引水为特征的宏大水利工程，至今仍发挥着重要作用，2000年被确定为世界文化遗产。都江堰水利工程经过多年开发保护，已成为著名旅游景区，极大地促进了当地经济的发展（图147，图148）。

图147　都江堰水利工程鸟瞰

图148　都江堰水利工程

广西龙脊梯田始建于元代，距今已有650多年的历史，有“梯田世界之冠”的美誉，是壮、瑶两个民族勤劳智慧的结晶。如今，伴随着当地独特的民族风情，龙脊梯田特色农耕文化旅游吸引了越来越多的游客（图149，图150）。

图 149　龙脊梯田（一）

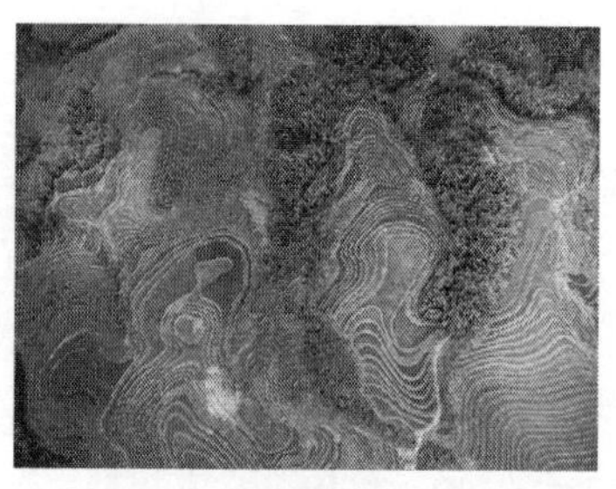

图 150　龙脊梯田（二）

安徽黟县西递村始建于北宋皇祐年间，至今已有近千年的历史。西递村历史上受战乱侵袭较少，村落形态保存完好，目前有完整明清建筑 124 幢、高墙深巷 99 条，整个村落犹如迷宫，集中地体现了明清时期当地社会的生产生活（图 151，图 152）。保存完好的古村落和优美如画的乡村环境极大促进了西递村旅游经济的发展。

图 151　安徽黟县西递村

图 152　西递村牌坊

荆坪古文化村位于湖南省怀化市中方镇，现有唐朝古井、明代城墙、清人故居、千年夫妻树、古代石鱼等 20 多处古文化遗迹，虽历经风雨，依然造型典雅、古色古香、错落有致，与周边山水田园相融。近年来，在各级政府的支持下，当地农民利用现有文化资源大力发展旅游业，并集资兴建了集生态种植、养殖、休闲为一体的生态农业观光山庄，使古文化村观光旅游活动更为丰富多彩（图 153，图 154）。

图 153 荆坪古文化村（一）

图 154 荆坪古文化村（二）

二、整合文化资源促进休闲经济

近年来，我国休闲农业与乡村旅游业快速发展。福建省安溪县在新农村建设中因地制宜地进行探索，创建了全省首个农业文化观光体验园，引领游客走进田园，农耕体验田、家禽畜动物园等体验项目使游客真切感受传统的农耕文化生活（图 155，图 156）。

图 155 农耕体验

图 156 家禽畜动物园

为优化产业结构，拉动旅游业及第三产业发展，推进城乡一体化建设，江苏省苏州市张家港永联村着力打造了“水乡农耕情，休闲养心处”的农耕游胜地——苏州江南农耕文化园。该文化园占地约 30 公顷，集观赏、旅游、休闲、餐饮体验为一体，为苏州市十大文化产业重点建设工程之一（图 157）。

山东省青岛市张家楼镇以观光农业为切入点的创意农业，在新农村建设中彰显出巨大的发展活力，全镇逐步形成高效农业、休闲观光农事体验等多种类型的创意农业。近年来，农民更加直观地感受到创意农业带来的巨大效益，激发了农民参与农业创意的热情（图 158）。

图 157　农耕游胜地——苏州江南农耕文化园

图 158　休闲观光农事体验

江苏省溧阳市在新农村建设中，重视发挥农业的观光旅游和文化传承功能，突出农业的传统文化优势，充分挖掘吴楚农耕文化内涵，传承具有特色的传统乡土工艺技术，由此实现农业和旅游业的融合（图 159）。

图 159　农业观光旅游

武汉武湖农场创建的武汉农耕年华农业风情园，以农业高科技为依托，以农业观光休闲为主题，融科技农业景观与传统田园风光于一休，将科普教育、科技示范、农事体验、赏花、品果、采摘游乐、农耕文化展示与生产创收、深化加工、物流配送有机结合，实现农业与旅游业的良性结合，充分开启了农业文化的多元化功能（图 160）。

图 160　农业风情园

贵州省与新西兰政府合作，实施了为期两年的黔东南苗族侗族自治州巴拉河乡村旅游示范项目。该项目通过引进国际生态化的理念，为保护贵州乡村生态环境和保持农耕文化传统做出了积极贡献。

第五节　传承传统民间工艺，发展乡村经济

随着农业和农村经济的发展，一些待抢救的传统工艺成为发展农村文化产业的独特优势，各地农村通过深入挖掘传统工艺文化的内涵和经济价值，并对其进行传承和创造，培育民间工艺特色产业，有效延长了农产品产业链，促进农民增收，成为农民致富的重要途径。

一、依托资源优势，发展支柱产业

北京平谷区大华山镇利用当地桃木资源丰富且质地坚韧的优势，对桃木进行深加工，开发了桃木梳子、桃木剑、桃木如意、桃木手链等 200 多种桃木雕刻工艺品，实现桃产业资源的综合利用，延长了产业链，促进农民向二、三产业转移（图 161，图 162）。

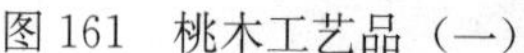

图 161　桃木工艺品（一）

图 162　桃木工艺品（二）

安徽省阜南县自古以来盛产杞柳，当地农民在长期的编织实践中掌握了各种独特的编织技术，柳编现已成为拉动地方财政增长、农民增收的朝阳产业（图 163）。

浙江嵊州盛产各种翠竹，竹编历史悠久，早在改革开放初期，便形成了一批专业企业和专业村、专业户。目前，该地区的竹编产品已销往全国各地，而且产业正向着规模化、精品化、品牌化方向发展，良好的经济效益和社会效益日益显现（图 164）。

图 163　柳编工艺品

图 164　竹编工艺品

中国最早的剪纸作品是北朝时期的五幅团花剪纸，到了唐代，剪纸处于“大发展”时期，南宋时期更是出现了以剪纸为职业的行业艺人。剪纸是中国最为流行的民间手工艺之一，凝聚着中华民族几千年来的历史和文化（图 165）。

牙雕是指在象牙上进行的一系列雕刻，是一门古老的传统艺术，也是一门民间工艺美术。2018 年 1 月 1 日起我国全面停止加工销售象牙及其制品。对传承技艺而言，应发掘新材料如人造牙、牛角等代替象牙进行牙雕艺术创作（图 166）。

图 165　剪　纸

图 166　牙　雕

二、挖掘文化特色，打造产业亮点

绣球是广西壮族人民的定情物和吉祥物，广西靖西市新靖镇旧州自古以来就有制作传统工艺品——绣球的习惯，家家户户都会制作绣球，产品远销欧美及东南亚等国家和地区，赢得了“绣球之乡”的美誉，被文化和旅游部命名为“国家文化产业示范基地”（图 167）。

图 167　绣　球

山东省高密市是一个具有丰厚文化底蕴的历史古城，在漫长的历史进程中，留下了宝贵的民间文化艺术遗产，现粗略调查得知的品种就近40种。尤其是高密年画、高密剪纸和高密泥塑，被称为“高密三宝”，现成为当地农民创收的重要工艺品种，受到了国内外广大消费者的赞誉（图168）。

图168　高密年画

宁夏回族自治区中卫市海原县民间历来就有刺绣传统，为了给农村闲散劳动妇女创设就业岗位，当地挖掘、搜集、整理了具有浓郁民族特色的回族刺绣，这一举动同时也助推了全区旅游文化产业的发展（图169）。

图169　刺　绣

湖南省龙山县土家织锦是土家族古老的手工艺品，具有3 000

多年的历史。近年来，当地政府支持传承人走生产性保护之路，保护和开发土家织锦产品，并设立土家织锦传习所，为织锦技艺提供一个专业的交流平台（图 170）。

图 170 织锦技艺

山西省长治市的“故漳布虎”新一代主要传承人热心传承传统手工技艺，通过多年努力，其产品从一只布老虎和几双绣花虎头鞋发展到摆饰、挂饰等诸多品种，大件小件俱全（图 171）。

图 171 故漳布虎

黑龙江省大庆市湿地芦苇画利用传统和现代的表现手法，形成了以北方黑土文化为内容，以湿地、沼泽、瑞雪、寒地黑土风光为表现题材的系列作品，在题材、色彩、工艺、图案、造型、装裱等方面都独具特色（图 172）。

图 172　湿地芦苇画

河北省沧州市吴桥农民在农闲或受灾时多外出卖艺，因此男女老少在劳动之余均练习杂技，形成风气，吴桥也逐渐发展成为“杂技之乡”（图 173）。

“中国画虎第一村”——王公庄隶属于河南省民权县北关镇。北关镇现已形成一个以王公庄为中心的绘画产业群基地，并带动周边河南、山东两省数千名农民创作或销售农民画（图 174）。

图 173　吴桥杂技

图 174　农民画

第六节　弘扬乡土文化艺术，构建和谐农村

源远流长的乡土艺术是农民在农业生产和生活实践中的优秀创造，长期以来在农村居民生活中享有重要的地位，是农村社会的主要文化形态和精神资源。在建设社会主义新农村的今天，应将优秀传统艺术与当代生活对接，使其从乡村的土壤中萌发，构建起适应新形势的新农村文化，全面提升农村精神文明水平，为建设农村和谐社会发挥重要作用。

自古华夏民族以龙为图腾，在漫长的岁月中，龙逐渐被人们神化，被视为农作物的雨神，是主宰农田旱涝的神灵。龙舞表达着人们祈愿人寿年丰的意愿（图 175，图 176）。

图 175　舞龙文化（一）

图 176　舞龙文化（二）

农乐舞是朝鲜族最有代表性的传统舞蹈，其源于农业生产，多在节庆和喜庆农业丰收活动中表演。该舞蹈融入“小鼓舞”“扁鼓舞”“长鼓舞”等朝鲜舞元素，借以抒发欢乐的情感（图 177）。

醒狮属于中国狮舞中的南狮，是地道的广东民间舞。20 世纪 80 年代以来，几乎每个乡村都有自己的醒狮队，乡村群众性的狮艺十分精湛（图 178）。

图 177　农乐舞

图 178　醒狮文化

皮影戏始于唐代中晚期或稍晚的五代时期，在清代达到鼎盛，每逢过年过节、喜庆丰收、添丁祝寿，便搭台唱影。如今，皮影不仅受到中国人的喜爱，很多精美的皮影人物还被国外博物馆收藏（图 179，图 180）。

图 179　皮影戏（一）

图 180　皮影戏（二）

陕西安塞腰鼓展示出黄土高原农民质朴而豪放的性格，彰显了西北地区农耕文化独特的艺术魅力。安塞区被文化和旅游部命名为“中国腰鼓之乡”（图 181）。

图 181　安塞腰鼓

常山战鼓历史悠久，早在战国时期已具雏形，至明代已盛行于民间。河北省石家庄市正定县是历史上“常山郡”所在地，故称其为“常山战鼓”。如今的常山战鼓多用于婚寿嫁娶以及节日典礼，是农村民间文化活动不可或缺的重要组成部分（图 182）。

图 182　常山战鼓

文南词是发源于安徽省宿松县及周边地区的传统戏曲，由民间小调演变而成，距今已有 300 多年的历史。文南词曲调优美，从剧本到唱腔都有浓郁的地方乡土气息（图 183）。

图 183　文南词

高跷是舞蹈者在脚上绑着长木跷进行表演，其技艺性强、形式活泼多样。由于演员踩跷，比一般人高，因此便于远近观赏，是一种群众喜闻乐见的民间文艺活动形式。目前各地高跷普遍流行，已形成鲜明的地域特色（图 184，图 185）。

图 184 高 跷

图 185 高跷文化艺术

第二篇
乡村旅游

第一章 乡村旅游发展模式

各国的国情不同，发展乡村旅游的模式各有千秋。在我国，以农户民居和农、林、牧、渔及园艺等农村资源为载体的“农家乐”是现阶段乡村旅游的基本形式，也是现阶段最有中国特色的乡村旅游。以各类风景资源为主要依托的观光型乡村旅游，是现阶段乡村旅游的重要组成部分；按文化型产品开发的对国内外客源市场具有较大吸引力的民俗民族特色村寨，是乡村旅游产品体系中的精品。

第一节　乡村旅游发展模式概述

一、国外乡村旅游基本模式

乡村旅游正在全球蓬勃发展，成为旅游业的重要组成部分，其中最重要的发展趋势就是旅游从风景名胜区发展到各个乡村，并深入小镇和村庄，变得更加乡村化。

在国外，大部分国家的乡村旅游项目是综合型的，既有休闲观光，又有农事参与，适合不同旅游消费人群的需求。在加拿大，乡村旅游项目非常丰富，如乡村美味、乡村农业文化、乡村农产品展览、乡村传统节庆活动、主题农业之旅（如国际啤酒节、田野节、主题农夫之旅、秋收节等）、在农场（牧场）住宿或参加骑牛比赛等。在法国，农场旅游很发达，1988 年法国农会常设大会设计研发了“欢迎莅临农场”系列网络，将法国农场划分为 9 个类型：农场客栈、点心农场、农产品农场、骑马农场、教学农场、探索农场、狩猎农场、民宿农场、露营农场，各种农场都有一定的职能规范与接待条例，加入该网络要经过申请和大会审核。法国 33%的居民选择乡村旅游，节假日，父母偕孩子到远离闹市的乡村参观挤奶、制作奶酪、酿酒，还可以吃到乡村大餐。在美国，半数以上的州正致力于发展乡村旅游，50 个州中的 30 个州具有目标具体的乡村旅游发展计划，70%以上的美国居民在乡村娱乐。在英国，全国约有 84%的人每年要进行一次乡村旅游，早在 1993 年，英国每天就要接待乡村旅游者 9 万多人。

根据乡村旅游的开发项目、游客的旅游动机来划分，国外乡村旅游可大致分为两种模式，即休闲观光型和务农参与型。

（一）休闲观光型

这类乡村旅游项目主要以欣赏田园风光、放松身心为主，游客也会参与一定的农事活动。观光农园在城市近郊或风景区附近开辟特色果园、菜园、茶园、花圃等，让游客入内摘果、摘菜、赏花、采茶、品尝地方美食、骑马、垂钓、绘画等，享受田园乐趣。这是国外休闲农业最普遍的一种形式，其中以韩国、爱尔兰、新西兰等国为代表。

1. 韩国观光农园

韩国观光农园一般由几户农民联合参与经营，集食宿、劳动、文体于一体。城里人来小住几日，既可以欣赏田园风光，放松身心，又可以参与农户劳作，收获瓜果，还可以学做农家饭、酿酒等。韩国在观光农园的选址上很慎重，道路交通和自然环境是很重要的决定因素。效益好的农园一般选在自然风光优美，有湖泊、沙滩、温泉的郊区，或有历史名胜遗迹的风景区。另外，对于观光农园的规模也有一定的限制，1984 年，最大的规模限定在 0.02 千米^{2}以内，之后规模不断扩大，1997 年已经发展到 0.05 千米^2。韩国政府对观光农园在资金和政策上予以积极支持，如给予一定数额的贷款和宽松的还贷环境，但管理也很严格，如对观光农园的可行性进行评估、对观光农园的发展规模有一定的限制、对违反规定的农园限令其整顿或停业等。目前，韩国的观光农园正向多样化方向发展。

2. 爱尔兰乡村游

爱尔兰乡村旅游环境幽雅，大片的绿地、成群的牛羊、零星分布的农舍，一派生机勃勃、恬静自由的欧式风光，其中最具特色的乡村风光是湖泊、绿地、蓝天、牛羊、牧场、教堂、酒吧。爱尔兰乡村的家庭餐馆包括客房和早点、自助式旅游，并且要经过认证，都是二星级以上的服务。一些家庭餐馆由老式房屋改建，有厨房、客厅、电脑、电话，设施齐全，主人还会根据顾客的需要提供一些温馨服务，如舞蹈培训、厨艺培训、摄影、绘画、英语教学服务等，其乡村旅游设施有牧场、马场、酒吧、教堂、音乐会，还有传统的手工作坊。爱尔兰的乡村旅游融观光、娱乐、康体为一体，活动项目丰富，如品尝美味、观赏田园风光、骑马、放牧、培训、摄影、钓鱼等。主人热情好客，而且有修养，在这里，游客可以体会到恬静幽雅的乡村生活，彻底放松身心，还可以学到很多东西。

3. 新西兰花园旅游

新西兰被称为“花园城市”，花园旅游较为发达。花园根据种植花卉的不同而分类，近半数的花园不收门票，即使收门票也仅 2～3 美元。花园的主人是 50～70 岁的妇女，一般都受过一定的教育，有一些有专业资格证书。其参观的客人也主要是 50～70 岁的妇女，大多数有中等学历或职业资格证书，三成以上是各园林园艺俱乐部或组织的成员，一半以上有过游览外国花园的经历。这些人中最多的是家庭主妇和退休人员，其中 80%以上是园艺的热衷者，她们参观的主要动机是出于爱好，其次是向他人学习花园的创意、构思和布局。

（二）务农参与型

这是一种以参与各种农事活动为主的乡村旅游形式，乡村旅游的项目以各种农事活动为主，其中以美国、日本为代表。

1. 美国农牧场游

美国农场、牧场旅游属于务农型乡村旅游，如西部的牧场务农旅游，旅游者放牧可以拿到和牛仔一样的工资，以资助旅游费用，同时解决了农场劳动力缺乏的问题。此外，还有其他的活动，如农场学校、农产品采摘、乡村音乐会、垂钓比赛、果品展览、宠物饲养、自制玩具、微型高尔夫等。农村学校传授农业知识，但游客要交纳一定的学费，这种兼有娱乐和教育培训意义的参与式乡村旅游满足了游客体验乡村生活的愿望。

2. 日本春秋农场游

日本的务农旅游最有代表性，每年要举行两次，即春播和秋收时节组织旅游者和农民一起到田间干活，体验乡村生活。旅游者跟农民一样起早贪黑，体验乡村生活的情趣；沿海地区可以到海上捕鱼，参加加工海带等活动。日本水果之乡青森县的川牧场有一所国际青少年旅游组织招待所，游客在有关人员的指导下或去奶场挤奶，或去草场放牧，或去果园采摘。这种旅游方式使游客回归自然、结交朋友、学习新知识，换了一种生活方式，很受游客的欢迎，同时也引导人们重视农业和环保。

二、我国乡村旅游的主要模式

在我国，开展乡村旅游比较早的主要是北京、成都、杭州等一些大城市的周边乡村，例如四川的“农家乐”、北京的民俗接待户等。

1. 客源地依托型

客源地依托型又称“毗邻客源模式”，是借助于紧邻城市的区位优势开发的城市居民旅游，实际是对乡村差异性资源和城市市场相邻关系的双重依托。这是乡村旅游产品的主要类型，很多产品都是针对附近的城市居民周末或者短途旅游需求而设计的。随着城市居民生活条件的改善和自驾车的增多，人们在节假日和周末的出游需求与机会逐渐增多，因此，该模式逐渐成为乡村旅游发展的主要模式。客源地依托型的乡村旅游资源优势主要是自然环境，产品要素是兼有观光的休闲，以“农家乐”“渔家乐”“山里人家”等产品为代表。

2. 目的地依托型

目的地依托型或称“毗邻资源型”，是借助于乡村自己的或者相邻的原有名胜地的引力优势所开发的城乡居民旅游，实际上是“搭便车”形成的差异性产品组合。有的乡村旅游目的地依托特色村寨或民居群落，有的依托著名自然景观或历史文化景观，其实是另一种形式的客源依托类型，依靠的是邻近的旅游目的地的客源，借助其旅游吸引力进行乡村旅游产品开发，从而分享其市场客源。目的地依托型的乡村旅游资源优势是自然环境兼原有名胜，产品要素是兼有休闲的观光，北京郊区的一些“民俗村”就是这种类型。

3. 非常规型

非常规型的乡村旅游虽然地理位置在乡村，但是产品组合中却混合着许多不属于乡村或者与乡村关系并不明显的产品，其中最突出的是设在乡村的都市娱乐型度假村。其资源优势是在自然环境中的现代创新，产品要素主要是休闲。这种产品的特征是借助乡村的地理环境，营造符合城市居民休闲娱乐需求的产品，糅合了很多非乡村的现代产品要素。早年最具代表意义的是位于珠海的白藤湖农民度假村，从其促销口号“住水边、玩水面、吃海鲜”可以清楚地看出这种类型是依托乡村资源的现代休闲娱乐产品。

4. 复合模式

这种乡村旅游模式实际上是上面几种模式的综合。

我国各地的乡村旅游类型颇多，但正向着融观赏、考察、学习、参与、娱乐、购物和度假于一体的综合型方向发展。各种类型的乡村旅游发展模式都有其发展规律和特点，在乡村旅游发展中，我们应当自始至终尊重农民的首创精神，积极摸索各种类型的乡村旅游模式，引导各种模式的个性化发展，推动各种模式间的优势互补，保持乡村旅游发展的多样性。各种模式的乡村旅游都要围绕当地特色资源和市场需求，加强资源普查和开发统筹工作，提高农业资源的综合利用率，协调旅游资源的合理配置，促使我国乡村旅游更加健康、快速地发展。

我国乡村旅游的发展模式可概括为民俗风情型、农场庄园型、景区依托型、度假休闲型、特色产业带动型、现代农村展示型和旅游小城镇型，下面将分别对其做简单介绍。

第二节 民俗风情型发展模式

民俗风情型发展模式是以农村民俗风情为载体开展的旅游活动，这种模式承载了古村落、新文化村落、新经济村落等不同阶段农村整体人文生态系统的物化与意化的认知和体验功能。民俗风情的内容包括地方特有的风俗和风物，如岁时、节日、婚姻、生育、寿诞、民间医药、丧葬、交际、礼仪、服饰、饮食、居住、器用、交通、生产、职业、民间工艺、宗教、社会、娱乐、信仰、祭祀、巫卜、禁忌等。

俗话说“一方水土养一方人”。中华民族地大物博，56 个民族 56 种风俗，富饶的国土形成了灿烂的风情习俗，悠久的历史形成了多彩的民间文化，这些都是乡村旅游的无价之宝。同旅游活动密切相关的民俗风情主要有服饰民俗（如衣服、鞋帽、佩戴和装饰等穿戴打扮方面的习俗）、岁时节令习俗（传统民间节日，如元宵节的灯笼、踩高跷、跑旱船、耍龙灯、舞狮子、观烟火等活动；端午节、中秋节、重阳节、清明节以及藏族的沐浴节、彝族的火把节等开展的各种活动）、居住民俗、婚姻礼仪民俗、游艺竞技民俗（武术、放风筝、赛龙舟等）、饮食习俗、生产习俗等。

陕西省岐山县古称周原，3 000 多年前，周文王、周武王及周公姬旦率领他们的子民由这块神奇的土地出发，伐纣灭商，创立了周王朝 800 年的基业，留下了深厚悠久的周文化遗产。岐山县的西岐民俗村向游客再现西府织布、纺线、刺绣等传统工艺，展现岐山布老虎、牛皮灯影、泥塑娃娃等民间手工艺品，演示西岐婚丧嫁娶仪式等风土民俗，出售岐山锅盔、挂面（空心）、擀面皮等地方特产，具有浓郁的地方特色。

民俗风情旅游以当地民间的日常生活方式及文化吸引外来旅游者。长岛南长山镇和北长山镇的渔民在海洋捕鱼业越来越不景气的情况下，大办渔村民俗旅游，有“渔家乐”业户 434 家，家庭宾馆床位 6 000 多个，户均年收入 3 万多元，走上了致富路。湖南省怀化市荆坪村环境优美，风土人情极具特色，是湖南境内少有的村级旅游文化自然村落。村间主干道为青石板古驿道，平整光滑，乾隆古井、千年古树保存完好。村民家多为四合院结构，院内屋里干净卫生，富有中国传统农居特色。走进荆坪村，厚重淳朴的农村文化气息扑面而来，置身其间，恍若世外桃源，令人印象深刻。

在民俗风情型乡村旅游方面，贵州省江口县云舍村是一个典型案例。

云舍土家族民族文化村位于贵州省江口县，是中华人民共和国文化和旅游部、省文化和旅游厅确定的帮扶点，坐落在国家级自然保护区梵净山脚，与省级自然风景名胜区太平河紧紧相伴。云舍是一个较大的自然村寨，全村 470 户农家都为杨姓，宅舍依山傍水、高低错落、蜿蜒起伏，崎岖而狭窄的青石板道路、幽深的巷道、明清古建筑筒子屋和祠堂风貌依旧。云舍土家族仍然保留着古老的民族风情习俗，民族传统节日很多。浏览云舍，可见农耕农作、土家织锦、手编工艺、土法造纸、水排作坊；可观“冲傩”“还愿”“祭祀土王”“祭风神”“摆手舞”“花灯”“农灯”；可听“打闹”“建房礼词”“哭嫁”“闹丧”“上梁歌”“土歌”“情歌”“盘歌”“打溜子”“金钱杆”“猴儿鼓”“八宝铜铃”；可品腊肉酸菜、香甜米酒。

云舍村发展乡村旅游的主要做法是：

一、准确定位

随着梵净山游客量的逐年增长，单一的梵净山生态旅游观光已不能满足旅游者的需求和愿望。通过对游客人数、流向、消费、经营项目、旅游收入的分析，云舍村决定挖掘和开发具有地方特色的人文旅游资源，将自然景观与人文景观有机结合，打造“中国土家第一村”。江口远离大中城市，通过与梵净山客源共享，弥补梵净山旅游留不住游客的缺憾。

二、精品战略

云舍距县城 5 千米，在江口至梵净山旅游公路旁又是太平河漂流的终点，与神龙洞景区紧紧相连，与梵净山攀岩基地相对应，区位优势很大。村寨群落体量较大，土家族人口较多且姓氏单一，保存了较多明末清初的民居古建筑群，古朴的民俗、民风遗传至今，有保留完整的土法造纸，还有独特的神龙泉、云崖峡谷等自然景观，打造云舍土家族民族文化村条件比较成熟。他们搜集云舍遗留下来的土家习俗作为旅游项目的基本内容，挖掘恢复遗失了的具有云舍土家族特点的东西，做到产品广泛而又经典，所有节目保留原汁原味，杜绝舞台化、戏曲化，推出品位较高、游客参与性强的旅游活动项目，做到“你无我有，你有我新”。

三、改善设施

在江口至黑湾河专线旅游公路段上修建了一条通往云舍古寨的专线旅游公路，并修建了一个停车场，对村寨内的步行道进行了改造和更新，全村实现了农电网、饮水的改造，投入基础设施项目资金 24 万元，建立了云寨寨门、公厕、垃圾箱和垃圾处理场。

四、专业培训

云舍村祖祖辈辈从事农业生产，村民对旅游业和旅游经营服务一窍不通，为此，旅游部门组织农户学习旅游知识，先后对 460 名农民进行了职业培训，其中导游 16 名、演职人员 352 名、服务人员 86 名、旅游管理干部 6 名。然后挑选部分积极性高、条件适合的农户作为首批从事旅游服务的经营户，并发证挂牌、规范管理。

五、政府引导

政府有关部门提供开发资金 300 万元，政府、村委、村民共同开发，把全县的民俗文化转移、复制到交通条件好、民俗文化底蕴深的云舍土家族村寨来，组建了一支 450 人的“半耕半演”演出队伍，推出了婚俗表演、傩戏傩技、金钱杆、迎宾拦门礼、花灯、彩龙船、摆手舞、土法造纸等 20 多个精品节目。由旅游局负责节目编排和产品推介，村委会对演出人员进行松散管理，有游客来的时候，村主任就在演出场地敲响大鼓，听到鼓声的农民演出人员便放下手里的农活到演出场地集中，参加演出，演出结束后当即领取演出费。为了加强管理，云舍村委会成立了旅游管理委员会，出台了《乡村旅游管理办法》和《农家乐管理办法》。

经过几年的努力，云舍村乡村旅游初见成效。2004 年被贵州省政府定为“全省乡村旅游示范点”，2005 年被国家旅游局批准为“全国农业旅游示范点”。2005 年共接待中外游客 3.86 万人次，旅游总收入 270.2 万元，2006 年“五一”黄金周接待游客 18 465 人。靠山吃山的农民找到了一条旅游致富之路。

1. 农户收入大幅度提高

2005 年全村农户家庭经营总收入 680 万元，比 2002 年增长 48%；户均收入超过 1.4 万元，人均纯收入 2 180 元，比 2002 年净增 520 元。演职人员每参加一次演出可以领到 30 元报酬，农家乐接待户每接待一个游客可盈利 5 元以上，村民月平均收入 2 000 多元。村级经济收入增加，村干部实行月工资制，人均月工资为 400～600 元，调动了村干部的积极性。

2. 改善了乡村面貌

古墙修复，造纸房亮化，龙塘河清理，小桥流水，全村卫生整洁，无乱丢、乱占、乱堆现象，呈现出一派村风好、民心顺、积极向上的精神风貌。全村实现了电视入户率、自来水入户率、儿童入学率、计划生育率“五个 100%”。70%的农户安装了程控电话，电脑上网进入农户，户均拥有手机 0.6 部。

3. 推进农村产业结构调整

在旅游开发前，从事农业的劳动力占 90%以上，从事服务业的不到 10%。目前从事旅游项目经营的农户达 126 户，占总户数的 29%；直接参加旅游就业的有 136 人，间接就业人员 428 人，占总劳动力的 44%。在全村经营总收入中，旅游收入占 32%。

4. 带动周边村寨经济发展

由于云舍效应的带动，民间兴办旅游悄然升温。鱼良溪村、平落村、雪洞、桃花沟、梭家寨、漆树坪等村寨都成立了农民旅游开发协会，正在努力开发打造鱼良溪露营基地、平落千亩桃园自摘乐园、怒溪溶洞户外探险、梭家寨苗女风情表演和漆树坪羌族民族文化村等乡村旅游项目，形成了“大旅游”氛围。如今，邻近的镇江村蔬菜种植、寨抱村家畜养殖、太平村花卉盆景培植及城郊农家乐红红火火，2005 年仅花卉盆景奇石一项外销收入就达到 76 万元。

云舍村旅游开发的实践证明，旅游扶贫投资少、见效快、拉动效应大、受益广，是有效的扶贫之路和社会主义新农村建设之路。

第三节　农场庄园型发展模式

农场庄园型发展模式主要分为两种类型：一种是以农业资源为依托，开发形成教育农园、市民农园、租赁农园等多种形态，凭此开展旅游活动。这种模式承载了农旅结合的农事参与、自然教育等功能。另一种是产业庄园，是集生产、研发、销售、交流、教育和旅游为一体的现代化农庄，比较成熟的有葡萄酒庄园、香料庄园、草莓庄园和西瓜庄园等。这种产业庄园既是旅游目的地，又是现代农业产业化生产基地。

农场庄园型乡村旅游在国外已经比较成熟，而在我国起步较晚，其雏形出现于 20 世纪 80 年代。经过 20 多年的发展，我国农场庄园型乡村旅游的发展已初具规模，出现了一批地方特色鲜明的农场庄园型乡村旅游项目。例如，广东白藤湖农民度假村所在的白藤湖地区，江河纵横、土壤肥沃，盛产各种优质岭南佳果和优质海鲜，具有浓郁的水乡风情。游客既可到果园采摘新鲜水果，又可到农田收获番薯、芋头后烧烤，还可到湖边采莲垂钓，充分体验田园生活的乐趣。该度假村每年接待海内外游客逾 50 万人次。中山市横门镇外滩的海上庄园是围海造田而成的农垦区，经过对原有蕉园、蔗林、鱼塘等进行简单而巧妙的包装，建成了极具岭南水乡特色的农业旅游区，每年接待游客 6 万多人次。北京怀柔区雁栖乡间情趣园是一个以果品采摘、垂钓、摸鱼为主的综合性观光农园，自 1994 年 7 月开业以来，已接待游客 6 万多人次，总收入 60 多万元。农场庄园型乡村旅游模式有利于农业与旅游业的融合与相互促进，实现农业与旅游业的双重价值，并带动交通通信、农产品加工等相关产业的发展，经济效益较好。

农场庄园型乡村旅游较有代表性的是上海市奉贤区申隆生态园。

申隆生态园创建于 1999 年 10 月，坐落在离上海市中心 45 千米的奉贤区境内，交通便捷，是上海市级万亩生态公益林基地，是集旅游、观光、休闲、度假、商务、培训为一体的世纪花园。申隆生态园本着“造福于民，奉献社会”的宗旨，依托政策层面的支撑，借助企业自身的实力，利用营造生态林的平台调整农业种植结构，开发和建立了万亩①生态农业、园林农业、观光农业和休闲农业相结合的新型产业链，令人耳目一新。

申隆生态园的开发规模达 11 780.5 亩（约合 785.4 公顷），涉及奉贤区青村、奉城 2 镇 10 村，53 个村民小组，共 5 522 人。其布局 70％为生态林，25％为人工湖泊和河道，5％为林中道路，在形态上建立 4 个功能区。一是保健休闲区，规划利用 1 000 亩土地，建造残疾人康复中心、福利院、疗养中心、旅游接待中心等，开辟集阳光沙滩、休闲体育、园艺、垂钓为一体的保健项目，为老年人、弱势群体提供服务。二是森林旅游区，规划占地 1 300 亩，开辟森林探秘、农家乐园、澄湾篝火、森林野战、狩猎、滑草等项目，供游人休闲娱乐。三是森林苗圃区，规划用地 1 500 亩，建设温室区、苗木培育区、大苗区、移植区、花卉区等，供游客参观欣赏，种植的苗木作物向社会出售，增收增效。四是生态养殖区，规划用地 700 亩，既种树木，又放养小型禽畜，河道湖泊中养殖水产品，引进有观赏价值的珍稀物种，供游人玩赏。为实现上述建设目标，申隆生态园规划动迁农户 1 613 户，建设占地 789 亩的农民中心村。整个生态园工程预算投入 16 亿元，分三期实施，2008 年已全部完成。

---

① 亩为非法定计量单位，1 亩≈667 米^2。——编者注

经过几年的努力，申隆生态园以营造生态林为主，取得了阶段性建设成果。2006 年，已形成水面面积 2 200 亩，植树造林面积 6 053亩，接待中心区域已经初具规模，客房部、餐饮部、健身苑、鸟语岛、野兔林、土鸡岛、农耕馆、网球场等对外营业；已形成 20 多个参观点，旅游娱乐设施齐备，场地开阔，游客可以进行各项文娱活动。教育培训中心自 2005 年 7 月开业以来，已经接受学生军政训练、学农劳动、社会实践活动。农民中心村于 2003 年 7 月正式动工，到 2006 年已经建造连体别墅 1 258 套，入住农户 773 户。中心村的建设就是小康社会的蓝图，对规划区的民房，请评估公司进行评估，在评估价的基础上再增加 50％补贴给农民。实行“拆一还一”，为老百姓建造连体别墅，一期开发区内的农民，粮食、液化气免费供应，区内的农民只要愿意，都可以成为拿工资的园林工人。另外，还每年请上海市区的医生为园区内 10 个村的老年农民进行免费体检，为园区内 10 个村 16 岁以上的 4 475 位农民办理了镇保，为他们的养老和医疗提供保障。

申隆生态园实行“公司＋农户”的组织模式，公司创造大环境，改善基础设施，建造中心村，构筑就业平台。2005 年，申隆生态园成立了申隆旅行社，至 2006 年 9 月已累计接待 35 万人次，直接吸纳劳动就业 180 人，间接提供劳动就业 306 人，带动农产品及纪念品销售 458.2 万元，增加纳税 30.2 万元。申隆生态园周边的农户也向游客出售鸡、鸭、鱼、肉、蛋、菜等副食品，增加了收入。2006 年“五一”黄金周，申隆生态园接待游客 3.6 万人次，营业收入 64.2 万元，市民自驾车游明显增多。

申隆生态园的战略重点是打造生态观光、教育训练、会展会务和农家饭、鲜果采摘等重点产品，在江南水乡特色、水上生态和“农家乐”等潜力大的旅游项目上下功夫。为此，生态园实施了“一头两翼三条线，一带四区八重点”的总体发展格局：“一头”即以接待中心为龙头；“两翼”即南北两翼；“三条线”即南翼生态森林旅游线、北翼水上旅游线和中心村民俗民风旅游线；“一带”即申隆湖环湖带；“四区”即保健休闲区、森林旅游区、森林苗圃区和生态养殖区；“八重点”是鸟语林、健身苑、野兔林、教育培训中心、农耕馆、申隆湖、“农家乐”和农家饭一条街。

第四节　景区依托型发展模式

景区依托型发展模式主要是在地势较为平坦、道路较为通达的风景区周边发展乡村旅游。这是一些著名风景名胜区的附属产品，以景区游客为主要目标市场，在开发中较多地保存着乡村的原生状态，如江西井冈山的公社食堂、湖北随州观光农业区等。也有部分风景区内的村庄利用风景区资源优势发展乡村旅游，游客在欣赏风景区内的自然风景之余，还能欣赏乡村景观。

以风景名胜区优势为依托，利用农业资源和自然风景资源互补的组合优势开发乡村旅游产品，这种资源共享的联动开发模式取得了良好的效果。如位于安徽黄山脚下的汤口镇，在“黄山第五绝”“天下第一丽水”的翡翠谷景点附近建设了按联合国“最佳环境居住奖”要求设计的翡翠新村，48 幢花园式公寓对外接待游客。这些农家别墅融徽派风格与现代设施于一体，每幢楼旁的排水沟与路边的排水渠相连，织成一张完整的排水网；天空中见不到“蜘蛛网”似的电线，电话、照明、有线电视、宽带网等各种管线全部埋入地下。翡翠村独特的吃住行服务功能，成为翡翠谷旅游链的延伸。

浙江省余姚市大岚镇，依托著名风景区发展乡村旅游，成为浙江乡村旅游的一块金字招牌。

大岚镇地处浙东地区，位于四明山之心脏，姚江之源头，是中国红色旅游十大景区之一。全镇共 63 千米^2，辖 14 个行政村，有 1.38 万人口，2002 年被命名为“中国高山云雾茶之乡”。境内风景名胜众多，有国家 4A 级景区，融文化古村、千年道教、山水走廊于一体的丹山赤水，有世界三大神话传说之一刘阮遇仙的发生地——四窗岩景区，还有升仙桥、黑龙潭、姚江源头等景观资源。景点景区的开发带动了乡村旅游的发展，乡村旅游的发展也推动了景点景区的互动性发展，景点景区与乡村旅游共生双赢。目前，大岚镇基本呈现与景点开发相适应，和新农村建设相匹配，精品化、特色化的乡村旅游格局。全镇有近 100 户乡村旅游经营户，年接待游客 30 余万人次，2006 年旅游收入达 3 000 万元。

大岚镇的主要做法有：

一、合理开发旅游景点，以点带面，走生态旅游之路

大岚镇确立“生态立镇，旅游兴镇”的战略目标，2002 年镇政府利用以峡谷景观为依托，以道教文化、浙东古村为文化内涵，以绝壁、奇岩、古桥、飞瀑为特色的山水资源，通过招商引资，投入 1 200 余万元，开发建设了余姚市第一个风景名胜区，2005 年创建成为国家 4A 级旅游风景区。丹山赤水的成功开发迅速带动了姚江源头和四窗岩景区的开发，在开发过程中，把景点开发和各村旅游一并规划，同步落实，生态保护、环境保护、污水处理、垃圾收集等方面的措施一步到位，提高环境承载能力，促进可持续发展。

二、建立与景区共生双赢的“农家乐”

丹山赤水景区的开发建设带动了当地柿林村 23 家“农家乐”的开发。2006 年，在姚江源所在村建立了以“饮姚江源头水，品高山云雾茶，游四丰‘农家乐’”为主要内容的“农家乐”基地。在“农家乐”开发过程中，重点做好规划引导、标识统一、农民培训、星级考评、包装宣传以及组建行业自律协会等工作，同时加快卫生室、警务室、放心超市等的建设，增加综合配套服务能力。景区的开发为发展以“农家乐”为主要形式的乡村旅游奠定了基础，“农家乐”的规范发展为景区发展增加了人气和“回头客”。

三、挖掘文化内涵，提高品位

景区开发与乡村旅游的最好结合点是文化。通过挖掘和再现农耕、乡土、民俗等文化元素，既追求卫生设施等方面的安全健康，又力求原汁原味，把当地的大碗茶迎客、捣年糕、包汤圆、闹元

宵、过大年、婚庆等传统民风民俗开发成旅游产品，激发游客兴趣。同时，挖掘节庆文化，开展丹山赤水柿子节、茶文化旅游节、四明山旅游节、2006年宁波乡村旅游开游仪式等节庆活动，提升旅游品位。四明山区是抗日战争时期全国19块根据地之一，通过整理修复浙东行政公署、浙东游击队司令部，建成四明山第一党支部纪念室，充分挖掘红色、绿色、古色文化，使民风、民俗、民情等文化转化为现实生产力，乡村旅游助力老区群众脱贫致富奔小康。

四、加强行业管理，走健康发展之路

大岚镇坚持政府主导，搞好规划，抓住重点，出台扶持旅游业发展的政策，创造良好的旅游投资环境；安排专门资金，用于旅游资源保护与开发以及行政村的基础设施建设、旅游产品设计和宣传等工作，保证乡村旅游沿着健康的轨道顺利推进。镇政府还增设旅游办公室，发挥政府管理服务职能，处理协调景区、村、“农家乐”经营户的关系。镇人力资源开发有限公司对“农家乐”经营户进行培训，至2015年已举办烹饪、礼仪、食品安全等培训班4期，培训人数120余人。成立“农家乐”自治协会，柿林村还组织村老干部成立文明协会，定期或不定期地对“农家乐”进行卫生安全检查，并组织相关部门按照“农家乐”星级考评标准评星定级，促进了“农家乐”的健康发展。

五、改善基础设施

乡村旅游的发展离不开农村的环境建设。2000年，余姚市旅游局、大岚镇政府投入400万元，按照柿林古村保护规划设计对村庄进行了整体改造。2006年投入80万元对四丰“农家乐”基地进行村道硬化、绿化，对各景点旅游干线进行浇筑，改善了交通条件。村庄饮水工程、三线改造工程、村庄保洁制度的建立和实施使基础设施大为改观，促进了村容村貌的改善，提升了村庄的形象。

乡村旅游的发展吸引了城市的人流、物流和信息流，扩大了农民的视野，提高了农民的市场意识、服务意识及生态意识，促进了农村精神文明建设，2005 年，大岚镇被评为“浙江省‘农家乐’特色示范基地”。乡村旅游的发展把土豆、番薯、板栗、土鸡、笋干、柿子等绿色农产品转化为旅游商品，拉动了游客在农村的消费。柿林村的特产柿子，年产 10 万千克，景区开发前，2 元/千克也往往烂在树头，如今 12 元/千克仍供不应求，仅此一项就为农民增加收入近 50 万元。据不完全统计，柿林村村民的人均收入在旅游开发前只有 1 569 元，2005 年已提高到 6 000 余元，全镇旅游对农民人均收入贡献率达到 20％以上。

未来，大岚镇的村民们打算在以下几个方面加大开发力度，以保证乡村旅游的健康发展。一是继续提升品位，打造精品。以乡村文化为特色，以自然风光为亮点，整合各种优势资源，注重挖掘本身的文化内涵，提升影响力。延伸“农家乐”产业链，发展一批有影响力、有竞争力的旅游精品项目和精品线路，打造一批“农”味十足的“农家乐”旅游强势品牌。同时，做好姚江源头、四窗岩等景区的深度开发。二是继续完善基础设施建设。抓紧做好通往四丰、姚江源头、四窗岩等景区的道路、游客服务中心、丹山绿色食品市场的建设，完善功能，并完成升仙桥、观光茶厂等的中英文对照说明牌和公共信息图形符号。三是继续引导规范“农家乐”服务。加强对从业者的安全教育，落实各项卫生防范措施，对旅游、公安、工商、物价、质监等部门加大星级考评和动态管理力度，加强培训教育，引导“农家乐”从业者遵纪守法、诚信经营、优质服务，提升游客满意度。四是继续做好全镇旅游的整体包装和对外宣传。建立大岚旅游网站和旅游服务中心，建立全方位、多层次、宽领域、高密度的旅游宣传促销网络，加强旅游形象的整体策划、包装和宣传，稳定客源市场。

第五节　度假休闲型发展模式

度假休闲型发展模式即“农家乐”型发展模式，是指地处城镇周边的乡村利用离城市近、交通便利的优势，以乡村生态景观、乡村文化和农民的生产生活为基础，以家庭为具体接待单位，开展旅游活动。在这种发展模式中，农民利用自家院落所依傍的田园风光和自然景点，以低廉的价格吸引市民，游客在农家田园寻求乐趣，体验与城市生活不同的乡村生活。其特点是投资少、风险小、经营活、见效快。

在我国城市郊区，以“农家乐”为主体的乡村旅游产品增长很快，“吃农家饭、住农家屋、干农家活、看农家景、购农家物”的“农家乐”旅游大受国民青睐，其中，成都的“农家乐”是这一发展模式的代表。1987 年，成都市郫县（现郫都区）的友爱村依托传统的盆景苗圃优势发展民俗旅游，成为全国“农家乐”的发源地之一。1992 年，四川省委领导题名“农家乐”，确立“先发展后规范”的指导思想。2002 年起，对“农家乐”实行规范管理，升级上档、塑造形象、打造品牌。许多“农家乐”分别被评为“国家生态示范点”“省级文明村”“省级卫生村”“国家工农业旅游示范点”，被誉为“没有围墙的农民公园”。

这里以成都市锦江区三圣花乡的“农家乐”为例，说明度假休闲型乡村旅游的一些做法。

“濯锦之江，源远流长”。以闻名千古的濯锦之江冠名的锦江区是成都市的中心城区，面积 62.12 千米^2，常住人口 40 余万人，辖 16 个街道办事处。自唐宋以来，这里“百业云集，市廛兴盛”，饮誉川西。近年来，锦江区委、区政府按照成都市委、市政府推进城乡一体化的战略部署，坚持“资源有限，创意无限”的理念，充分利用三圣辖区浅丘地貌的特征，因地制宜，因势利导，以工业化致富农民，以城市化带动农村，大力发展乡村旅游，打造出以“五朵金花”（花乡农居、幸福梅林、江家菜地、东篱菊园、荷塘月色）为主体的三圣花乡。“五朵金花”占地 1.3 万多亩，花卉种植面积 8 000 余亩，有农户 2 821 户、“农家乐”328 户、各类旅游景点 50 余处。其中，“花乡农居”是西南辖区重要的花卉集散地，年销售额达 4 亿元以上；“幸福梅林”是西南地区重要的梅花生产基地，也是我国四大梅林之一。

过去的三圣花乡景区“天晴一把刀，下雨一包糟，土地不多人人种，丰产不丰收”，如今是“春有百花、夏有荷花、秋有菊花、冬有梅花、四季菜花”，田园风光优美，生态环境和谐，走出了一条产业化、规模化、品牌化的乡村旅游发展之路。2005 年，“五朵金花”共计接待海内外游客 747.34 万人次，实现旅游收入 1.92 亿元。2004 年，“花乡农居”被评为全国首批农业旅游示范点，国家 2A 级旅游景区。2005 年，“花乡农居”“幸福梅林”被评为“中国人居环境范例奖”。2006 年，“三圣花乡”被评为国家 4A 级旅游景区，被命名为“国家文化产业示范基地”。“五朵金花”的成功打造，初步形成了以花卉和新型农业观光为特色的旅游产业，为社会主义新农村建设注入了新的活力。

三圣花乡的基本做法是：

一、因地制宜，错位发展

利用地处城郊接合部和城市通风口的地缘优势，立足三圣花乡三百多年的种花历史，以花为媒，着力打造“五朵金花”。占地 4 367亩的“花乡农居”重点发展小盆花、鲜切花，进一步强化其作为西南地区重要花卉集散地的产业优势。占地 3 000 亩的“幸福梅林”突出梅花文化，形成梅花食品产业。占地 3 000 余亩的“江家菜地”以认种方式把传统种植业变为体验式休闲产业。占地 1 700亩的“东篱菊园”突出菊花多品种种植和大规模菊园，展现东篱菊园“环境·人文·菊韵·花海”的菊花韵味。占地 1 074 亩的“荷塘月色”的优美田园风光已成为艺术创作、乡村音乐的乐园。“五朵金花”错位发展，竞相开放，形成了推进城乡一体化、发展乡村旅游的独特景观。如今，农民不再把离乡进城作为进入现代化的唯一途径，而是就地享受城市化的文明成果，成为令人羡慕的“新市民”。

二、完善基础设施，实现农业资源向旅游资源的转变

一是农房改造景观化。按照宜散则散、宜聚则聚的原则改造

农房，对城市通风口的农房以就地改造为主，通过“农户出资、政府补贴”的方式，一幢幢赏心悦目的老成都民居和仿欧式建筑群成为一道道风景线。二是基础设施城市化。按照整体规划，以城市道路、污水处理、天然气等生活设施标准完善乡村基础设施建设，让农民就地享受城市文明成果。三是配套设施现代化。新增农村有线电视终端用户 1 500 户，实现户户通光纤。四是景观打造生态化。打造湿地，新建绿地，保护原生态植被，建成微水治旱工程和迁建牛王庙，形成众多景观和景点，营造优美的生态环境。五是开发土地集约化。对土地严格监管，通过拆院并院、拆企入园、建新拆旧，搞好土地整理，在不减少原有耕地面积的前提下，将集约的建设用地用于旅游开发，盘活土地资源，使有限的土地资源发挥更大的效益，实现土地资源向土地资本的转变。

三、强化文化内涵，大力发展休闲经济

锦江区把文化因子和产业因素注入“五朵金花”，促进传统农业向休闲经济发展。一是以文化提升产业。将现代文化与传统产业相结合，挖掘“幸福梅林”的梅花传统文化，赋予“荷塘月色”以音乐、绘画等艺术内涵，再现“江家菜地”的农耕文化，变单一的农业生产为吸引市民体验、休闲的文化场所，使文化产业与农业产业相得益彰，增加传统产业的文化附加值。二是花卉产业支撑农业。对花卉龙头企业在资金、技术和政策上加以扶持，发展年销售收入超过 3 亿元和 1 亿元的农业产业化龙头企业各 1 个、超过 5 000万元的企业 3 个。利用“幸福梅林”种植有 230 余个品种 22 万株梅花的规模和优势，开发梅花系列旅游产品，形成梅花产业链。三是以品牌塑造形象。在保持原生态和田园风光的基础上，将传统“农家乐”提升为都市乡村旅游，通过成功举办四川省首届花博会、首届中国乡村旅游节，申报成为国家 4A 级旅游景区、国家文化产业示范基地，不断提升“五朵金花”的旅游环境质量和知名度，形成“一村一品”著名品牌。

四、坚持以旅助农，以旅富农

“五朵金花”的打造不征地、不拆迁，实现了农民离土不离乡、经营不进城、就地市民化，保证了农民失地不失利、不失业、不失权。一是构建农村保障体系。统一城乡社会保障，把农民全部纳入新型农村合作医疗，92%的失地农民、66%的准失地农民参加了社会养老保险，“50”“60”后农民与城市居民一样享有养老金，生活困难的农民可享有城市最低生活保障金。二是统筹城乡教育。取消乡管学校，将乡村学校统一纳入区教育管理体系，推动了全区教育均衡发展。三是构建农民就业体系。把城市就业工作向农村延伸，依托乡村旅游产业，开发提供旅游服务岗位。2006 年 1～8 月，全区农村劳动力转移就业 9 790 人，登记失地农民就业率达 76%。四是构建农村发展体系。农民依托“五朵金花”构建的经营、就业、保障平台，变单一的种植农作物收入为拥有“四金”的多渠道增收：土地流转、农宅出租按年收取租金；经营“农家乐”、到农业龙头企业等公司打工赚取薪金；参与村集体经济、土地入股建乡村酒店等经营性项目可分享保底分红的股金；达到社保条件后按月领取养老金、低保金，还有可报销医疗费的保障金，保证了农民增收的稳定性和持续性。景区农户依托改造后的农房，采取自主经营、联合经营、出租给有实力的公司等方式，推出赏花、休闲、体验等多种形式的旅游项目，满足不同消费需求游客的需要。通过发展乡村旅游，锦江区农民人均纯收入快速增长，由 2003 年的4 426元增长到 2005 年的 6 321 元，农民收入增幅首次超过了城镇居民。

锦江区还在进一步挖掘“五朵金花”的文化内涵，把开发乡村旅游资源与保护生态环境和历史文化有机结合起来，不断提升乡村旅游品质。加大水、电、气基础设施建设力度，铺设 129.4 千米的自来水管网，增大城市供水量，以满足不断增多的游客需求；安装 8 台共 2 260 千伏安变压器，最大限度地满足景区用电需求；全面铺设天然气管道，有效保护景区优美的田园风光。加快旅游项目的引进和开发，着力扶持和引进一批重大旅游项目，使景区保持长期、持久的生命力。同时，在红砂村形成“成都国际花卉交易市场”，在“幸福梅林”和红砂村各打造一条全新的“农家乐”特色街区，在幸福梅林重建四川文化名人宋育仁先生墓地及晚年居所“东山草堂”等项目。

锦江区以发展乡村客栈和突出经营特色为载体，增加游客的参与性和观赏性，实施对“农家乐”的二次提升。他们决心以5A级旅游景区评定标准为工作要求，不断提升景区管理质量；加强对景区内农民的教育培训，使每一位农民和经营者牢固树立“人人都是旅游主体”的主人翁意识，提升服务质量；改变传统单家独户、大田种植的农业生产方式，实现花卉生产经营规模化、产业化、工业化，让土地产出更多效益；建立政府部门和旅游企业共同参与的联合宣传促销机制，搭建全方位旅游营销平台，在稳定成都客源市场的同时，积极开拓四川及周边省份的客源市场，逐渐延伸至省外、境外。通过制定合作优惠政策，实现与旅行社的“联姻”，促进旅游景区与企业之间的交流，通过举办国际、全国性的各种会议和特色文化旅游节庆活动，扩大旅游产品的宣传途径，多层面、多角度、多平台地进行宣传促销，大力拓展客源市场，优化客源结构。

美国未来学家甘赫曼将人类社会发展的第四次浪潮预言为“休闲时代”。随着休闲时代的到来，休闲体验将成为旅游者消费需求的一大特征，而乡村度假休闲旅游所具有的良好环境和丰富内容，能为游客休闲提供特殊的经历与体验。

第六节　特色产业带动型发展模式

特色产业带动型发展模式是指在村镇的范围内，依托所在地区独特的优势，围绕一个特色产品或产业链，实行专业化生产经营，“一村一业”发展壮大，带动乡村旅游的发展。特色产业带动型乡村旅游需要3个基本条件：①具有生产某种特色产品的历史传统和自然条件；②有相应的产业带动，市场需求旺盛；③需要一定的“组织形式”，通过产业集群形成规模。

自20世纪80年代以来，四川省成都市郫都区友爱镇农科村依靠种植花卉及自家川派盆景、苗圃的优势，吸引游客前来吃农家饭、观农家景、住农家屋、享农家乐、购农家物。村内现有乡村酒店1家、长年经营的“农家乐”37家，其中星级“农家乐”16家，日接待能力上万人次。2005年，农科村的乡村旅游收入达到1 800万元，农民人均纯收入突破4万元，并获得了“中国盆景之乡”“全国农业旅游示范点”的荣誉称号。党和国家领导人曾先后来村视察，美、德、日等30多个国家和联合国有关组织的官员、专家、记者也多次来村考察，国内各地前来参观学习的代表和游客络绎不绝。

山西省阳城县皇城村在以特色产业带动发展乡村旅游方面深有体会。皇城村地处太行、太岳、中条三山交汇处的沁河岸畔，全村有216户、733人，耕地360亩，辖区面积2.5千米^2，是《康熙字典》总编纂、一代名相陈廷敬的故居皇城相府所在地。明清两代，陈氏一族共涌现41位贡生、19位举人，有9人中进士、6人为翰林。康熙皇帝曾对陈廷敬有“房姚比雅韵，李杜并诗豪”的评价，乾隆皇帝曾亲书“德积一门九进士，恩荣三世六翰林”的楹联，对陈廷敬及陈氏家族予以褒奖。皇城相府由内城、外城、止园等部分组成，占地面积约10万米^2，是一处罕见的明清时代规模宏大、保护完好，将官宦巨宅、文人故里和沁河民居完美结合的古建精品代表作，被专家称为“中国北方第一文化巨族之宅”“东方唯一的双城古堡”。

1998年，皇城村抢抓机遇，调整产业结构，把发展战略从单一的煤炭产业转到开发乡村旅游上来，举全村之力发展旅游经济。自2002年开放以来，皇城村已累计接待全国各省市游客和海外华人、国际游人200万人次，实现旅游综合收入2.6亿元。2006年头十个月，接待游客42万人次，门票收入1 800万元，旅游综合收入7 000余万元。全村有260多人在旅游行业工作，占全村人口的 30%。连续 5 年，皇城村就业率达 100%，农民人均纯收入达到万元以上，2005 年为 11 500 元。全体村民现已住上了花园式的别墅，人均住房面积超过 100 米^2，60%的家庭拥有电脑和小汽车，村民所需水、电、暖和粮、油、菜等由村里定量供应，企业职工全部实行集体劳动保险，60 岁以上老人享受养老金，村民福利开支年人均达到 6 000 元以上，做到了民有所务、少有所教、老有所养、安居乐业。旅游品牌效应带动了产业的整合发展，全村煤炭资产在 5 年间由 3 200 万元上升到 2.05 亿元，年利润成十倍增长；成功并购爱德制药并控股 80%，与首都医科大学、中国农业大学在生物制药、清洁能源方面开始了合作。目前，全村已形成集煤炭、旅游、农业和高新产业于一体的集团化发展格局，2005 年全村总收入达到 5.02 亿元。皇城相府企业集团迅速扩张，为社会提供就业岗位 3 700 多个。2005 年，集团上缴各种税金 8 200 万元，全村人均 11 万元，居山西省村级企业前茅，晋城市村级企业第一。皇城相府于 2002 年通过了 ISO9002 质量体系认证，跻身国家 4A 级景区，2003 年又通过了 ISO9000/14000 环境质量体系双认证，跨入山西省重点景区行列。小康新村建设力度空前，幢幢农民别墅、丛丛红花绿树，展现出新时代皇城农民的崭新风貌，成为山西省乃至全国新农村建设中脱颖而出的新秀。

乡村旅游业已成为阳城县皇城村一大支柱产业，其主要做法是：

一、以煤助旅，做强品牌

雄厚的煤炭资金积累使得皇城旅游业能够一开始便把开发建设目标和档次定在了国家 4A 级标准上，成功迈出了古建恢复、功能配套、市场开发"三大步"，使乡村游在短短的几年内完成了"三级跳"。第一步，举村搬迁，恢复古建，变民居为景点。居住在陈廷敬故居的 100 多户村民顺利搬迁，投入 6 000 多万元完成了内外城墙、止园、西山院等 20 多处景点 12 万米^{2}的古建修复，使皇城相府得以再现昔日的辉煌。第二步，多管齐下，功能配套，变景点为景区。组建了景区管理处，为游客提供多种旅游服务。成立了旅游公司，专门接送游客。建成了一次可接待200人会议和300人就餐的三星级相府宾馆。开发旅游纪念品30余种，建起了明清商业文化一条街和66个景点购物部。硬化、美化、亮化了景区道路，建成了总面积近万平方米的停车场，配备了通往紫芸阡和村民别墅区的旅游电瓶车。推出了八音会、编钟乐舞和开城接驾等娱乐性项目。第三步，内外兼修，挖潜造势，变景区为品牌。以提供场地、赞助资金等方式，先后拍摄了《康熙王朝》《别拿豆包不当干粮》等10部电影、电视剧，借助影视作品和强势媒体进行景点广告、品牌形象宣传。充分挖掘皇城旅游的文化内涵，邀请清史学家和古建专家多次召开陈廷敬学术研究会，编辑出版了《陈廷敬》《乡间皇城》等20多部书籍，重新出版了现代版本的《康熙字典》，收集了有关陈氏族人的奏折、圣旨、著述、诗作等大量文物，并把它们包装成旅游文化产品，为打造皇城相府品牌奠定了文化基础。2005年，在上级有关部门的支持下，先后举办了“省情论坛——皇城现象研讨”和“山西省新农村建设走向暨皇城现象研讨会”，《人民日报》、中央电视台、《求是》《中国旅游报》等都对其进行了专题报道。推出了80多个专刊专版和专题电视报道，出版了长篇报告文学《突围中的农民》，对皇城旅游品牌的树立起到了积极作用。

二、一体双翼，建设新村

皇城相府远离中心大城市，缺乏立体交通支持，在开发之初，旅游产品单一。党和国家全面建设小康社会和开展新农村建设的号召给了皇城人巨大的鼓舞，农业战线的老典型大寨村与时俱进建设新农村，发展小康游，给了皇城人极大的启迪。皇城村领导班子多次组织讨论，全体村民积极建言献策，皇城人开始拓展旅游项目，培育“历史人文游产品”和“现代新村游产品”互为补充的“一体双翼”旅游新格局。皇城村新村建设一年一个样，分批建起120多套水暖电讯全部配套的高标准农民别墅和12套老年公寓；对穿村而过的樊溪河进行了根本性治理；建成了18座三星级水冲式自动化感应洗手间，使游人和村民告别了过去的“土茅房”。建成了休闲公园、健身场、水幕电影、大型音乐喷泉和舞厅等，建起了电教室、图书室、文体中心、休闲公园等，组建了女子军乐队、威风锣鼓队和相府文工团，丰富了村民精神文化生活。皇城村相继被命名为“省级文明村”“中国十佳小康村”“中国历史文化名村”和“创建全国文明村先进单位”。纳入景区总体规划的新村建设既为旅游产业提供吃、住、购的服务硬件和发展空间，又满足了现代农民宽裕型小康生产生活所需，成为皇城旅游景区的有机组成部分和主打产品之一。皇城村已形成了历史人文景观与现代化农村都市景观交相辉映的乡村旅游新特色。

三、双管齐下，创优环境

旅游环境的优劣是决定景区兴衰的重要因素。对于皇城乡村游而言，在硬环境建设方面就是要最大限度地消除煤炭生产对景区美感度的影响；在软环境建设方面就是要使传统农民尽快适应现代旅游市场的新要求，让“人人都是旅游环境”的理念成为每一个村民、每一个员工的自觉行动。在景区开发初期，“一边金碧辉煌，一边煤尘滚滚”的状况曾经引发媒体的尖锐批评，对此，皇城村痛下决心，投资购置了专门的煤矿生产除尘设备，减轻煤尘的产生；投资2 000多万元新建3.5千米运煤专线，打通两个隧道，使运煤货车和旅游专车分道，人车混杂、客货同流的状况得以改观，净化了景区环境；植树造林，防御风沙，村东西两侧的龙凤山封山育林，景区占地面积由原来的6万$米^2$增加到10余万$米^2$，使皇城乡村游景区呈现出四季山清水秀、到处鸟语花香的景象。

四、建章立制，提高村民素养

根据建设现代化新农村和4A级景区的要求，皇城村制定了一整套的村规民约和员工守则，随地吐痰、乱扔垃圾等陋习在村内绝迹。对34户二星级家庭旅馆采取民办村助的扶持奖励政策，统一补助，供应一次性卫生洗漱用具、床上用品等，同时统一接受村家庭旅馆管理部的定期培训和质量标准化监督管理。把村小学建成北大附小的远程教育点，由集体统一负担全村学子从幼儿园到大学的学费，免费对高中毕业的回乡青年进行强制性的求学深造，为培养未来的高素质村民提供财力支持。定期开展读书竞赛，举办农民运动会，对企业员工定期进行岗位技能和业务素质培训。经常组织村民到外地参观学习，开眼界、换观念、受教育。在这些措施的综合作用下，村民素质实现了跨越式的提高，为发展乡村旅游营造出一派文明、健康、和谐的氛围。

皇城村乡村旅游的目标是：面向国内国际旅游大市场，运用参股、控股、买断经营权等资本运营方式，整合周边各类旅游资源，突出重点、强化配套，丰富旅游产品内容，打造集古建文化、宗教朝拜、农业观光、度假休闲、山水生态、民风民俗等为一体的皇城相府乡村旅游复合产品。

九女仙湖景区和皇城相府景区同在阳城县北留镇境内，两地相距 15 千米。景区内除九女仙台、延河泉、黑龙潭等景观外，还有 10 千米长、300 米宽的水面及峡谷，景区总面积达到 737 公顷。此前，两景区分属皇城村和北留镇政府所有。2006 年 6 月，皇城相府旅游集团出巨资买下九女仙湖风景区 60%的股份。九女仙湖景区被纳入皇城集团后，将与皇城相府景区一体化经营，旅行社和游客可以买通票参观这两个景区。

位于皇城相府与九女仙湖之间隶属北留镇大桥村的海会寺是国家重点文物保护单位，创建于唐代，寺内双塔为现存主要建筑，其中宋代砖塔六角十级，高约 20 米；明代舍利塔八角十三级，高约 40 米，造型雄伟壮观，色彩艳丽，号称上党明塔之冠。寺内有一泉，名曰龙泉，泉水清澈见底。寺僧在殿宇间开筑九曲小渠，增设鱼池，泉水在寺内回环盘旋，又从石雕巨龙口中飞出寺外，汇入小溪，谓之“海会龙湫”，是阳城十大景观之一。史上文人墨客、官宦商贾，或观光避暑，或拜佛求经，兴诗作赋，络绎不绝。寺内现存记述寺院沿革、描绘寺院景色、游人吟诗作赋等重要碑碣 30 余通，其中以明万历年吏部尚书王国光诗刻为最佳，书体刚劲秀丽，行文流畅豪放，具有极高的观赏价值和保存价值。皇城村与大桥村已经达成协议，拟对海会寺进行控股经营，皇城村乡村旅游将再添新品。在此基础上，皇城村还将联合周边乡村，着手实施皇城未来农村大世界建设规划，开发建设皇城生态农业观光度假园区。

第七节　现代农村展示型发展模式

现代农村展示型发展模式是以新农村形象为旅游吸引物的乡村旅游模式。毫无疑问，这种农村必须是经济发达、交通便利、知名度较高的村庄，同时要处理好发展旅游与发展其他产业的关系，积极引导当地农民参与旅游接待活动。我国各省份都有一批社会主义新农村，它们以“新”为特点，在住宅、街巷、道路和生态环境、产业设施、服务设施以及各种配套设施方面都发生了全新的改变，成为乡村城市化、城乡一体化的典范。现代农村展示型发展模式大有可为。

黑龙江省甘南县兴十四村是1956年由山东临沂地区移民响应党中央开发北大荒号召组建起来的移民村。60多年来，全村人发扬“艰苦创业，团结奋斗，开拓创新，致富争先”的兴十四村精神，在东北偏僻荒村积极发展农副产品加工企业，实施农业产业化经营，坚定不移地走共同富裕的道路，拥有35家企业、1 800多名员工、10亿多元总资产，集农、林、牧、机、加、旅游和房地产开发于一体的国家级大型企业集团——黑龙江富华集团，就是这个村的家当。目前全村已经实现了农业产业化、农区工业化、住宅别墅化、村风文明化、管理民主化、多数村民非农化，成为生产发展、生活宽裕、乡风文明、村容整洁、管理民主的社会主义现代化新农村，是远近闻名的“龙江第一村”，被称作是“东北地区实现中国农村改革第二次飞跃的成功模式”，被黑龙江省委书记称为“全国社会主义新农村的先进典型，黑龙江省建设社会主义新农村的标杆”。近年来，兴十四村立足当地资源，加大投入力度，积极发展现代生态农业游、工业游、拓荒文化游和农家文化乡土人情游等旅游项目，形成了14个旅游景点，吸引了大量国内外游客。

江苏省江阴市华西村的乡村旅游也属于现代农村展示型。华西村区位得天独厚，交通方便快捷，沿江高速、澄杨公路穿村全境，距无锡、苏州、南京、上海等周边大中城市均在1小时车程之内。建村50多年来，华西村由小变大、由穷变富，早在20世纪90年代初就在全国率先成为“别墅村”“轿车村”“彩电村”“电脑村”等，现已拥有40多项“全国第一”。现在的华西村，村民家家住400～600米^{2}的别墅，有100万～1 000多万元的资产，有1～3辆轿车。2001年6月，周边16个村并入华西村，组建了一个面积超30千米^2、人口超3万人的大华西村。2006年，华西村累计实现销售400亿元。在华西村50多年的发展进程中，党和国家先后授予华西村“全国先进基层党组织”“全国模范村民委员会”“全国文明村镇”“全国文化典范村示范点”“全国乡镇企业思想政治工作先进单位”“全国乡镇企业先进企业”“全国大型一档乡镇企业”“全国乡镇企业科技工业园”等荣誉称号。

早在20世纪70～80年代，华西村就以农业、农村工作的突出成就，成为全国闻名的一个“样板村”，由此吸引了来自五湖四海的人们前来参观、学习。在改革开放政策的指引下，华西村的第三产业更是发生了历史性的巨变，成为国内外各界人士赞誉的“华西旅游城”“江南田园旅游中心”。随着影响力的不断扩大，华西村先后开辟了工业游、农业游、红色游、党员先进性教育游、社会主义新农村游等多条特色旅游线路，以及农民公园、“华西之路”展廊等一批景点，还被中央和各级组织、院校列为实践基地、示范基地和爱国主义教育基地。自1974年经国家批准对外开放以来，华西村已吸引120多个国家和地区的宾客前来参观、考察、访问，2005年共接待国内外游客100多万人次，2006年达200万人次。

华西村从20世纪60年代建村至今的这段历程也是几代华西人建设“社会主义现代化新农村”的一部创业史、发展史、奋进史。在其旅游业的发展上，他们坚持做到了以下3点：

一、合理农村布局，形成旅游态势

华西村提出的战略目标是：实现“三农”变“三化”（农业工业化、农民知识化、农村城市化）；“多借天，少占地”；实现“三化三园”（绿化、美化、净化；远看像林园，近看像公园，细看农民生活在幸福的乐园）。目前，村民每家一幢别墅楼，沿山而建的豪华欧式别墅既为居民提供了舒适的生活条件，又形成了一个美丽景观。在村民生活区内，草坪铺地、香樟浓荫、绿树簇拥、鸟语花香，此外，商场、农贸市场、书场、娱乐场、影剧院、网球场、壁球馆、卡拉 OK 歌厅、舞厅、宾馆、招待所等设施一应俱全。近年来，华西村凭借自身的“三名”（名人、名村、名品）效应，通过开发独具特色的田园风光游、“三农”基地游、爱国主义游，使华西村成为城里人、国外人追崇的旅游热地。华西村被全国绿化委员会评为“全国造林绿化先进村”，在全国村级单位中第一家通过了ISO14001 国际环境管理体系认证。华西旅行社已连续 7 年蝉联“全国百强国内旅行社”（2005 年名列第 4 位），成为全国首家通过ISO9001（2000 版）国际质量管理体系认证验收的村级单位，并获得了“5A 质量诚信会员单位”“中国公认黄金品牌旅行社”的称号。

二、建设特色景点，壮大旅游规模

在这些景点中，既有集异国风情、山林野趣于一体，汇古今名人、科学奇观于一园的“世界公园”，也有远山近水、山水一色的“五百亩龙西湖”；既有集五亭桥、玉带桥、姑嫂桥等中外古今名胜于一体的“桥文化”景点，也有由各种高档别墅组成的“沪宁中康山庄”。其中，“三农”基地和农民公园被中央党校等大专院校列为“实践与教育基地”，山北高科技农业园艺中心更是以其杰出的管理、优良的品种、先进的技术，被视为“中国科普农业、观光农业”的示范点。近年来，在原有 80 多个特色景点之外，华西村正在进一步建设龙东湖、钟王、喷泉等景点，同时，完善、配套了可同时安排 3 500 多名游客食宿的星级宾馆、总统套房、塔群宾馆、南苑宾馆、会议中心、世界公园、农家别墅等，大力发展田园风光游、爱国主义教育游、特色“三农”游，向海内外展示中国社会主义新农村的风采！

三、做好菜肴文章，增强旅游活力

在餐饮方面，华西村也是技压群芳、独具风格。华西旅行社菜肴研究所开发的以养殖无毒河豚为主料制成的奶汤河豚、滑溜河豚等多种菜肴，经江苏省烹饪协会的严格审核和专家鉴定，被认定为“江苏名菜”。金塔宾馆的马蹄酥、中山饼等4种小吃，被中国烹饪协会评为“中华名小吃”，4道家常菜被省烹饪协会评为“江苏新菜点金奖”，11道菜被评为“江苏名菜”，金塔宾馆也被中国烹饪协会授予“中华餐饮名店”称号。2002年，由村菜肴研究所成员组成的农民代表队在马来西亚吉隆坡举行的中国烹饪世界大赛上，推出上汤鱼茸蛋、锦绣金塔等特色菜肴，一举获得团体金奖和4块单项金牌，成为这次世界级烹饪大赛中获得金牌最多的代表队。在江苏省第四届烹饪技术大赛上，华西村金塔宾馆选送的“河豚宴”在100多桌宴席中脱颖而出，荣获金奖。2003年，华西村还成功举办了首届“中国民间民族美食节”，来宾和游客累计超过10万人次。

面对乡村旅游的百舸争流，华西村的旅游业又进行了新的目标定位：做大、做强旅游业，更好地展示社会主义新农村的形象。一是在原有景点的基础上，兴建塔群、钟王、喷泉、隧道、天安门、山海关、万米长城、桥文化等一批新景点，增添飞机、骆驼、鳄鱼等新项目，形成旅游业的新亮点。二是为把华西村打造成中国农村特色“旅游城”，“十一五”期间内投入资金5.3亿元，搬迁2 700户村民，在“山北”总体规划12 700亩，建成了一个由高产农田、苗圃基地、粮油基地、休闲廊架、百花牡丹图、百果生态图、百树生态图、智能化展示大棚等组成的“万亩农林科技示范园区”。其中，一期项目智能化旅游展示大棚建设总面积达到12 000多米^2，集中体现了华西农业的高科技水平。园区建成后，以丰富多样的作物品种、绚丽多彩的花果植株、硕果满棚的田园风光、壮观有序的游览长廊营造出一个 3 年可实现营业收入 1 亿元的科研基地、培育基地、生产基地、观光基地。同时，还使华西村成为一个天天鲜花盛开、季季水果飘香的“百果园”，一个果、林、花、菜、粮、水产协调发展的江南农业景观，一个无污染的“天然氧吧”，一个更具规模的田园旅游中心。

第八节　旅游小城镇型发展模式

旅游小城镇型发展模式是指把旅游开发与农村乡镇建设有机结合起来，把旅游资源丰富的乡镇建设成为旅游小城镇。一般来说，有旅游开发价值的小城镇多数具有突出的地方特色和悠久的历史文化，体量适中，易于集散，有一定的居住条件和基础设施，具有独特的旅游资源，有较大的发展潜力。

江西省婺源县江湾镇，科学规划先行，使其古村落群再显生机。走进江湾，古街古朴清新，新街清洁明亮，古新风貌自然融合。在旅游发展中，江湾镇通过政府投资、吸纳民资、对外引资、向上争取、股份合作等多种筹资方式完善基础设施，在保护好古村落的前提下，改变过去农村脏、乱、差的现象，不破坏当地人文与生态环境。按照《江湾旅游规划策划及村镇总体规划》，政府投资 1.5 亿元，建成龙凤大道等，构建集镇区“三横三纵”道路框架，实施供水排污、广播电视、电信电力等配套工程；投资 200 万元对 120 幢非徽派建筑进行改造，绿化、亮化、美化镇容镇貌；吸引民资 1 500 余万元，开发居民新区；向上争取资金 500 万元，完成江湾中学改扩建工程。晓起村还通过“向上争取一点、村民集体出资一点”的方式，筹资 50 万元，为全村 150 多户村民安装了自来水，拆除建在屋顶的自来水塔，恢复原有古村落风貌。

云南省腾冲市和顺古镇也是一个著名的旅游小城镇。和顺古镇位于腾冲市城西 2 千米处，海拔 1 500～2 000 米，总面积 14.8 千米^2，人口 6 000 余人，2005 年被评为“全国十大魅力名镇”之一。

和顺古镇四面环山，气候温和、山清水秀，具有悠久的历史和厚重的文化内涵。因地处西南古丝路要冲，一代代和顺人为谋生“穷走夷方急走厂”，顺西南古丝绸之路出发，远走他乡，从商办厂，他们的足迹遍布东南亚，侨居海外的和顺人达1万多人，是全省著名的侨乡。历史上，和顺古镇曾涌现出一代“翡翠大王”寸尊福、富甲一方的“永茂和”商号，有被誉为“中国乡村文化界堪称第一”的和顺图书馆，保存完好的文昌宫，从这里还走出了一代马克思主义哲学家艾思奇。在这块土地上，保留着具有典型汉文化风格的古建筑群和各具建筑特色的宗祠，丰富的历史文化积淀形成了浓郁的人文气息，与田园牧歌式的乡村秀美自然风光“珠联璧合”。

和顺古镇于2001年成立和顺旅游发展公司，开始开发乡村旅游。经过几年努力，和顺旅游小城镇建设初见成效。一是产业结构调整，农民增收、农业增效、农村增色。通过乡村旅游的产业渗透性和互动性，第一产业、第二产业资源转化为新的旅游资源，带动了第一产业、推动了第二产业、拉动了第三产业，进一步优化了农村产业结构，促进农村经济的良性发展。2005年全镇农民人均纯收入2 266元，比2000年的1 650元增收616元，增长37.3%。二是村容村貌得到明显改善。和顺在发展乡村旅游的过程中，把发展乡村旅游与基础设施建设、生态环境建设及文明新村创建有效结合。通过改水、改路、改厨、改厕、改圈和建家、建园、建池，实施“四线入地”，强化通信、广播电视等基础设施建设，从根本上改善了基础设施条件。三是就业压力得到缓解。随着游客的不断增多，民居旅馆、特色餐饮生意异常火爆，有400多位村民直接进入旅游业就业，大大减轻了在城市化进程中农村人口转移的巨大压力，实现了富余劳动力的就地转移，“不离土不离乡”，农民收入大幅增加，脱贫致富奔小康。四是精神文明建设实现大飞跃。发展乡村旅游吸引了城市的人流、信息流和资金流，朋友多了，信息畅了，脑子活了，思路宽了，办法灵了。村民组织了女子洞经乐团、桂乡会、书画协会等民间文艺团体，打架滋事、赌博迷信的少了，取而代之的是竞相比学习、比服务、争做星级文明户，一些农民还学起了普通话，有的还能讲几句外语，经济意识、市场意识、服务意识、环境意识大大提高。五是旅游产品丰富优化。古镇一大批古宅、院落和特色餐饮成为旅游吸引物，增加了旅游者的消费选择，满足了人们回归自然、返璞归真的个性化需求。目前，和顺镇有从事乡村旅游的民居旅馆 43 家、商铺 132 个、玉石商业摊点 30 个、饮食店 14 个，从事乡村旅游及临时性旅游商品经营的有 420 余人。2001 年以来，每年接待游客超过 16 万人次，2005 年实现旅游总收入 2 100 万元，比 2000 年增长 147%。在 2005 年“CCTV 魅力名镇”评选中，和顺古镇荣膺“中国第一魅力名镇”，集田园风光、古镇休闲、“农家乐”、民族文化体验为一体的旅游小城镇基本形成。

和顺镇的基本做法是：

一、政府主导，市场运作

和顺在发展乡村旅游的过程中，按照“高起点规划，高标准建设，高水平管理”的原则，整合资源，着力挖掘内涵，突出特色，加快培育适应市场需求、上规模、上档次的旅游精品。2003 年通过转让经营权引入柏联集团，按照“文化、民俗、田园风光”及“保护风貌，浮现文化，适度配套，和谐发展”的开发思路，先后投资 6 000 多万元改善旅游基础设施。村民参与乡村旅游经营的积极性大为高涨，纷纷在自己的住宅地或统一规划的旅游商品街进行特色餐饮、住宿、农家休闲、旅游商品等经营活动。

二、树立品牌，挖掘原生态文化

和顺古镇乡村旅游产品项目的开发和建设注重在乡村民俗、民族风情和乡土文化上做好文章，使和顺乡村旅游产品具有较高的文化品位和艺术格调。注重古镇的天然、纯朴、绿色、清新的环境氛围，突出古朴厚重的文化氛围，强调天然、闲情和野趣，努力展现乡村旅游的魅力，尽可能体现“原汁原味”。此外，和顺镇加强了对古镇旅游原生态文化、腾越文化、侨乡文化、边地文化等文化内涵的挖掘，改变了乡村旅游产品结构雷同、档次低的状况，提高了乡村旅游的品位和档次。

三、因地制宜“四结合”

一是乡村旅游与区域内其他旅游资源和旅游景点的开发相结合，借助已有旅游景点的吸引力拓展客源，资源共享、优势互补、共同发展。二是将乡村旅游与农村扶贫相结合，解决好农村富余劳动力的就业问题。三是把发展乡村旅游与文明新村建设相结合。和顺古镇的规划建设按旅游古镇的风貌进行规划，使古镇本身成为旅游吸引物之一，在此基础上，古镇开始发展乡镇企业和旅游商业，如农副产品的深加工、旅游纪念品的生产经营等。四是把发展乡村旅游与资源保护和打造生态个性相结合，防止旅游开发造成的环境污染和资源破坏，坚持走可持续发展的道路。

和顺镇从文化旅游、文化产业发展、景区建设、基础设施建设等方面进行了系统规划，坚持“古镇和顺、文化和顺、休闲和顺”的开发理念，突出“极边古镇、丝路侨乡、田园风光”特色，以“中国的和顺、世界的和顺”和4A级精品旅游景区为建设目标。

第二章 乡村旅游策划

旅游是一种求新求异的社会生活方式，旅游业的发展就是为游客创造这种求新求异的生活方式的过程，其本质是一个创意生产和实施的过程。策划就是为了生产创意，本质是创新。乡村旅游策划是乡村旅游创意的生产过程，是乡村旅游发展的“第一道工序”和最大生产力。对乡村旅游资源的认识、评价和把握是乡村旅游策划的基础；对市场的研究和把握是乡村旅游策划成功的关键；对旅游产品体系的策划是乡村旅游策划的重点和难点。乡村旅游策划建立在乡村、旅游和策划 3 个概念之上，是以乡村旅游资源为基础，通过创造性思维分析旅游资源特色和目标市场需求，定位主题特色，策划旅游产品，满足旅游市场需求并实现多目标、多主体和谐共赢发展的过程，主要包括主题策划、产品策划和形象策划 3 个方面的内容。

第一节 主题策划

乡村旅游的主题是指乡村旅游目的地（景区或景点）所反映的主要题材，是乡村旅游资源、市场定位和核心项目所反映出来的核心旅游产品内容及形象。主题是乡村旅游的灵魂，主题策划是乡村旅游目的地开发的第一步，也是最关键的一个环节。一般而言，主题策划应基于对旅游地资源的分析，根据目标市场的需求，提炼出具有个性与特色的发展主题。

一、资源分析

资源分析就是要搞清楚“我有什么”，即进行乡村旅游资源调查，分析乡村旅游资源特色。乡村旅游资源是指位于乡村范围内的旅游资源，包括吸引旅游者进行乡村旅游活动的乡村自然景观、文化景观和生态环境。基于自身资源特色提炼出来的乡村旅游产品开发主题是资源导向型主题，重视对旅游资源自身特色的把握，可充分反映乡村旅游资源优势和潜力。资源导向型主题定位主要有综合型定位、特色型定位和多元化定位 3 种类型。

1. 综合型定位

对于综合评价高，但各要素都不很突出的资源来说，可以立足于旅游资源的综合呈现，反映旅游主体的特征，进行综合型定位。综合型定位概括性强，适用于文化元素比较广泛、资源相对丰富的区域。

2. 特色型定位

特色型定位以旅游资源中最具有吸引力、最能影响旅游形象的要素为重点进行主题定位。特色型定位主要是针对游客群体的需求，所以要对目标受众有所判断。

3. 多元化定位

多元化定位兼顾多个旅游元素，既注重综合化，又注重特色化，一般包含两个以上的资源特色。多元化定位切忌以偏概全，在定位时首先要对自身有一个客观的考量。

资源导向型主题定位切忌定位过高或过低，过高的评价有可能难以获得市场认同；评价过低则可能导致策划、开发出来的旅游产品不能展示出旅游资源的魅力，或者使得本可开发的旅游资源的价值被忽视。

二、市场分析

市场分析就是要搞清楚“市场需要什么”，找准市场需求的热点。市场分析需要做好分析目标市场状况、了解消费者需求偏好和客观对比竞争对手 3 项工作。市场分析是一项专业性较强的工作，在条件允许的情况下，应该尽可能找专业的市场调查及策划公司来完成。

基于市场导向的乡村旅游产品主题策划是针对原赋旅游资源比较匮乏的情况所进行的主题策划。这类主题策划的重点在于创意本身的新颖性和市场号召力，即以本地历史文化和自然环境为支撑，创造性地打造人无我有的乡村旅游体验方式，以适应游客需求。因此，市场导向型的主题策划要求策划者对市场十分熟悉，确定明确的市场目标，然后围绕明确的市场目标打造一个具有核心吸引力的主题，围绕这个主题进行旅游要素的功能配置，包括空间布局配置、景观配置等。市场分析主要包括以下几项工作：

1. 分析市场需求状况

通过问卷、访谈、观察等手段获取乡村旅游市场需求的总体概况，包括人口特征，如年龄、性别、收入、教育水平、职业，以及旅游偏好、出游时间等，对乡村旅游的需求特征、热点、主流和趋势进行摸底。

2. 确定细分市场

在了解市场需求状况的基础上，结合自身条件，从中发现细分市场的机会。常见的市场细分标准包括人口统计特征、地理区位特征、心理特征及消费行为特征 4 个角度。人口统计特征又可细分为年龄、收入、职业、家庭规模、生命周期、教育水平等；地理区位特征指游客所处的地理空间，不同地方的游客具有不同的旅游休闲偏好；心理特征包括游客的价值观、生活态度、兴趣、活动爱好、旅游动机及个性特征等；消费行为特征包括旅游习惯和偏好、旅游目的及寻求的效用等。

3. 竞争者调查分析

在乡村旅游开发前期的市场可行性探索中，对竞争者的调查分析是否充分是影响项目开发成功与否的重要因素。对乡村旅游的投资与经营而言，竞争者调查分析主要包括以下内容：

（1）在具有直接威胁的区域内，还有哪些乡村旅游项目在开发？它们的经营状况如何？

（2）区域内有什么乡村旅游项目？主要卖点何在？采用何种销售方式？可借鉴的优点是什么？不足之处在哪里？

（3）区域内现有的乡村旅游项目供应是否存在相对空白点或需求未被满足？如何有效地回避竞争压力？针对竞争对手产品定位、广告宣传方面的特点，应该采取什么措施？

（4）在拟实施的乡村旅游项目的辐射范围内，是否还可能出现其他竞争者？与其他乡村旅游项目相比，拟实施的项目在周边环境及配套方面存在何种优势和劣势？该如何应对市场后进者的挑战？

三、主题选择

基于前两者的分析，可以从资源条件、市场需求和外部环境3个方面综合考虑，进行主题提炼。主题选择要综合考量、定位清晰、突出优势并切合实际。

1. 资源条件

资源特色是首先应该考虑的因素，特别是那些具有垄断性或是有竞争优势的旅游资源，应该成为主题定位的首选。不过，同其他产品的竞争关系可能对乡村旅游开发的主题定位产生重大影响，有时为了避免不利的竞争局面，主题选择甚至会抛弃旅游资源自身原有的主要特色。例如，云南玉溪市红塔区气候条件比昆明好，冬无严寒、夏无酷暑，是比昆明还要正宗的“春城”，但由于玉溪市红塔区处在昆明“春城”的形象遮蔽区内，使得其旅游主题定位必须绕开“春城”的形象。

交通方式对乡村旅游主题选择也有重大影响，主要表现在不同类型的乡村旅游产品对可进入性需求的差异上。度假型乡村旅游产品对可进入性及交通的便捷性、舒适度要求较高，而对观光、徒步、户外拓展等产品的要求就不太严格。

链接1　北京市密云区口门子村的“渔村”主题

口门子村作为北京市区域内典型的自然渔村，是京郊众多乡村旅游目的地中渔文化气息极为突出之地，有较好的渔业资源基础。口门子村的乡村旅游发展就是基于渔业资源特色，围绕着

"渔村"主题，以竹林、篱笆、茅屋烘托浓厚的渔家氛围，通过钓鱼、做鱼、食鱼，让游客领略正宗渔味美食，通过渔歌、渔技、渔船，体验渔夫传统技艺，以渔雕、渔灯、渔饰等旅游商品，带回渔村美好回忆，最终达到"处处有景、景景各异、人随景动、由景生情"的效果，树立了"京都第一生态渔村"的乡村旅游特色业态品牌。

2. 市场需求

旅游产品是为满足市场需求而开发的，而且通常指向某些特定的细分市场。对具体的细分市场进行针对性分析，策划出具有市场吸引力的产品是乡村旅游主题选择的目标，也是关键。此外，不同类型和不同等级的产品应对竞争的能力不同，市场竞争也是确定主题定位的重要方面。一般而言，度假休闲类产品重游率高，应对的竞争压力相对较小；观光类产品的重游率较低，竞争压力就大，市场竞争因素在主题选择上所占的比重也就更高。游客的心理认知是游客对乡村旅游主题的直接主观感受，本质上是市场认同，对乡村旅游的主题定位有着基础性的决定作用。

3. 外部环境

外部环境既可以通过影响供给和需求进而影响乡村旅游产品，也可以直接作用于乡村旅游主题，既可以是积极影响，也可以是限制性约束。比如，在风景优美的水库和湖泊，从资源特点上来说可以将休闲垂钓作为其开发主题，但如果考虑游客的安全，在实际操作中可能就不能以此为主题。

链接 2　浙江省湖州市湖州模式

浙江省湖州市充分利用新农村建设和生态文明建设的成就，以各类规划为指引，以乡村旅游度假为目标，差异化参与都市圈分工，逐步走出了城乡一体化、农民就地城镇化、乡村就地现代化、农业就地产业化的生态化发展之路，逐步形成了以“四大产品模式”“十大乡村景区”为主体的发展大格局。一是以安吉县为代表的美丽乡村带动的“生态＋文化”模式，把农村生态资源和农村特色文化融入乡村旅游，推动以生态与文化互动为特色的乡村旅游繁荣发展。二是以长兴县为代表的旅游景区带动的“景区＋农家”模式，鼓励景区周边农民改造农家庭院建筑，发展休闲观光农业，开发农事体验项目，参与旅游接待服务，推动景区与“农家乐”互惠互利发展。三是以吴兴区和南浔区为代表的休闲农庄带动的“农庄＋游购”模式，打造集观光、采摘、休闲、购物等于一体的游购式乡村旅游产品，从而带动大型休闲农庄的快速发展。四是以德清县为代表的“洋家乐”带动的“洋式＋中式”模式，以优势资源为吸引，融合当地民俗与西方文化、传统理念与现代文明，开发乡村度假产品，促进乡村旅游发展的市场化、品牌化、国际化、产品化和休闲化。

第二节　产品策划

乡村旅游主题确定后，需要有具体的乡村旅游产品来体现和支撑。从游客需求的角度看，乡村旅游产品就是乡村游客出游一次所获得的整个经历；从满足需求的角度看，乡村旅游产品就是乡村旅游经营者提供给旅游者的接待条件和相关服务。乡村旅游产品策划是乡村旅游策划的核心和落脚点，目的是创造出形式新颖、内容丰富、体验深刻的乡村旅游产品，包括食、住、行、游、购、娱 6 个方面的内容。乡村旅游产品策划没有固定模式，但也有一定的规律可循，其要领就是瞄准游客体验，对旅游产品所涉及的环节进行形式和内容上的创新与组合，通过给游客创造具有特色的视觉、听觉、嗅觉、味觉、触觉体验，达到旅游经营者所期望赋予游客的身心体验状态。

一、"食"在乡村

在乡村旅游项目开发中有诸多要素和环节需要把握，其开发成功的秘诀也有很多，其中最基本也是最重要的应该是"食"字诀，即做好农家餐饮。民以食为天，乡村美食一直都是乡村旅游中最具吸引力的旅游要素，很多乡村旅游地都是因其风味俱佳的美食引得大批食客和旅游者前去游玩。大批游客到乡村来旅游，除了欣赏当地的田园风光和山水美景，领略淳朴自然的生活情趣外，还有一个重要的目的就是品尝各种独具风味的餐饮佳肴。因此，乡村旅游经营者要在干净卫生、原汁原味、营养健康、用餐环境、餐饮文化等方面下功夫，抓住游客的胃、留住游客的心。作为最具体验性的产品，在策划时可以通过在食材、制作和烹饪方式、餐具、就餐环境、用餐服务等方面的大胆创新，推出适应市场需求的美食产品。不过，需要注意的是，创新要在国家法律框架下进行，同时要考虑文化背景和民众的心理接受能力，不能单纯地为了创新而创新。

（一）食材策划

乡村饮食相较于城市餐厅里的食物，最大的优势就在于食材。无添加剂的新鲜果蔬、自然状态下放养的家禽和牲畜正是乡村美食的核心竞争力。许多城市居民和食客平日喜好驱车前往城市周边的"农家乐"或休闲农庄享受美食，就是因其健康生态的食材，所以，在"吃"的方面，食材永远是乡村旅游美食产品策划的最基础要素。自然放养的生态野猪、野鸡和山茅野菜对于久受食品安全问题困扰的城市居民来说，是绿色、无公害、健康的代名词。例如，在台湾苗栗的花露休闲农场，游客除了可赏花闻香外，还有不可错过的花香美食餐饮，园区栽种的香草植物及芳香玫瑰花都能成为桌上佳肴。

（二）制作和烹饪方式

乡村传统的食物制作技术对城市游客具有一定的吸引力，保留和恢复这些传统的食物处理方式是乡村旅游美食产品应该具有的思路之一，如磨豆腐、舂年糕、腌咸菜、制作香肠、制作火腿等。另外，独特的烹饪方式也是吸引城市游客的有效手段之一，如将米饭放在竹筒里蒸熟或烤熟，就给常年吃电饭煲煮饭的城市游客完全不一样的体验和感受。再如，同样是提供以鱼为主的美食，可以提供“一鱼多吃”的烹饪方法，满足不同游客的需求。

（三）餐具的创新

独具特色的传统乡村饮食器具通过材质、形制、纹饰、大小、色彩等方面体现传统的乡间味道和特点，不仅能烘托乡村特色，还能丰富游客的体验，是增加乡村旅游吸引力的重要方面。比如，大碗盛菜、大碗喝酒、大碗吃饭就是典型的传统乡间特色；城里人吃惯了高压锅炖鸡，用土锅炖鸡可以给城市游客营造一种不一样的乡土气息。

（四）就餐环境的创新

用餐环境也是体现农家和乡村特色的有效手段，具有典型农家或乡村特色的场所能给城市游客营造一种特殊的环境感受——另外一种生活情调。除此之外，还可依托乡村环境进行大胆创新，别出心裁地推出让人耳目一新的就餐环境和场所，如在森林资源比较好的地方可以考虑策划树冠餐厅，在滨水空间可以策划水景餐厅甚至水下餐厅，在山坡地段可以策划窑洞餐厅等。

（五）用餐服务的创新

在基本条件的提供方面，除了对服务员的基本服务水平进行培训外，整个餐厅的服务意识都要人性化而全面，如提供儿童座椅、防偷盗的椅套、供游客打发等餐时间的杂志等，让游客在品尝美食的同时享受到能比肩星级酒店的服务。此外，在服务方式上别出心裁、大胆创新，往往能出奇制胜，吸引游客的关注。例如，吃是人类生存的第一需要，舞蹈则是随原始人类的劳动、狩猎生活而产生的艺术，昆明“吉鑫宴舞”将规模宏大的宴舞与地方民族风情相融合，既展示了地方民族的美感又给了游客留下了深刻的印象，一经推出就受到市场的好评，经久不衰。

（六）菜品创新

地方美食是一个地域独具吸引力的名片，既让游客享受美味又能传播地域文化。对于乡村旅游目的地内的经营者而言，除了做好本地特色菜品外，还需要策划设计出具有自家特色的菜品。只有这样，才能让整个地区在菜品上百花齐放，在突出地方整体特色的基础上，形成一家一品、一家一特色。

（七）饮食文化传播

1. 健康的饮食文化

尽量选用当季的新鲜果蔬和高蛋白、低脂肪的肉类，增加五谷、果蔬的配比。烹饪的时候少油少盐，保持食物的本味。在游客享受美食的同时，也向他们传播健康的饮食文化，这是乡村旅游产品文化内涵的有效体现。

2. 节俭不浪费的传统美德

勤俭节约是中华民族数千年来的传统美德，然而随着人们生活质量的提高，越来越多的人开始忽视这一点，浪费成风。在提供用餐服务的同时，也应向游客提出“吃多少点多少”的建议，倡议“光盘行动”，并提供打包服务，传播不浪费粮食的传统美德。

二、“住”在乡村

乡村住宿是在乡村旅游的发展带动下，融合乡村旅游特色的农家环境，并借鉴城市酒店管理与运营模式而推出的住宿产品。

（一）乡村旅游住宿产品应具备的条件

1. 乡村文化性

乡村旅游住宿产品应具有乡村文化性，能够表现当地乡土文化气息，将当地的乡村生活、风土人情融入其中。游客进入乡村酒店可以感受到浓郁的乡土气息，领略到朴实的乡村人文精神。

2. 服务设施

应具有齐全的接待服务设施，能够将农业景观、田园景观或生态景观与住宿、餐饮设施结合起来，以满足游客对乡村休闲、度假、娱乐、求知等的需求。

3. 服务

在接待服务上，所提供的接待服务与城市酒店的最大区别就是独具文化个性，讲究文化参与、主客互动。

（二）乡村旅游住宿产品的策划要点

1. 建筑风格及装潢装饰乡土化

建筑风格是旅游者对乡村住宿的第一印象，乡村旅游住宿从建筑风格设计到内部环境营造都应体现乡土特征。

（1）住宿设施的建设应符合本地建筑风格，与当地乡村社会、自然环境相融合，少建宾馆、高星级酒店等城市旅游住宿项目，尽可能运用具有地方特色的建筑元素建设特色旅馆，如北京四合院元素、湘西吊脚楼元素、福建土楼元素等。

（2）装潢装饰应充分反映当地文化特色，突出乡村情趣。

（3）建筑应尽量以分散式布局的低层小体量形态为主，以保持其与乡村整体风貌的协调性。

2. 建筑建设及配套设备绿色低碳化

一方面，乡村旅游住宿产品的建筑材料应尽量就地取材，使用当地纯天然、可循环的材料，避免大量使用钢筋水泥等现代城市住房建材，这样既可以体现低碳环保，又可以降低成本。客房设计应讲究绿色环保，如将客房设计成东西朝向，这样能保证房屋一天当中的大部分时间都有自然光射入，可减少照明设备的使用；房屋刷浅色，通风的屋顶或遮蔽式的墙壁可以减少对热的吸收，节省空调机电量等。此外，客房内尽量不提供一次性用品，倡导游客自行携带客房“六小件”，彰显低碳环保的旅游风气。

3. 外部环境打造生态化

乡村旅游住宿项目应尽量选择环境幽静、自然生态景观优美的地方，如建造在湖滨、溪边或田园，使居所置身于大自然之中。同时，注重外部景观的营造，配套打造农家院或营造“荷塘月色”等住宿景观，使旅游者充分体验自然之乐。

（三）几种常见的乡村住宿产品形式

1. 乡村民宿

乡村民宿多由普通民居改建而成，有的用家中多余的住房供住客租用，有的把空余的老宅进行装修，有的专为游客而建，其规模不等，大的有几十间房，小的只有几间客房，接待数量有限。乡村民宿价格实惠又有地方风格，不管是有时代感的老宅子还是新建的居所都保留了当地传统的建筑风格，不过多关注外表的华丽和张扬，却在细节上处处体现出精致、卫生的乡村风情。其服务虽做不到星级酒店那么细致，但富有家庭味、乡土味及人情味。

中国台湾的民宿以其特有的个性、独特的建筑造型和气质、主人的亲和力和精致舒适的房间布置，以及纯粹田园式的居住环境成为台湾旅游吸引力的一部分。台湾乡村民宿根据地区地理条件与特色，大致可分为景观型、少数民族部落型、农园型（果园、菜园、茶园）、温泉型、传统建筑型和艺术文化型 6 个类型。台湾乡村民宿经过多年的发展，已经形成独特的风格和特色，其中值得我们学习和借鉴的主要有以下几点：

（1）注重休闲气氛的营造和房间的舒适性，除了提供洁净的住宿环境，还营造出一种温馨家园的感觉，游客可与主人共餐、话家常。

（2）民宿多样化的主题风格很受客人的喜爱。很多民宿融合了当地的自然人文环境要素，再加上创意和美学元素，形成了颇具特色、不同主题的民宿产品，如人文艺术主题、怀旧复古主题、家庭温馨主题、原住民风情、丛林秘境主题、异国风情主题、田园乡村主题等。

（3）运用信息技术，使游客能够以较低的成本搜寻到完整的民宿信息。

2. 乡村度假酒店

乡村度假酒店依托清新的空气、优美的环境，嵌入乡村田园基底，高端私密，融入地方特色建筑风格，不仅给游客高层次的体验，也使游客感受到厚重的文化底蕴。舒适度是乡村度假酒店所有客房的首要标准，一切设施都以此为目标。一般来说，乡村度假酒店有以下特点：①选址一般位于山里乡间，相对于城市来说较为宁静；②偏向设计类酒店，有自己的独立风格，普遍较为朴素；③价格相对于悦榕庄、安缦等度假式酒店便宜些；④总体规模不大，但多人房、家庭房等房型比例大；⑤酒店服务的自助化程度较高；⑥其他配套娱乐活动较为丰富，如提供烧烤器具和材料、短途线路包车一日游、园林果实采摘等。

链接3　古山村改造的成功典范

干峪沟村位于北京市密云区北庄镇，是个世外桃源般的地方。这里炊烟依旧，原始风貌犹存，古树老井山花、石磨草屋篱笆，让人陶醉在“山深人不觉，犹在画中游”的意境中。虽然生态环境优越，但毕竟地处偏远，干峪沟这个小村庄也像中国很多空心化农村一样难逃日益荒凉、日渐凋敝的命运，整个村庄仅有十几位老人生活于此。

干峪沟村户籍人口仅有41户、71人，平均年龄超过60岁，常住人口不足20人。随着年龄结构逐渐老化，年轻劳动力纷纷外出谋生，造成土地和山场无人打理。全村有43处宅院，大多处于闲置状态，村庄凋敝的程度日益加深。

2013年，干峪沟的命运因为投资集团的到来彻底发生了改变。仅仅几个月的时间，干沟峪就从一个穷乡僻壤的小山村，变成了“山里寒舍”乡村酒店。

1. 创意：连树带屋租下“空心村”

投资集团从农户手中租赁了33套宅院，共计130多间房。同时还承租了村民100多亩土地和上万棵果树。

2. 产品：一切以原汁原味契合用户诉求

投资集团在废弃或搁置的宅基地上改造建成了86套创意乡村民居，以及15亩公共配套功能设施，形成了创意乡村休闲度假区。目前，可对外接待的院落共有17套，分为3种房型：乐活、乐悠、乐享。

3. 外观：原生态农家院落

山里寒舍保留了原生态特征，石头路、石头围墙圈起一个个小院，看起来与村里的其他农院并无二致。

4. 内部：糅合中西设计十五星级客房十“老物件”家具

室内融合古朴与现代理念，五星级的客房及卫浴设施，中西餐厅，无线网络覆盖；木门、木窗内加衬双层塑钢玻璃门窗，青石铺地，安装地采暖设施。家具摆设颇费心思，很多衣柜、条案、桌子都是从村民手里淘来的“老物件”。连门牌都是用时令和节气命名，无处不透着悠久的乡舍韵味。

5. 农耕体验：果树采摘项目十家禽喂养项目

山里寒舍有上万亩农作物，特别是各类果树，每个季节都有不同的采摘项目。另外，还养殖了很多家禽，游客可以来到田间和小动物们互动，亲手喂养它们。

6. 餐饮：就地取材十原始柴锅炖菜

山里寒舍的饮食带有浓浓的乡土气息，以炖菜为主，是用最原始的柴锅炖出来。原材料就地取材，如天然种植的农产品、放养的鸡、山里的蘑菇、农家喂养的猪、密云水库的鱼等。由村中的妇女担任主厨，味道是地道的农家味。

此外，山里寒舍还有其他的配套设施，如中西餐厅、多功能会议厅、水榭露台、游泳池和迷你高尔夫球场等。在度假区内，还有一段明代长城，游客闲暇时可以攀爬游览。

7. 模式：向“大牌”学习，连锁不复制

经营管理、宣传推广等成本是单体酒店的一大软肋，山里寒舍同样面临这样的问题，搞连锁品牌化成为单体酒店提档升级的路径选择。2013 年，山里寒舍团队紧接着又打造了另外一个项目——山里逸居，同样位于北京近郊的密云区。山里逸居并没有简单复制山里寒舍，而是相对独立的项目，既保留了所在村子黄岩口村的原汁原味，内部又充满国际设计元素，给人在山里“逸”然居住的独特体验。

8. 未来：借力专业酒店资源，实现度假品牌规模化

由于山里寒舍的运营团队不是专业旅游酒店出身，缺少对酒店的管理运营经验。随着企业规模达到一定程度，山里寒舍急需与专业公司进行合作和开发。

2015 年 3 月，山里寒舍与首旅酒店合作，成立首旅寒舍，首旅寒舍受托对“山里寒舍”和“山里逸居”进行品牌管理。

2015 年 9 月，山里寒舍与去哪儿网、首旅酒店、它山堰共同成立合资公司，投资高端精品乡村酒店。

3. 乡村会所

在总体规划上，乡村会所嵌入乡村基底，走高端私密的路线。外观上融入当地建筑文化元素，底蕴厚重；整体上依托私家田园腹地，打造低密度、私密性文化艺术休闲与居住空间。乡村会所在很大程度上还原了一些消费者心中关于世外桃源的梦想。

链接 4　浙江省德清县枫华乡村会所

1. 腹地环境

枫华会所位于浙江省德清县莫干山镇，毗邻莫干山风景区，会所占地面积上千平方米，依山傍水，背靠莫干山竹海，视野所及处是片片青翠的竹林，清澈的小溪缓缓地流过。周围的环境幽雅恬静，空气清新，有如陶渊明笔下“采菊东篱下，悠然见南山”的世外桃源。溪边的石墙斑驳着爬山虎，墙上悬挂着多年前的水车，前院是一个大庭院，有秋千、葡萄架、实验田，是体验田园生活的好去处。

2. 会所风格

会所采用多建筑楼整体连接结构，以递增的楼层数构建出整体阶梯形的新型格局。会所坚持节能减碳和有效利用资源、杜绝浪费的宗旨，楼的主体结构由不腐木建造，横梁、支柱都由整株不腐木塑成，古朴的纹路和清新的木香为整栋楼营造了更为自然的气氛。墙面为青石砖与石灰水泥的完美结合，青石砖的坚韧和水泥的柔软融合在一起，完成了似 20 世纪 80 年代的淡雅和古韵。

围墙则由剩余石料垒砌而成，不规则的形状和些许凌乱的墙面为整个木质楼层平添了一份和谐感。

4. 度假木屋

度假木屋的特点是自然、古朴、野趣，符合绿色环保的理念。度假木屋通常规模较小，建筑风格也不尽相同，一般为分散式布局，有独栋式的，也有复合式的，既提供住宿，也提供烹饪、休闲娱乐等服务。其建设位置的选择比较考究，一般建在海滨、湖滨或相对偏远的森林及植被茂盛的山林中，多因地势而建，错落有致。

5. 农家别院

农家别院是利用乡村旅游区内的传统民居改造而成的供家庭、团体游客度假使用的住宿设施。这类乡村旅游住宿项目的设计应保留乡村民居特色，可以以篱笆为外墙，营造“前有菜地鱼塘、后有花卉绿树”的乡村休闲氛围。厨房庭院等配套设施一应俱全，在周边环境打造的过程中，要把农耕生活形态的一些典型景象提纯集萃，在住宿环境中展示出来，如将牛羊慢踱、鸡鸣狗吠、村口老树、门前小溪、戏台等农耕生活形态融入别院的建设中。

三、“行在乡村”

旅游六要素里的“行”包含两个方面的内容：一是道路建设，包括旅游地的外部可达性和内部道路建设；二是用于代步的交通工具。这里主要讨论的是乡村旅游景区、景点内部的道路交通建设。实际上，只要乡村旅游目的地占地面积达到一定规模，就存在“行”的问题。和外部交通要求“旅速游缓”不一样，目的地内部“行”的产品核心就是一个完备的“慢行”系统，让游客放慢脚步，尽情欣赏乡村美景，为游客营造一个悠闲的度假氛围。

（一）交通道路规划设计

乡村旅游内部交通道路要同时满足游客游览及景区内生活生

产所需的物料、燃料和垃圾的输送需求。总的来说，乡村旅游内部道路应根据游览线路、旅游景点分布而安排，依势而建，在选址和建设中要求不能破坏原有的自然景观、植物群落和水系等，尽可能不建设旅游公路。道路的规划建设应注重体现生态性。一方面，道路材质要就地取材，尽量与周边环境相融合；另一方面，依据旅游资源分布情况设计多样化的游览道路，增加游览的趣味性。乡村旅游内部交通道路规划主要有以下几种类型：

1. 景区主干道

景区主干道为乡村旅游景区（点）内游客通行和景区（点）经营管理使用的主要道路，其路径规划要充分尊重地势及生态环境，不宜建设高级旅游公路、柏油路等城市化道路，而应规划仅供电瓶车、新能源车等通行的旅游道路，机动车、私家车不得通行。主干道两侧种植乡土树木或观花乔木，将其打造成乡村旅游景区（点）的引景走廊。

2. 游步道

游步道是乡村旅游景区（点）内供游客徒步游览的道路。游步道的建设应顺应地势，尽可能利用现有的乡村小路和山道，减少道路建设对环境与景观的破坏。游步道的路径规划要尽可能构成旅游回路，形成景区内的游路网和乡村聚落连接网。建设道路时应就地取材，根据景点的不同选用当地无污染的生态材料，如原木、块石、碎石、鹅卵石等。实际上，在桥、栏、石、植被等的搭配下，游步道本身也可作为重要的乡村景观，因此，游步道的建设在保证各个景点之间自由畅通时，也要尽量保持自然野趣。

3. 健身步道

登山道可利用乡村旅游区的天然泥土、沙石建设，根据不同山势地势、功能和资源条件选择不同的走势，避免走回头路。道路的建设应考虑原始生态景观的保护，在路边设置简单的指示牌，在危险处设置护栏、警示牌等。

链接5　北京市顺义区五彩浅山步道

五彩浅山滨水国家登山健身步道规划线路总长280千米，串联龙湾屯、木林、张镇、大孙各庄及北石槽等浅山五镇，设综合服务驿站6个，是集自驾车、山地自行车、登山步道“三位一体”，国际领先、国内一流的登山健身步道，已成为全国著名的都市运动目的地和生态消费地。

五彩浅山步道针对不同人群的需求，分别构建0.5～1天、1～2天、2～3天的主题登山健身游程，最长可提供7～15天的登山健身游程。为了给不同年龄段和体能类型的人群提供多元化的步道选择，按照步道难度划分为高难度、中低难度、低难度步道，并在路径中设置了休息站、露营地、救援系统、景观平台、亭台景观等辅助设施，为登山者提供便利。

1. 自行车道

自行车作为一种既健身又环保的旅游交通项目，在乡村旅游地受到了众多旅游者的喜爱。自行车道可选择本地原有的交通土路，对其进行扩宽、平整，或依山势修路，线路规划时而平坦、时而起伏曲折，增加体验性，并且保证自行车道沿途风景优美，以实现健身、观景的目的。如浙江丽水市松阳新兴镇生态茶园通过修建长达10多千米的绿色廊道工程，并专门配备越野自行车和休憩点，使得“骑行游赏”成为欣赏这连绵起伏、错落有致“茶海”景观的最佳方式。

2. 水上交通

在以湖泊为主要旅游资源的乡村旅游地区设有湖滨栈道、汀步、汀步小桥、平板曲桥、拱桥等水上交通道路，这类交通道路既能满足通行需要，又可成为景区的特色景观。

（二）交通配套设施规划设计

1. 旅游交通工具规划

乡村旅游外部交通工具主要有公共汽车、轮船、飞机、自驾车 4 种形式；内部旅游交通工具形式多样，具有一定的乡村特色。这里所说的旅游交通工具规划专指乡村旅游景区（点）内的交通工具。

首先，乡村旅游交通工具的规划应遵循生态环保的原则，尽量采用污染小、能耗低、噪声小、节能化的交通设施，如电瓶车、纯电动车、混合动力汽车、环保小火车等。交通工具的规划还应与道路规划相结合，多铺设游步道、小径、台阶等，减少交通工具的使用。其次，乡村旅游交通工具的规划应彰显乡村特色和趣味性，规划设计以传统人力、畜力为动力的交通工具，如轿子、马车、牛车、羊车、索道、船只、热气球等，在满足旅游通行的同时增加游客的旅游体验。

2. 停车场规划

随着私人拥有轿车的比例越来越高，自驾车旅游成为乡村旅游的主要出行方式。自驾车游客数量多了，就存在车辆停放的问题。一般在游客比较多的乡村旅游区，应建设大型生态停车场，在各旅游景点的适当位置设置小型停车场。一方面，停车场的建设应遵循“生态环保”的原则，配套设施取材符合环保标准，停车地面铺设草坪砖，并加强停车场四周的景观绿化，使停放车辆掩映在绿色“车库”中，尽显乡村自然、生态的风姿；另一方面，停车场停车位面积及间距核定可参考《城市道路交通规划设计规范》的相关要求，空间大小设定应建立在科学合理的游客容量测定基础上，并为未来发展留有余地，以保证乡村旅游区的可持续发展。

四、“游”在乡村

“游”是传统大众观光游览活动中最核心的旅游活动要素，在以休闲度假体验为主要特色的乡村旅游活动中被相对弱化了，但这并不表明乡村旅游不需要“游”。实际上，乡村旅游的吸引力一部分也源自乡村景观的美感，即便没有壮阔的湖光山色，单是原生态的乡村样貌就足以满足人们对乡村景观的向往。

（一）乡村景观类型

1. 自然田园风光

自然田园风光是乡村景观中最主要的组成部分，也是乡村旅游景区建设的基础，包括大规模成片的农田带、多种类经济果林、蔬菜园区、一定面积的天然或人工水面等。

2. 乡村聚落景观

聚落是人类活动的中心，它既是人们举止、生活、休息和进行社会活动的场所，也是人们进行生产劳动的场所。我国的乡村聚落分为集聚型，即团状、带状和环状村落；散漫型，即点状村落；特殊型，表现为帐篷、水村和土楼。乡村聚落的形态、分布特点及建筑布局构成了乡村聚落景观的丰富内涵，这种景观具有整体性、独特性和传统性等特点，反映了村民们的居住方式，往往成为一个村庄区别于其他乡村的显著标志。

3. 乡村建筑景观

乡村建筑景观包括乡村民居、乡村宗祠建筑以及其他建筑形式。不同地方的乡村民居均代表一定的地方特色，风格迥异，给游客以不同的感受。如青藏高原的碉房、内蒙古草原的毡包、苗乡的寨子、黄土高原的窑洞、客家的土楼等，千姿百态，具有浓郁的乡土风情。乡村宗祠建筑，如气派恢宏的祠堂、高大挺拔的文笔塔、装饰华美的寺庙等，是乡村发展的历史见证，反映出乡村居民生活的某一方面。

4. 乡村农耕文化景观

我国农业生产源远流长，乡村劳作形式种类繁多，充满了浓郁的乡土文化气息，体现了不同的农耕文化，对城市居民、外国游客极具吸引力。

5. 乡村民俗文化景观

乡村民俗反映了特定地域乡村居民的生活习惯和风土人情，是乡村民俗文化长期积淀的结果。除了各民族的传统节日外，还有农村的游春踏青、龙舟竞渡、赛马、射箭、荡秋千、赶歌等各种民俗活动，具有较高的旅游开发价值。乡村风俗习惯，如我国各地的舞龙灯、舞狮子，陕北的大秧歌，东北的二人转，西南的芦笙盛会都脍炙人口，还有各地民间工艺品，如潍坊年画、贵州蜡染、青田石刻以及各种刺绣、草编、泥人、面人等，无不因其浓郁的乡土特色而深受游客青睐。

（二）乡村景观产品策划

1. 田园景观策划

以农业景观代替园林绿化景观，如保留和提升稻田、花田、茶园、竹林等“物美价廉”的农业景观资源，加上原有的野花、野草等地被植物资源，不但可以形成层次丰富多样的立体田园景观，还可以大幅度降低景观成本。

为了满足旅游开发的需要，可以在不丧失生产能力的前提下改变农田的规格和布局，吸引游客，如构建植物迷宫、造型植物、模纹植物、模拟名画、大地艺术等。

此外，还可以通过合理控制农作物的品种和种植时间，以繁茂的花果为游客提供游憩空间和体验载体。不同成熟期、不同色泽、不同花期的品种合理搭配，能创造出宜人的乡村景观，如云南曲靖罗平的油菜花节就是通过人为控制农作物的种植，形成了规模效应。

2. 现代农业景观策划

随着科学和生产力的发展，刀耕火种的时代已经一去不复返。农业生产方式在不断进步，嫁接、扦插、克隆、杂交育种等高科技的应用，轮作、套种、间作、地膜覆盖种植、大棚栽培、立体种植、反季节种植、工厂化养殖等新的种养方式的应用使得现代化农业呈现五彩斑斓的景象。以农业高科技为指导，引进国际先进技术，形成以循环农业、低碳农业为特色，种植、养殖为基础的现代农业产业园，再用旅游休闲进行资源组合，就可以为游客提供集观光、科普、美食、休闲、度假于一体的高科技农庄。

现代高科技农业生产出来的各种各样的农产品，如各种粮食作物、经济作物、瓜果蔬菜、花草树木以及各种畜牧鱼类等，不仅具有观赏性、科普性，还可以作为原材料为游客提供美食，供游客购买。还可让游客了解这些植物的名称、特征、分类、生活习性，如何播种、育苗、浇水、施肥、除草、灭虫等，了解农业生产的类型、季节性、周期性、各类农业生产的基本条件、农业生产的地区特点、生产过程等，增加游客的现代农业理性知识。

3. 乡土建筑景观策划

乡土建筑蕴含着丰富的历史、科学和艺术价值，能直接表达乡村的个性特征。乡村建筑能够充分展现人的生存智慧，无论是清丽婉约的水乡古镇，还是质朴自然的黄土窑洞，都是乡村人祖辈智慧的结晶。对乡土建筑的改造与利用，应当积极听取乡民的意见，尊重乡土建筑随着时间的推移而出现的变化，尊重其结构特色和完整性。乡土建筑景观策划应做好古村落、古建筑的恢复与保护，营造乡村氛围，对于已经消失的乡土建筑景观，在恢复重建时应尊重当地建筑文化，遵从示范意义，尊重当地村民的生活方式，力求反映原文化、原住民、原艺术、原生态、原建筑。村庄空间发展应尊重村落传统肌理，鼓励民居建筑原址改造和新建，维护依山、傍水、绕林、环田、自然延续的传统乡村格局。接待服务设施设备的改造和恢复应秉承“外土内洋”的原则，保持传统、古朴的外观，同时内部装修可以采用现代化的材料和风格。

五、“购”在乡村

通过旅游，把当地的土特产销售出去，让农民直接受益，对于提高乡村旅游的效益、丰富乡村旅游产业链具有重要意义。乡村旅游商品是乡村旅游购物体系的基础和核心，通常包括土特产品、手工艺产品、旅游纪念品等。

（一）乡村旅游商品的开发原则

1. 突出地方特色

乡村特色是乡村旅游商品的生命。一方面，乡村旅游商品制作要就地取材，制作工艺和风格要尽可能保持“原汁原味”；另一方面，要根据各地具体情况及资源特点，开发个性化、差异化的乡村旅游商品。

2. 深入挖掘文化内涵，提高附加值

乡村旅游商品规划应充分挖掘具有地方特色的民间工艺、土特产品、风味美食等的文化内涵，通过综合开发和包装加工，形成丰富多样的旅游商品系列。如茶叶加工成的中国结、挂坠等工艺品，由竹笋、果蔬等农产品制成的各种干货、袋装食品、罐头、饮料等。

旅游商品的附加值在于创意，基于资源特色的大胆创新可以为旅游商品带来巨额的溢价空间。其中，花卉种植区可以依托规模化产业形成的农业基础，通过加工、销售与种植花卉相关的产品盈利，如薰衣草香皂、花卉手工制品、薰衣草精油、香水等。

3. 创新商品包装设计

乡村旅游商品生产者应该在旅游商品包装设计上下功夫，以地方独特原材料作为乡村旅游商品的包装原料，考虑旅游者的消费习惯和生活方式，在保持传统特色、追求原汁原味的基础上，改变旅游商品的包装设计，突出旅游商品的纪念性和礼品性，以便携、美观、多样化的包装来刺激旅游者的购买欲望。

4. 方便的购物设施规划

乡村旅游购物点的设置要结合乡村游客的活动规律，注重与游客的游览过程相结合，通常可在旅游接待区、主要景观节点或休憩及娱乐设施附近设置相应的购物点。同时，购物重点布置在出口通往停车场的道路上，以方便游客购物。乡村旅游购物点的建筑风格要与周边环境相协调，体现乡村古朴的特点。

（二）旅游商品策划

1. 土特产品

土特产品是具有浓郁地方特色，以地方原料或地方垄断性技术、历史悠久的传统工艺为支撑而生产加工的产品，茶叶、中药材、保健产品、食品、饮品等种类众多的农副产品和地方名特产品等都可以开发成乡村旅游商品。特色性和地方性是旅游商品的生命，土特产品更是如此。土特产类旅游商品大多在偏远乡村地区生产，其开发仍停留在传统手工业或作坊的基础上。在土特产类旅游商品的开发中，不应拘泥于传统工艺的原型，必须深入研究，对资源进行深度加工，挖掘民族、地方、民间的文化内涵，根据现代人的审美和消费体验心理进行加工、转换与筛选，开发出跨越传统的创新产品。

2. 手工艺品

我国广大乡村地区散布着大量的民间艺人，手工艺品在乡村有悠久的设计、生产传统和历史，积累了丰富的经验，同时，乡村地区有丰富多样的工艺美术品创作材料和文化主题，发展空间巨大。手工艺品主要包括雕塑、漆器、陶瓷、编织、金属工艺品花画、织绣等。成功的手工艺品策划不仅可以成为乡村旅游地巨大的收入来源，而且对于形成乡村旅游地的品牌形象也有促进作用，如台湾的桃米村本是一个地震废墟，该村利用本地蕴藏的丰富生态资源，将23种不同形态的青蛙和56种色彩斑斓的蜻蜓作为特色，依据两种小动物设计出各种可爱的卡通形象，遍布乡村醒目位置，并鼓励村民用纸、布、石头等乡村材料制成手工艺品，很快成为畅销的旅游商品，也使整个村子成为远近闻名的昆虫生态文化体验休闲区，每年都有大量的游客前往体验和观光。

3. 旅游纪念品

旅游纪念品包括文化类商品和旅游专门用品，前者包括介绍地方历史、景物等的书刊、图片、光盘、字画金石、文房四宝等；后者则包括旅游鞋帽、太阳镜、防寒防暑用品、电筒等。纪念品的策划与开发要注意与乡村旅游目的地的宣传相结合，给商品赋予乡村地方内涵，突出其纪念意义。

六、“娱”在乡村

乡村旅游娱乐项目是乡村游客体验乡村休闲生活和乡村文化的重要载体，通过参与娱乐项目，可以让游客在身心上感到放松、快慰和愉悦，使乡村游客在乡村旅游过程中获得更丰富的旅游体验。

（一）乡村旅游娱乐的策划原则

1. 以人为本原则

以人为本要求乡村旅游娱乐项目的策划要遵循人体生理和心理

的规律，满足游客现实和潜在的需求，注重游客生命质量的提高，并通过有效的规划和导引，使游客在娱乐过程中身心愉悦。

2. 乡土特色原则

旅游的本质是追求与自己原来的生活环境、生活习俗不同的感受，乡村旅游也不例外。因此，乡村旅游娱乐项目要以乡土化、地方化和民俗化为原则，让游客在乡村旅游过程中充分感受到乡村与城市不一样的乐趣。这就需要在乡村旅游娱乐项目的策划过程中，充分发掘当地的特色文化和奇特的游乐方式，把丰富的文化内涵融入新奇的娱乐方式中，让游客体验当地独特的游乐方式。

3. 情景化原则

应对观赏性资源、文化资源等进行情景化改造与设计，形成情景化的场景和情景戏剧化的环境。通过情景化设计，将自然与文化资源转变为人性化的观赏过程，成为具有吸引力、可使游客兴奋的产品。比如乡村常见的采摘蔬果、参与农村节庆、荡秋千等活动，可通过情景化将其打造成方便游客参与的乡村娱乐项目，游客通过参与体验，丰富阅历又增长见识，从而丰富游客对乡村生活情趣的体验。

（二）乡村旅游的主要娱乐活动

乡村旅游娱乐项目可以分为基本休闲项目、趣味娱乐项目、农业体验项目、民俗文化参与、康体保健项目、科普艺术参与、手工艺制作等。根据乡村旅游资源特色以及旅游需求的不同，乡村旅游娱乐项目可以概括为 8 种主要类型（表 1）。

表 1　乡村旅游娱乐项目的主要类型

类　型	具体项目
水域活动	垂钓、游泳、泛舟、漂流、冲浪、快艇、潜水、航行、沙滩排球、日光浴等
空中活动	轻型飞机驾驶、蹦极、滑翔、跳伞、热气球等
陆地活动	野外探险、洞穴探险、攀岩、远足、溯溪、骑马、骑山地自行车、山地高尔夫、滑草、高山滑雪、狩猎、拓展训练等

（续）

类　型	具体项目
文化活动	考古、探访历史文化遗迹；民间杂技、民族歌舞表演；学习民间传承、手工艺；欣赏乡村民谣、参加农村音乐会；品尝地方美食；参观工农业、手工艺企业、博物馆和民间艺术工作室；园艺培训等
康体疗养活动	瑜伽、泡温泉、森林 SPA 等
休闲活动	观鸟、观察野生动植物、写生、摄影、赏花、赏景、酒吧休闲、篝火晚会、露营、野餐等民间娱乐活动
农事活动	耕作、纺纱、碾米、做豆腐、放牧、挤奶、捕捞、采摘、酿酒、农产品加工
主题农业活动	葡萄酒节、苹果节、草莓节、田野节等
童趣活动	荡秋千、玩弹弓、捉鱼捉虾、自制玩具、宠物饲养、放风筝等
商务活动	小型会议、公司年会、团队拓展训练等
其他活动	农产品展销、乡村节庆活动

乡村旅游娱乐项目的规划设计应依托乡村旅游区的各类自然与人文旅游资源，综合考虑不同阶层乡村游客的需求差异。除了卡拉OK、扑克、麻将等常规娱乐活动外，应主要策划安排运动类、疗养类、农事体验类等城市少而又利于身心健康的娱乐项目。

第三节　形象策划

旅游产品的开发是旅游业发展的物质基础，旅游产品的不可移动性决定了旅游产品要靠形象进行传播，使其为潜在游客认知，从而产生旅游动机，并最终实现出游计划。因此，要想使旅游地的旅游业可持续发展，保持旺盛的生命力、树立与维持旅游地在游客心目中的良好形象十分关键。在激烈的旅游市场竞争中，形象塑造已成为旅游地占领市场的关键。

一、形象定位

形象是企业文化的综合反映，是企业通过自己的行为、产品、服务在社会公众心目中绘制的图景和造型，是公众以其直观感受对企业做出的评价。旅游企业形象是指公众对旅游饭店、旅行社、旅游交通和其他旅游产品经营者的看法和评价；而旅游地的形象则是公众对这一地区所有产品、服务、设施、环境等总的看法和评价。旅游者每到一个地方观光，心里总会留下一些与从前经历不同的印象，旅游地的吸引力在很大程度上来自呈现给公众的形象，这种形象一部分来自直接或相关的经验，而另一部分则来自信息和宣传。乡村旅游形象是乡村旅游地对客源市场产生吸引力的关键，是乡村旅游地的象征，不仅是乡村旅游地的软实力，也是核心竞争力之一。

要在对旅游地人脉、文脉、地脉等各个方面整体把握和研究的基础上，对旅游地形象现状进行调查和研究，找准主题形象。乡村旅游形象定位主要包括以下几个方面的工作：

（一）形象现状的调查与识别

旅游形象现状调查首先要调查旅游地的知名度和美誉度。旅游地的知名度是旅游者及潜在旅游者对目的地识别、记忆的状况，其测算公式为：

知名度＝知晓旅游地的人数/总人数

知名度本身并无好坏之分，但好与恶都可以提高知名度。

旅游地的美誉度是指旅游者对旅游目的地的褒扬、赞赏、喜爱情况，其测算公式为：

美誉度＝称赞旅游地的人数/知晓旅游地的人数

旅游形象现状的调查还应考虑认可度。所谓旅游地的认可度，是指旅游者把旅游地的产品和服务纳为自己消费对象的程度，其测算公式是：

认可度＝行为人数/知晓旅游地的人数

这样，我们就可以将旅游地形象状态与旅游者对目的地可能的选择行为的对应关系表现出来，如表2所示。

表2 旅游地形象状态及被选可能性

知名度	美誉度	认可度	旅游地形象状态	旅游者选择可能性
高	高	高	好且吸引人来，热点	最高
高	高	低	好但人来的不多	最小
高	低	低	臭名远扬，难转变	最小
低	高	高	美名不远，可提高	大
低	低	低	臭名不远，可转变	小

（二）旅游地形象构成要素的调查

对旅游地形象构成要素的调查，除了需要了解游客对某旅游地知道或不知道，以及对旅游地具有好或不好的一般感知形象外，还要进一步了解该旅游地在旅游者心中究竟具有怎样的形象内容，旅游者为什么会形成这样的印象，旅游地本身有哪些要素使旅游者形成这样的印象，或者说，一提起该旅游地，旅游者心中会想起什么，会用怎样的词语评价、描述、传播它。在具体的旅游地形象构成要素调查中，实际形象因子不可能在所有旅游地中统一。一般来说，通过设计调查问题，可以测量出旅游地实际形象的构成因素，从而挖掘出最具特色的内容，确定目标形象。

对于上述两个方面的调查，特别是关于旅游者对该旅游地形象的认知信息，一般难以找到现成的资料，需要通过调查获得第一手资料，基本的调查过程主要包括以下几个步骤：①确定调查目标；②明确调查方向；③选择抽样方法；④拟订调查问卷；⑤组织与实施调查；⑥对调查数据进行分析。

（三）地方性研究

地方性研究是旅游形象设计的基础工作之一，其主要任务就是通过对乡村旅游地文脉的把握和对地方历史文化的“阅读”提炼，总结该地的基本风格，包括文化特质和自然特性。地方性往往能反映一个区域的总体吸引物特征，如北京是以历史文化和首都风貌为特征与众多城市相区别的。地方性研究包括自然地理特征分析、历史文化特征分析和现代民俗文化分析。

1. 自然地理特征分析

一个地方在地理特征方面具有与其他地区截然不同的特征或者占有特殊地位，就有可能被强化，开发为吸引旅游者的事物。如黑龙江省地处中国最北，“寒冷”是旅游者对它最直观的感知，黑龙江省就把旅游形象定位为“黑龙江——中国最 cool 省”。

2. 历史文化特征分析

地方性研究还要对地方的历史文化进行考察分析，寻找具有一定知名度和影响力的历史遗迹、历史人物、历史事件和文化背景，作为地方性显要因素，利用当地历史文化进行特色挖掘。

3. 现代民俗文化分析

对当地民族文化和民俗文化进行考察分析，提炼出富有地方特色的景观特征。特别是在一些少数民族集中的地区，民族文化往往构成富有旅游号召力的精粹内容，为旅游形象的设计和旅游目的地的影响打下坚实的基础。

（四）旅游资源特色分析

旅游景观资源是旅游者感知的一个重要内容，形象特色的挖掘首先要挖掘现有资源，在资源分析的基础上打造旅游形象，这样才能对旅游者有吸引力和感召力。特别是对于新开发的旅游目的地，更要以旅游资源为基础，挖掘其特色，整合强势旅游产品，打造旅游目的地主题形象。例如，四川省成都市郫都区友爱镇农科村早在 1992 年就有一大半农户从事花木种植，现在通过示范带动扩村后，花卉种植面积已达 1 840 亩，花木盆景是农科村最重要的旅游资源，基于此，农科村提出打造“中国盆景之乡”的旅游形象。

（五）形象定位方法

1. 空位定位

空位定位是旅游形象定位中最基本、最常用的一种方法。因为旅游形象存在空缺，所以只要努力填补这一旅游形象空位，就能树立一个独特的旅游形象。例如，青岛的地景大道就是采用空位定位的方法，塑造出中国首个“地景大道”的旅游形象。地景大道是以即墨路、德平路、辽宁路、“901”原地下人防设施为基础，自南向北呈“一”字形布局的大型地下商业综合体，全长 1 000 米，设有 10 个出、入口，集旅游观光、购物消费、休闲娱乐、电玩游艺、4D 影院、休闲餐饮、地下人行通道等多功能为一体，为广大市民、游客提供了一处地景旅游的观光地、地景商业的消费地、地景文化的体验地、地景时尚的展示地和地景休闲的集聚地。

2. 地位定位

定位决定地位，反过来，地位也决定定位。地位定位是旅游形象定位普遍采取的一种方法，它利用人们对“第一”“唯一”或“最大”的好奇心和崇拜心理，以无法替代性的“地位”对旅游地进行定位。例如，“感受黄山，天下无山”采用的就是地位定位的方法。

3. 插位定位

插位定位依据的是插队原理。和处于领先地位的旅游地进行正面竞争困难较大，而且很难得到公众的接受和认可，此时，采用插位定位不失为一种有效的旅游形象定位方法。例如，众多“××之乡”“××之镇”的形象定位，实际上就是一种插位定位的方法。

4. 抢位定位

先发制人，抢占有利的旅游形象定位也是旅游形象定位中的一种有效方法。例如，江苏省张家港市的旅游形象定位是“天堂之上”，就是一种抢位定位的方法，其借助“上有天堂，下有苏杭”这一深入人心的旅游概念，使得张家港在旅游形象中抢占到一个非常有利的位置。而就张家港的位置而言，在地图上的确也在具有“天堂”之称的苏杭的上面。

5. 虚位定位

虚位定位是时下旅游形象定位最流行的一种方法。大量的实践和事实表明，具有优势、具有特色、具有内涵的旅游地毕竟属于少数。中国乡村旅游蓬勃发展，各地乡村旅游如雨后春笋，茁壮成长，然而很多乡村特色不够。在底气不足的情况下，虚位定位策略往往会收到很好的效果，“××天堂”“××胜地”采取的就是一种虚位定位方法。

二、形象设计

乡村旅游形象设计就是要使旅游地深入潜在游客心中，占据其某处心灵位置，使旅游地在游客心中形成生动如画、鲜明而强烈的感知形象。乡村旅游地形象设计的主体是形象的定位，然后应通过视觉化的表达将形象呈现出来。

（一）乡村旅游地视觉景观设计

视觉景观的美感和吸引力是乡村旅游地发展的永恒因素之一，开发、设计、美化、发展乡村景观的视觉因素是塑造乡村旅游地形象的重要组成部分。乡村景观主要由乡村田园景观、乡村聚落景观、乡村建筑景观、乡村农耕文化景观和乡村民宿文化景观构成，其具有丰富的内涵，与城市景观形成巨大的反差。乡村旅游地的视觉景观形象设计应突出乡村景观特色，展现特有的乡村意象，重点放在景观斑块、景观道、景观廊、景观基（周围环境）的空间组织和文化体现上。

乡村旅游地是一个以自然成分为主的人工生态系统，一个自组织、自调节的开发系统，一个有人参与的主动系统。因此，我们在进行视觉景观形象设计时，要遵循生态规律，树立生态观念，用生态美学的标准进行构思、加工和改造。传统美学强调建筑形式与功能的结合，注重体量、色彩、比例、尺度、材料和质感等视觉审美要素以及空间给人的心理感受，其实，在自然界中，众多生命与其生存环境所表现出来的协同关系与和谐形式本就是一种自然的生态美。

生态美学具有 3 个基本特征：一是生命力，要求我们规划设计的乡村景观具有良好的生态循环再生能力，如珠江三角洲部分保留的桑基鱼塘、蔗基鱼塘、果基鱼塘等；二是要体现和谐，要求人工与自然互惠共生，各有所得，相得益彰，浑然一体，即人工构筑物与生态环境形成一种和谐美，如江南水乡；三是健康，在争取人工与自然和谐的前提下，创造出无污染、无危害，使人生理、心理得到满足的健康旅游环境。

生态美学要求我们在具体设计建筑时，首先要维护地方的尺度，使新建筑不影响该地区目前的图景和特点；其次，运用当地建筑材料，如木材、石料、竹子、藤类等自然材料，色彩要与环境协调，可采用“内部现代化，外观自然化”。再次，运用适应当地气候的建筑方式；最后，运用环保节能的建筑技术。此外，要杜绝诸如垃圾成堆、污水横流、厕所卫生差等视觉污染。

在视觉景观设计中，值得注意的是，各要素的设置要与所处环境相适应，当视觉突出效果与环境不协调时，要予以适当的改造变通，不能一味地强求“标准”。

（二）视觉符号系统设计

视觉符号系统不仅有助于旅游者完成实地旅游活动，借此传达和影响旅游者对目的地的引致形象，还能强化旅游者通过实地旅游所形成的旅游地直接形象。旅游地视觉识别符号系统是一种符号解释系统，能实现旅游地形象力所要求的清晰、易懂的特征。另外，通过理念一致的设计，使众多分散的符号在确定的空间范围内形成统一的形象特征，能给游客以强烈的形象力。

视觉符号系统包括标识符号和应用符号系统。标识符号系统包括旅游地名称、旅游地标徽、标准字体、标准色、象征吉祥物等。标识符号系统的设计要体现地方特色，简练、艺术性强、识别度高。应用符号系统包括旅游地纪念品、办公及公关用品、指示类应用设计、广告等。应用符号系统的设计亦要体现地方特色和时代特点，与旅游地总体形象统一。

链接6　北京市密云区旅游形象道设计

密云区旅游发展的实践证明，扎根地域文化、吸收乡土元素、反映乡村意境的乡村旅游形象是鲜活的，易被大众欢迎和接受。密云区乡村旅游形象道的塑造是我国乡村旅游发展的一个典范。

1. 综合形象设计理念

设计者既要提炼以乡土、自然元素为主体的乡村旅游形象，又要照顾大景区内的其他旅游形态，使形象设计不过于单调。

2. 村庄入口区

村庄入口区体现村庄主要标识牌，同时也有村庄的导示牌，标识明显、清晰。四周环境是具有特色的绿化景观。

3. 街景布置

传承北方民居风格，按照南北轴线对称的方式布置房屋和院落，坐北朝南，硬山式屋顶，屋顶双坡水，铺设陶制灰瓦或红瓦；墙面以青砖和红砖为主，大门内建影壁；门窗外饰为木质或仿木质，以带有传统符号的窗格装饰；沿街房屋外立面保持整洁，禁止私建乱搭，堆放杂物。

4. 建筑物材质

屋顶材质为陶制灰瓦或红瓦，禁止使用彩钢瓦及玻瓦；墙面以石材、青砖或红砖为主，仿石材、青砖或红砖贴面为辅，粉刷次之；石墙自然缝，青、红砖白色砖缝，禁止使用瓷砖作为外墙贴面；门、窗外饰以木材或仿木材质为主；墙裙及踢脚以石材、人造石材包裹，禁止用彩色涂料粉刷。

5. 照明系统

街巷宽度大于 4 米时，设置高度为 4～6 米的路灯，距离每 30～40 米放一盏；街巷宽度小于 4 米时，设置高度为 4 米以下的庭院灯，距离每 20～30 米放置一盏。庭院灯灯罩样式的选择与村落整体风格协调统一，灯杆的颜色避免使用红、黄、蓝等过于醒目的颜色，宜选用黑、棕、墨绿、墨蓝等沉静、雅致的颜色，以达到与周边景观的和谐。

6. 绿化及小品

结合当地自然和人文特点，营造具有区域历史文化特点和地方特色的绿色景观，因地制宜，种植植物的区域适用性强；村庄内要充分利用房前屋后、街边空地进行绿化种植。村内大树、古树要有支撑和保护设施，古树挂牌，设专人养护管理。小品可以丰富景观层次，增加旅游趣味，小品风格、立意符合乡村特色，不建议出现过于抽象或城市化的小品。

7. 公共卫生设施

在公共服务区，公共卫生设施一般建在服务区（如停车场或游客接待中心）的合理位置，风格与环境相协调，周边1～3米内要有绿化带，由专人管理，并保证设施完备，内部和外部环境整洁卫生。

8. 村庄入口导示牌

设置村庄入口导示牌和具有引导功能的景观小品，其风格突出乡村风情，标识清晰、醒目，选址与周边环境相协调。导示牌距离公路不小于5米，使用环保材质制作，安装安全、稳固。

9. 门头牌匾

采用传统北方门头牌匾和田园立式牌匾，牌匾与建筑风格相吻合；避免采用广告灯箱或明亮金属类材料作为牌匾。

三、形象传播

旅游地形象传播的最终目的是把旅游目的地的形象用某种媒介传达给旅游者，让旅游者对旅游地形象产生深刻且良好的印象，只有媒介和旅游者之间有了有效的互动，才能把旅游形象深入传播到旅游者心中。

（一）形象传播内容

1. 景观形象

乡村旅游景观形象是乡村景观在人类感知过程中形成的记忆性、分辨性的整体特征形象，具有明显的可识别性，是人们将其区别于其他乡村旅游地的形象特征。在旅游项目开发、景区建筑风格以及综合环境建设等方面，都必须与旅游地总体形象相协调，以增强旅游景区的整体美感。旅游景观形象应尽可能新颖并赋予旅游景区景点一种个性和易于辨别记忆的面貌，特别是在第一印象区、村镇核心区和核心景区景点 3 个集中体现乡村旅游区景观形象的地方。为此，要依托旅游景区景点的资源特色，采用反映当地特色的设计方案和原材料，反映景区景点与气候属性，为游客提供与当地居民、工艺品和风俗习惯接触的机会，营造乡土氛围。

2. 文化形象

乡村旅游文化形象主要是对主题的具体化，使乡村旅游地的文化主题与内涵转变为游客直接认知的形象，包括景观综合形象、建筑小品、标识系统、宣传品、旅游企业文化等，以利于引导游客从不同侧面认知旅游区的文化内容。文化形象要借助环境各要素传递出的氛围来体现，高品位旅游形象的塑造需要依托高品位的旅游资源和媒体条件，突出旅游景区（点）的文化特征，塑造内涵丰富且易于识别的文化形象。

（二）形象传播的手段

1. 形象广告

要合理利用报纸电视中专题报道、专题片的宣传效应，充分利用画册、明信片、挂历、邮票、宣传材料的传播效应，通过组织报纸电视采访、出版有关书籍、拍摄电视节目的和利用互联网进行网上宣传来促进旅游形象的有效传播。

2. 公关策划

积极参加、组织各种与旅游有关的展览会、交流会、研讨会、演出会、招商引资会、新闻发布会等公关活动，邀请专家学者、旅游企业的管理人员、著名作家、有广告影响的新闻媒介的记者来旅游地旅游参观，扩大旅游地的知名度。

3. 自媒体传播

首先要寻找一个好的媒体传播平台，利用微信、微博、QQ群、贴吧、论坛，或者自己搭建一个网站。可塑造一个大家喜欢浏览并持续反复光顾的微博或微信公众号，并持续提供目标浏览者感兴趣、有价值的信息。

“活动＋奖品＋关注＋评论＋分享”是目前自媒体互动的主要

方式。除此之外，经营者认真回复留言、用心感受游客的思想更能唤起游客的情感认同。这就像是朋友之间的交流一样，时间久了会产生一种微妙的情感连接，非利益连接会使这种联系持久而坚固。当然，适时结合一些利益作为回馈，游客会更加忠诚。

4. 会展活动

通过举办和参加展览会来传播旅游形象。展览会是在特定条件下运用一系列具有一定规模的实物来展示乡村旅游形象和旅游商品形象的专题性活动，具体形式有旅游商品交易会、旅游投资贸易洽谈会、旅游博览会等。

5. 户外传播媒介

户外传播媒介包括霓虹灯、广告牌、电子显示屏、路牌、灯箱、车船、气球等。户外传播媒介的宣传内容一般比较简单，侧重于旅游地名称，对刺激公众的旅游消费欲望有一定作用。

6. 节事活动

旅游节事由于在活动举办期间高强度、多方位、大规模的宣传活动以及引起的广泛关注形成了巨大的轰动效应，能够使更多的人通过各种媒介或实地游览对旅游目的地留下深刻印象，从而在短期内强化旅游目的地形象。旅游节事策划与设计的关键是选择和发展标志性旅游节庆，其中节事的主题和级别最为重要。节事策划可大致分为两类：一是节事设计，即目的地节事从无到有，进行创意策划；二是节事运作，即对已确立的节事活动进行运作策划。节庆活动的选择是非常广泛的，无论是世界性的盛事还是地方性的节庆，无论是外来的节事活动还是本土的传统节日，无论是偶尔为之的节事，还是循环定期举办的节事，都可以发展和培育，使之成为旅游节庆。

第三章 乡村旅游营销

第一节　乡村旅游市场分析

乡村旅游市场分析是指以目标市场为导向，对乡村旅游市场进行的分析。乡村旅游区别于其他形式的旅游，它以农业资源为依托，以田园风光、农业生产劳动、民俗风情等旅游吸引物来吸引周边城市居民前来游玩。集科普教育、观光旅游、亲身体验等多功能为一体的乡村旅游受到了广大旅游爱好者的喜爱，乡村旅游的发展也应面向客源市场，针对客源市场进行开发与建设。

一、乡村旅游的客源市场定位与目标市场选择

乡村旅游主要是为了满足现代城市居民返璞归真、回归自然的愿望而发展起来的一种旅游，主要的客源市场主体为城市居民，根据年龄这一人文因素，又可将城市居民分为少年儿童、青年、中年、老年 4 个细分市场。乡村旅游产品及其目标市场如表 3 所示。

表 3　乡村旅游产品及其目标市场

乡村旅游产品	特　征	目标客源市场
乡村自然生态观光游	展现独特田园风光，如油花田、农场牧景等，一般分布在城市近郊	少年儿童修学游市场；追求生态环保的青年市场；怀旧、返璞的中老年市场
各种参与农事活动的体验游	乡村自然生态观光游的延伸，如摘水果、种菜及各种制作简单的手工艺，突出了游客的参与性与娱乐性	少年儿童修学游市场；追求生态环保、体验多彩生活的青年市场；怀旧、返璞的中老年市场；喜好绿色的都市居民旅游市场

（续）

乡村旅游产品	特　征	目标客源市场
乡村居民建筑游	如福建土楼，综合显示出当地的建筑特色及传统历史文化	对建筑及文化感兴趣且受教育程度较高的中老年市场
展现乡村独特的民风民俗、风土人情、土特产的旅游产品	独具地方特色，并在一定的地域范围内占据垄断地位	以体验城乡差异为主要动机的城市文化旅游者
高科技农业技术类乡村旅游产品	可供观赏兼学习	青少年、儿童修学游市场；前来学习的旅游者
乡村度假旅游产品	在乡村旅游产品中价格较高	城市中、青年阶层中收入较高的人群及其家庭

二、乡村旅游市场开发

乡村旅游市场开发要以市场为导向，针对不同的客源市场开发不同的旅游产品，常见的有五大类：一是“农家乐”，主要面向近郊的大中城市居民，满足大中城市“上班族”在较短的休息日内放松身心、体验乡村生活的需要；二是农业新村，主要面向城市居民、周边居民以及外来游客，满足其观光考察的需要；三是古村落，如皖南古村落西递、宏村等，面向全国乃至国际游客；四是农业绝景与盛景，如 2013 年被评世界文化遗产的红河哈尼水稻梯田文化景观，面向全国及国际游客市场；五是高科技农业观光园，主要面向以中小学生为主的农业科普教育市场、亲子活动市场和农业行业内部科技交流市场，如上海的孙桥现代农业科技园、北京的小汤山现代农业科技园、陕西杨凌农业科技园等。

第二节　乡村旅游营销策略组合

一、乡村旅游营销的分工与合作

近年来，随着社会经济的快速发展和进步以及人们生活质量的提高，乡村旅游已逐渐成为旅游业的重要组成部分，在各地区的社会经济发展中占据越来越重要的地位。想要提高乡村旅游在旅游市场上的竞争力，做好乡村旅游的营销宣传是一个至关重要的影响因素。各地的政府部门、当地社区居民、相关旅游企业、行业协会以及各类宣传媒体应积极发挥各自所长，展开全方位、深层次的分工与合作。

各地政府部门应相互协调、统筹兼顾，积极发挥其在乡村旅游营销中的主导作用。这种主导作用包括：制定乡村旅游目的地营销战略，选择并确定乡村旅游目的地形象，组织并参与大型旅游促销活动，投入旅游促销经费，对当地旅游企业的促销活动进行组织协调；开展公关活动和邀请有关人士来访，设立驻外旅游办事处，签订政府间合作协议，推进旅游村的信息化建设；对民俗旅游进行宣传促销；加强乡村旅游的培训工作，指导和推进乡村旅游协会等非政府组织的建设，重视建立公平的乡村旅游客源分配制度，防止干部利用职权垄断客源；强化行业自律，支持互荐客源，避免恶性价格竞争等。总之，政府应充当旅游业、行业协会与旅游企业的中间桥梁和宏观调控角色，致力于旅游基础设施、旅游环境氛围营造、旅游形象推广等方面的工作。

当地社区居民对乡村旅游营销的态度和参与程度也是乡村旅游营销能否成功的关键。居民是当地社区的主体，同时也是乡村旅游吸引物的一部分，只有当地居民最大限度地参与到乡村旅游营销中来，才能在保护当地乡村生态环境和乡村文化景观的基础上，最大限度地实现乡村旅游营销的效果。

乡村旅游企业要注重利用先进的科学技术对旅游产品的销售进行管理，在对旅游地进行推广时，可利用报纸、杂志、节庆活动、展会等方式吸引顾客，促使其进行旅游产品消费；企业在经营时，应通过对话、邀请、联合等方式，把与对手的竞争关系转化为合作关系。此外，还要注重对顾客信息的管理和沟通，建立客户信息数据库，对客户信息进行分类管理，及时把最新信息传达至目标客户。

乡村旅游行业协会是乡村旅游自我协调和自我监督的行业组织，未来乡村旅游的发展趋势是主要依靠行业协会进行协助促销、培训和行业自律管理。通过乡村旅游行业协会开展行业认证，进行质量控制和宣传，可有效吸引游客的眼球，扩大产品的宣传效果。

乡村旅游营销是利用多种媒体的整合营销，将传统的乡村旅游宣传媒介——报纸、杂志、电视、收音机、宣传手册等与基于互联网基础之上的网站、微博、视频等数字新媒体渠道和传播方式相结合，准确把握受众需求的脉搏，实时监测反馈，增强与受众之间的互动。

乡村旅游涉及当地政府、社区居民、行业协会、旅游企业以及旅游者等多个利益相关者的利益，各利益方只有相互合作、协调发展，本着和谐、以诚为本的思想，才能实现乡村旅游的“多赢”局面，促使乡村旅游更好地发展。

二、乡村旅游营销策略组合

在参与乡村旅游各相关利益主体分工与合作的基础上，只有综合运用传统的“4P”营销策略组合（产品策略、价格策略、营销渠道和促销策略）和紧跟时代潮流、满足游客新需求的新营销策略（网络营销、节事营销、互动营销、体验营销、品牌营销），才能更有效地提高乡村旅游的竞争力，实现乡村旅游真正意义上的可持续发展。

（一）传统的“4P”营销策略组合

1. 产品策略

乡村旅游产品的精髓是乡村自然生态景观与民风民俗等传统文化的结合。对乡村旅游产品的打造，首先要遵循“一村一品”的原则。所谓“一村一品”，是指充分利用当地资源优势，因地制宜发展特色主导旅游产品。发展乡村旅游要注意突出特色，不能搞同质化竞争，力戒“千村一面”，力求“一村一品”。其次，从广度方面来说，应综合乡村生态景观观光、农事参与、民风民俗、节日庆典、休闲体验等方面的内容，开发出组合型乡村旅游产品，在拓宽乡村旅游产品广度的同时，实现不同类型产品的结合；从深度方面来说，每一种乡村旅游产品的打造不仅要着眼于表面的美观感受，更要突出其内在的乡土文化蕴涵，从而提高乡村旅游产品的价值。

如盛名远扬的四川省成都市锦江区三圣乡，村村开展乡村旅游，但又村村不同，实现了“一村一品”的乡村旅游开发，打造了著名的“五朵金花”品牌。

2. 价格策略

乡村旅游产品的价格影响着消费者的需求欲望，并在一定程度上反映了产品的价值。因此，要针对不同的客源市场和消费者群体采取不同的价格策略，以满足不同的价格需求。在乡村旅游产品市场上，常见的有 4 种定价方法（表 4）与 3 项定价策略（表 5）。

表 4　乡村旅游产品的 4 种定价方法

定价方法	具体内容
成本定价	以乡村旅游的经营成本为基础，兼顾预期利润和游客规模，确定乡村旅游产品价格的高低，是一种常用的定价方法
需求定价	重点以周边旅游市场的情况为依据来制定价格。若周边市场发展较好，潜在顾客较多，定价可稍高；反之，则定价较低。因旅游季节性较强，需求定价是针对淡、旺季常用的方法
竞争定价	重点以周边乡村旅游点的数量、类型是否雷同及其竞争力的大小来定价。如周边乡村旅游点较多，且同质化现象严重，则定价较低
心理定价	心理定价是充分把握游客的心理而采取的定价方法。一是满足游客的心理取舍，使其产生“物美价廉”的感觉；二是迎合人们普遍对吉祥数字的偏好，如定价为 66 或 88，而不是 33；三是结合乡村旅游产品的品牌效应，适当提高价格

表 5 乡村旅游产品的 3 项定价策略

定价策略	具体内容	举例分析
差别定价	不同类的乡村旅游品制定不同的价格；一定数量的乡村旅游产品制定一种价格；按照人数逐渐优惠，游客的数量达到一定数值后可以打折，若再超过此数值后，可进行折上折，此做法可吸引团队、组织、集体型游客	以淡季 150 元/天的农家院为例，若游客连续住三天，可设第一天 150 元，第二天 130 元，第三天 100 元。餐饮也可采取此种递减式收费。此种收费方式可刺激游客的消费欲望，变“淡”为“旺”
捆绑定价	将两种有明显差异的乡村旅游产品捆绑在一起进行销售。此种做法与单个销售相比可获得更大利润	一家乡村旅游地主要经营田园观光和农事体验两大类旅游产品，各自定价为 10 元。现有甲、乙两名游客，甲喜欢观光，乙喜欢农事体验，则收益为 20 元。若二者捆绑一块，定价 15 元，则甲、乙两人的消费为 30 元
转移定价	转移定价也称“隐藏”定价，是指将一种旅游产品价格定得较低，通过相关旅游产品的连带效应，使游客在其他产品的消费中，补偿该产品的损失	一家乡村旅游地有两块地方分别经营田园观光和农事体验，且二者距离较远，各自定价为 10 元。通过提供免费游览车，可促使游客同时体验两处活动，除去交通费，可获利 15 元，大于单个的 10 元

3. 营销渠道

乡村旅游产品营销并不只是吸引游客来玩，走时带走当地的土特产，可让游客不但玩得高兴，还能对当地乡村旅游的特点有一个深刻的认识，回去之后，自觉地向自己的亲朋好友做一个正面形象的宣传。常见的乡村旅游营销渠道有以下 5 种：

（1）纸媒营销。纸媒营销主要是借助期刊、杂志、报纸、平面广告、宣传册、旅游地图等形式进行的宣传营销。乡村旅游季节性很强，采用具有时效性的纸媒营销针对性很强，图文并茂、效果显著，便于在城市居民中散发，保留时期较长。尤其是旅游地图，作为一种特殊的纸媒营销方式，虽然制作较麻烦，但对游客有很强的引导作用，同时，在其他相关地图上刊登的旅游信息也同样会引起顾客高度的关注。

（2）广播电视营销。广播电视的普及率高、受众面较广，不同收入阶层均会受其影响。虽然其成本相对较高，但是通过公交车和地铁里的移动电视、火车和汽车站的大型电视屏幕、写字楼里的广告电视等特殊电视广告形式，往往会收获很好的宣传效果。

（3）户外路牌营销。一般来说，在接近乡村旅游地的周围树立路牌同样能起到很好的宣传与造势作用。

（4）手机短信、微信、易信营销。把乡村旅游产品的最新资讯通过手机短信、微信、易信等方式发送至目标顾客，具有很强的针对性，也便于培育回头客和进行会员制管理。但是，此种方式不可滥用，否则会引起人们的反感。

（5）网络营销。在互联网的背景下，人们的生活与消费行为渐渐发生改变。紧跟时代潮流，利用网络进行乡村旅游产品的宣传营销是当今最流行、最快捷的一种营销方式。与其他营销渠道相比，网络营销的成本低、传播迅速、受众群体更广。网络营销主要有以下 4 种方式：在有影响力的农业、旅游论坛上发布信息；在综合介绍乡村旅游的网站上创建自己的宣传网页；实力雄厚的乡村旅游点可通过创建专门的网站发布信息；建立官方微博，借助名人效应，通过微博用户的相互转发，扩大乡村旅游的影响。

4. 促销策略

乡村旅游的促销策略主要包括人员推销、广告、公共关系和营销推广等。通过这些促销手段，可向游客传递乡村旅游产品信息，引起其兴趣，激发其购买欲望和购买行为，从而达到扩大销售的目的。

（1）人员推销。通过对旅游业从业人员的培训，提高其服务技能，强化其服务意识，提升服务人员的综合素质，树立起“全员营销”的意识。

（2）广告。综合运用报纸、杂志、广播、电视与互联网等进行广告宣传，尤其是在互联网高速发展的今天，充分发挥互联网的作用，做好广告宣传，往往可以收到事半功倍的效果。

（3）公共关系。可间断性地策划系列庆典活动，如彰显当地特色的祭祀、庆典、民俗节事活动等。另外，还可以具有全国知名度的媒体、微博为媒介，开展乡村旅游美景摄影、写生、文章征集大赛等系列活动，潜移默化地扩大乡村旅游的影响与知名度。

（4）营业推广。营业推广分为对旅游者的促销和对旅游中间商的促销两大类。针对旅游者的促销方式有散发旅游宣传手册、向游客赠送一些带有乡村旅游信息的小物品、举办乡村旅游产品展览会等。最近，随着微信的流行，诞生了一种新的促销方式——转发乡村旅游地制作的宣传语和图片并搜集到一定数量的“赞”，可免门票或获得其他一些优惠活动。针对旅游中间商的促销方式有积极与学校、企业开展合作，鼓励它们前来考察与旅游，并提供一定程度的优惠；组建促销联合体，给予带团队、组织前来旅游的旅行社或其他相关中间商一些价格优惠与津贴，争取与之建立长期的良好合作关系。

（二）新营销策略组合

1. 网络营销：网络“嫁衣”，裁出营销新意

（1）概念界定。网络营销是在互联网的基础上，通过与其他媒体进行整合，并以互联网特性和理念去实施营销活动，更有效地促成品牌的延伸或个人和组织交易活动的实现。

（2）产生背景。首先，随着科学技术的进步、互联网的普及，人们的生活与消费行为渐渐发生了改变。紧跟时代潮流，利用网络进行产品的宣传营销，是当今最流行、最快捷的一种营销方式。尤其是就乡村旅游而言，其主要的客源市场是城市居民，他们中的大部分人都会接触到网络，并且使用频率相当高，这就为乡村旅游进行网络营销奠定了基础。其次，以网络为媒介，可达到营销的目的，顺应可持续发展的潮流。目前，乡村旅游的发展更加注重与自然生态环境相和谐，以实现真正的绿色生态旅游。同样，在产品的

销售与消费环节，可通过全面的相关信息的传递来树立乡村旅游产品的绿色形象，从而获得游客的认可。再次，营销策略更加注重与游客的沟通和协调。乡村旅游主要是为满足城市居民返璞归真、怀旧及回归自然的心理需求，因此，是否能准确及时地把握游客的需求显得格外重要。最后，营销方式逐渐网络化。在互联网的背景下，随着乡村旅游的进一步发展，乡村旅游企业要逐渐学会运用先进的网络技术，开展旅游电子商务服务成为乡村旅游企业发展的必然趋势。

(3) 优势分析。首先，网络营销的成本低、传播迅速、受众群体较广。相较于其他行业而言，旅游业因其无形性、整体性、脆弱性等特点，更适合通过网络开展旅游电子商务。就旅游目的地及其经营者而言，互联网为其降低向消费者、客户发布信息或提供各种咨询预订服务的成本提供了可能性；就旅游者而言，可以通过互联网及时获得旅游目的地及旅游产品的最新信息。其次，展示灵活、效果更佳。相较于一般的旅游资源，乡村旅游资源包括一些人们通过感觉器官无法直接、准确感悟到的非物质成分，如乡村居民的生活方式、价值观念、民风民俗、宗教信仰等。这些乡村旅游资源很难通过传统的“4P”营销方式传达出其原有的魅力，而通过网络的图、文、声等多媒体的传播形式，可以使游客更直观地感受乡村旅游的独特景观和文化。

2. 节事营销：舞台造势，演绎别样精彩

(1) 概念界定。在节庆或特殊事件期间，利用或触发消费者的节事活动心理和行为，进而开展一系列旨在提高产品销售力和影响力的营销活动。

中华五千年文明源远流长，相伴而生的民族节庆总是在传统和现代、本土和外来文化元素的相互碰撞中融合、创新与发展，并成为一条捆绑历史的文化绳索。在这条文化绳索的两头，分别牵着古人与今人，在变化中有不变的文化核心价值，而不变的文化价值总是在变化的形态中得到更新的诠释。我国节事共分为五大类：一是多彩祈福，解读五千载文化的传统节事；二是千姿百态，尽展特色中华万般魅力的民族节庆；三是百花齐放，彰显创新世纪时代华章的文化节庆；四是激情变革，浓缩神州品牌势力变迁的经济节庆；五是产业创兴，召令五湖四海、汇集民生的旅游节庆。众多乡村旅游目的地良好的自然环境和深厚的文化内涵为其开展节庆营销活动提供了有效的资源依托。节事营销促进了文化保护与传承，提升了目的地品牌形象，乡村旅游目的地的节庆营销活动日趋丰富。

（2）优势分析。其优势包括：

①能有效拉动地方经济的发展。通过举办别具匠心、多姿多彩的旅游活动，不仅可以弥补乡村旅游淡季需求不足的情况，而且在节庆期间来访的游客还为当地旅游经营者提供了大量的商业机会，调整了旅游资源结构，拉动淡季的市场经济。

②能有效塑造乡村旅游目的地的整体形象。旅游节事既是乡村旅游的重要组成部分，又是乡村旅游营销的一种重要方式。

③节事活动可以有效塑造乡村旅游目的地形象，宣传乡村旅游目的地品牌形象，充分展现乡村旅游目的地民俗文化。乡村旅游节庆的举行，使乡村的民族文化得以保护与传承。

④加快乡村旅游目的地的基础设施建设。乡村旅游节庆活动的举办能促使乡村所属县、乡政府加强基础设施建设，不仅使当地的群众受益，也可使旅游者全面了解乡村的自然景观、历史景观、人文景观，从而提升对乡村的整体感知。

⑤带来强劲的经济后续效益。乡村旅游节庆的举办不仅为乡村旅游经营者带来大量商机，也展示了乡村优美的自然环境、深厚的文化内涵和良好的投资环境，进而创造一批潜在的投资者。

3. 互动营销：城乡联谊，社区互动情长

（1）概念界定。城乡社区互动营销是以社区服务中心和社区文化广场为固定场所，以城乡互动为基本方式，通过展板、图片展览、讲座等形式，生动、灵活、持久地传播旅游目的地信息的营销方式。

（2）产生背景。城市化建设的进程造就越来越多的居住社区，人员聚集必然会带来巨大的消费人群，社区自然也成为一个广阔的市场。随着大众媒体的数量急剧增加，媒体受众人群分散，造成收视率、有效率普遍下降。爱森尼尔公司对媒体的调研发现，消费者对广告的免疫力增强，媒体收视率在逐步下降。此外，国家大力提倡社区服务，1986 年，为配合城市经济体制改革，民政部首先倡导社区服务，旨在城市开展以民政对象为主的福利服务和便民利民服务。从此之后，社区服务进入千家万户，深受群众欢迎，为方便城市居民生活起到了积极的作用。

（3）优势分析。其优势包括：

①影响面广，受众面大。城乡社区互动营销活动可以在整个旅游客源地城市和乡村全面开展，直接影响大量中高收入、具有消费潜力的城市中产阶级以上人群。

②传播时间长，影响效果好。城乡互动营销活动受其他因素影响较小，且传播时间可自由选择。

③静动结合，方式灵活。城乡互动营销可综合采用图片展览、展板展示、广场文艺演出、讲座和现场咨询等静动结合的方式开展。

④信息损耗低。城乡互动营销可直接将全面且丰富的信息传达给潜在消费者，减少了中间传播渠道，从而避免信息在中间渠道传播过程中的损耗。

4. 品牌营销：品牌“亮剑”，融合虚实两界

（1）概念界定。品牌是消费者对产品整体形象认知的总和。通常来讲，品牌可分为两个层面：一是品牌的实体层面，如质量、功能、价格和外观等；二是品牌的精神层面，如价值、个性、信誉、形象和时尚度等。品牌营销就是各营销主体通过一系列的营销活动，将品牌的实体层面与精神层面结合起来，培养品牌差异，建立品牌个性，并获得消费者的认知和青睐，最终提高品牌的知名度与美誉度的营销方式。

（2）产生背景。在旅游消费日益个性化、理性化、享乐化、生态化、体验化的今天，乡村旅游品牌化趋势日益明显，旅游市场竞争逐渐白热化，粗放、低水平的旅游开发与管理以及落后的旅游营销理念很难满足消费者更高层面的需求，品牌营销观念落后严重制约着乡村旅游的发展。

（3）优势分析。其优势包括：

①迎合旅游者的需求，吸引旅游者。现在的旅游者不再仅仅满足于简单的观光等视觉体验，而是越来越追求身心的愉悦和情操的陶冶，以满足其对旅游高水平身心享受的追求和对旅游产品增值消费的期望，旅游者对乡村旅游品牌的要求与呼声越来越高。

②提高竞争力。乡村旅游品牌营销不但能够提高旅游产品的美誉度和知名度，还可以吸引更多旅游者，增加旅游收入，从而提高竞争力。

③挖掘持续发展的潜力。乡村旅游品牌营销可以提高旅游者的忠诚度，具有很好的营销效果，拥有广阔的潜在客源市场。

5. 体验营销：体验参与，品味个性需求

（1）概念界定。伯恩德·施密特在《体验式营销》一书中将体验营销定义为：企业以满足消费者的体验需求为目标，以服务产品为舞台，以有形产品为载体，营造、提供一个全新的环境或氛围，让客户进行高质量体验的经济活动。体验营销在提供产品和服务的同时，将消费过程看成一种整体体验，以体验为导向设计、制作和销售产品，注重顾客的参与和氛围的营造，力图通过满足顾客的体验要求从而达到长期吸引和保留顾客、获取利润的目的。

（2）产生背景。21 世纪是体验经济的时代。随着乡村旅游日新月异的发展，人们对乡村旅游的需求并不仅仅满足于简单的“吃农家饭、住农家院”，而是越来越注重在乡村旅游过程中获得一种特殊的体验与经历。目前乡村旅游企业所提供的旅游产品多为粗放的、体验层次较浅的初级旅游产品，供游客参与体验的旅游产品不足。

（3）优势分析。其优势包括：

①注重体验，满足消费者的个性需求。在体验经济时代，情感寄托、回归自然、展示个性和交流沟通逐渐成为消费趋向。旅游者已不再满足于走马观花式的农业观光游，强调的是一种参与和体

验，体验已成为旅游者购买乡村旅游产品的核心，这为开展乡村旅游体验营销提供了更广阔的空间。

②理性与感性相结合，满足游客的情感诉求，易于形成顾客忠诚。乡村旅游体验营销通过各种各样的途径和手段营造一种综合效应以增强旅游者的体验，真正做到从旅游者的整体感受出发，融于其心里，最终留下美好而难忘的旅游回忆或体验，并形成顾客忠诚，自发地向亲朋好友宣传。

第三节　乡村旅游目的地品牌建设

一、乡村旅游目的地品牌认知

（一）旅游目的地品牌的概念

根据美国市场营销协会（American Marketing Association，AMA）的定义，“品牌是一个名称、专有名词、标记、标志、设计，或是将上述总汇，用于识别一个销售商或销售商群体的商品和服务，并使之同其竞争的商品和服务区分开来”。由定义可知，一个品牌关键是由组成品牌的这些要素决定的，而这些要素也是一个品牌与其他品牌的产品区分开来的关键所在。提及一个地区或城市时，人们同样也会产生一种印象，正如美国杜克大学富奎商学院Kevin Lane Keller 教授在其《战略品牌管理》著作中提到的“区域品牌”概念，即“像产品和人一样，地理位置或某一空间区域也可以成为品牌”。Ritchie 在国际市场营销协会对品牌定义的基础上延伸出了旅游目的地品牌的定义，即“目的地品牌用名称、符号、标志或其他图形系统来识别和区分不同目的地，它给予独特旅游经历的承诺也可以用于加强和巩固目的地经历的愉悦记忆”。

（二）旅游目的地的品牌特征

1. 旅游目的地品牌是外在物质与内在文化深度结合的产物

首先，旅游目的地品牌是以高品位的旅游资源、高质量的基础设施和高效率的旅游服务为基础，并通过一定的物质形式外化出来的。其次，旅游目的地品牌蕴涵着独特的文化魅力。在体验经济和休闲时代的背景下，越来越多的旅游者已不满足于浮光掠影式的“到此一游”，而是注重深度体验，以此获得深刻的文化感知，激发内在共鸣，实现精神的升华，这种感知、共鸣和升华的点滴积累和广泛传播是形成旅游品牌的重要因素。

2. 旅游目的地品牌具有特别的识别系统

旅游目的地品牌像其他品牌一样，通过名称、标记、标志、图像等视觉设计因素和语言词汇综合表达出来，有着看不见的价值附加过程。旅游者往往会因某一旅游目的地的品牌对其产生第一印象，并由此产生一定的心理依赖。

（三）品牌对乡村旅游目的地发展的作用

品牌作为乡村旅游目的地的一种无形资产，能为其提供巨大的附加价值，并在一定程度上强化旅游目的地在游客心中的形象。游客在经历体验、享受服务的过程中，深化品牌价值感知，自觉产生共鸣感，易建立起游客与旅游目的地之间的情感联系，形成品牌忠诚。

1. 区分、识别乡村旅游目的地

乡村旅游目的地品牌是乡村旅游目的地与其他旅游目的地之间差异化的直接显现，是旅游地的综合象征。游客通过对某一乡村旅游目的地的整体感觉获得品牌认知，在旅游活动结束后，应强化品牌形象，使其形成美好的回忆，而后可能会再次重游或在亲朋好友间自发地进行宣传。

2. 有助于乡村旅游产品的促销

就游客而言，品牌往往意味着产品质量的可信度。游客在选择旅游产品时，往往会减少搜索次数，依据品牌来选择，从而扩大乡村旅游产品的营销。就乡村旅游目的地而言，单个经营主体的力量是有限的，通过整个乡村旅游目的地品牌的联合打造，可为单个经营主体节省大量的物力、财力与人力，有助于旅游目的地旅游产品的促销。

3. 促进乡村旅游目的地的内部革新

乡村旅游目的地品牌的建立与传播需要多个部门、相关经营单位、众多团体以及各种旅游营销渠道相互协调、共同合作。旅游目的地品牌在这个庞大的系统运转过程中所产生的一系列问题促使品牌建立者与传播者不断推行内部革新，开发新产品，提升服务水平，最终达到旅游目的地品牌良性运转的目的。

二、乡村旅游目的地的品牌打造

（一）旅游目的地品牌建设的前期准备

1. 旅游资源调查

旅游资源调查是旅游资源开发与规划的基本准备工作。应查清旅游资源的赋存状况、集群状况、质量、数量、特色、等级、价值、成因以及周围的自然人文环境，为旅游目的地品牌建设提供科学详尽的事实依据。

2. 客源市场调查

对客源市场状况、当地风俗文化和生活习惯以及当地居民消费行为特征等进行深入研究分析并提炼，有助于旅游目的地的品牌定位和相关旅游产品的设计等。

（二）旅游目的地品牌定位

品牌定位就是产品在消费者眼中是一种怎样的形象以及在其心中占据着一个什么样的位置，是市场细分与选择的结果延续。一般产品品牌定位要考虑的原则有企业的资源条件、产品本身的条件、目标顾客的心理特征、竞争者的定位、价格与收益等。

乡村旅游目的地品牌定位是指综合考虑乡村旅游的资源特色、产品竞争优势以及旅游者的市场需求动机，确立其在旅游业的形象，并通过品牌形象设计鲜明地表达出来，供游客选择。整个旅游目的地品牌的定位是一个涉及多方面因素且比较复杂的系统过程。

（三）乡村旅游目的地定位的基本原则

1. 资源原则

乡村旅游目的地品牌定位以占主导地位且具有鲜明特色并构成关键吸引力的核心资源为基础。由于这些资源的垄断性、唯一性、排他性，很容易使消费者对其形成一种鲜明的形象认知。每个乡村旅游目的地特殊的生态自然环境、历史文化传统、民风民俗以及当地长期沉淀下来的独特的生活方式相互作用，共同构成旅游目的地特有的“地格”，就像一个人所具有的鲜明人格一样，形成自己特有的差异性。这种由资源而产生的差异性才是旅游目的地品牌定位需要紧抓的核心。

2. 区域原则

旅游目的地是一个区域性的概念，但一个区域往往又被比之更大的区域所包含。因此，在乡村旅游目的地品牌定位时，不但要考虑其所在区域的地理环境、历史文化及其经济发展水平，更要将之放进更大的区域范围内考虑，以便充分利用上一级区域环境的旅游形象优势，参与旅游产品网络。

3. 系统性原则

乡村旅游目的地品牌建设要坚持系统性原则，综合考虑旅游资源的特色与客源市场的需求，多角度、多层级、系统地构建旅游目的地品牌。另外，整体旅游目的地品牌并不是一个具体化的概念，要在整体性的统领下，针对不同等级的客源市场和不同开发阶段，建设系列支持性子品牌，并通过其深化和完善整体旅游目的地品牌。

4. 竞争性原则

乡村旅游目的地之所以要进行品牌建设，就是为了使其在旅游市场上获得一定的竞争优势。在乡村旅游目的地品牌建设的过程中，要全面调查分析所属旅游资源的特殊性、不可替代性与差异性，努力突破比其更高一级的旅游形象的屏蔽限制或其他形象相似的旅游目的地品牌的竞争。

（四）旅游目的地品牌定位的主要步骤

依据美国旅游营销学专家 Morri Sno 提出的旅游目的地品牌定位 DSS 模型，旅游目的地品牌定位主要分为 4 个步骤。

1. 明确游客的需求

随着体验经济时代的到来，游客不再仅仅满足于简单的观光，越来越多地追求精神层面的享受。因此，对旅游目的地来说，要充分了解游客的需求，形成独特的品牌诉求，这才是旅游目的地品牌走向成功的关键。

2. 在满足游客需求的基础上，形成独特的差别化旅游产品体系

在综合分析、提炼与整合旅游资源特有属性的基础上，选择关键的旅游吸引物规划开发旅游产品体系。根据独特性、垄断性与竞争性 3 条标准，提炼出旅游目的地吸引物的特有属性，从而最终构成旅游目的地品牌的属性特征，强化品牌的吸引力。

3. 打造旅游目的地品牌的核心价值与品牌形象

旅游目的地品牌的核心价值应能准确并清晰地表达出旅游目的地发展的愿景，各种视觉或形象的设计要反映出品牌的核心价值。

4. 设计传递品牌的核心价值形象

将旅游目的地品牌相较于其他品牌的差别性优势通过旅游营销策略组合传达到客源市场中，并经过反复传播，在游客脑海里留下深刻“烙印”。

三、乡村旅游目的地品牌传播

乡村旅游目的地品牌的传播主要包括对内传播和对外传播两部分。对内主要是以当地居民为对象，传播品牌的核心价值与形象，强化当地居民的认同感与自豪感；对外主要是客源市场，通过各种渠道向游客传播品牌，获得游客的认同感，进而影响其消费偏好与选择。品牌传播方法大致可分为两种，即控制系统和传播工具。

品牌传播方法的控制系统包括销售过程控制和消费过程控制。品牌的销售过程控制主要是指对营销策略组合进行控制，即对产品、价格、营销渠道、促销这 4 个方面进行整合。由于在品牌塑造阶段，已经实现了对产品品牌的打造，而价格、营销渠道、促销不仅会影响乡村旅游产品的销售，同样会影响乡村旅游目的地品牌的形象传播。乡村旅游目的地应建立专门的销售机构，实现旅游产品的统一销售，避免因参与主体不同、利益不同而导致的恶性竞争，最终影响旅游目的地品牌的形象。品牌的消费过程控制主要是指在游客消费的过程中，旅游目的地相关经营主体通过提供高质量的服务来满足游客的需求，从而使游客不自觉地建立起品牌的认同感和依赖感。在消费过程结束后，游客对旅游目的地品牌形象能有一个好的认知，从而激发起自觉的口碑宣传和再次回游的动机。

品牌传播工具主要包括节事活动、媒体宣传、广告、公关活动、口碑和网络等。节事活动传播主要是指通过突发事件和大型商务活动进行品牌传播。在经济与科技高速发展的时代，“注意力经济”越来越成为人们争取的重要资源，通过偶然抑或精心策划的节事活动宣传品牌，往往能给旅游目的地带来意料之外的惊喜。媒体宣传主要是指巧借亮点事件进行媒体宣传以及通过最近比较流行的电影、微电影来实现宣传的目的。广告主要是通过媒体广告与路牌广告来实现多主体参与、立体化的品牌宣传。公关活动通常是利用新闻发布会、名人效应、旅游产品展览会等形式扩大品牌影响力。口碑是指游客在结束旅游过程后，因获得满意的旅游经历而自觉向他人介绍与宣传品牌。网络是目前比较流行且应用广泛的一种品牌宣传形式，可综合运用微博、网站、网页、社区论坛等途径对旅游目的地进行宣传，这一方式顺应时代潮流且营销范围较广。

四、乡村旅游目的地品牌管理

乡村旅游作为一种新兴而又具有巨大潜力的旅游形式，具有综合性、服务性、依托性等旅游业的一般特点，而作为在农村地区发展的一种旅游形式，农村地区的经济文化发展水平导致的独特自然环境和社会环境既是乡村旅游的吸引点，也是实现乡村旅游发展目标的阻碍因素。乡村旅游目的地品牌建设比一般旅游目的地建设的难度更大，乡村旅游品牌的建设必须要发挥政府的主导作用，政府参与乡村旅游品牌的维护和管理不是以利润最大化而是社会效益最优化为原则，其目的就是促进乡村的整体发展。

（一）乡村旅游品牌管理的内容

政府主导的旅游品牌管理支持系统应该在以下几个领域进行重点建设：

1. 加强政策支持

（1）土地政策。土地是农民安身立命的根本，关系到农民的生计问题，而且关系到国家的粮食安全和社会稳定，所以，我国对农用土地向非农业用途转移进行了严格的控制。《中华人民共和国土地管理法》规定：旅游用地属于建设用地的范畴。这一规定在一定程度上限制了乡村旅游规模的扩大和产品的多样性。因此，政府在具体的操作过程中，应灵活对待旅游用地，在促进乡村旅游发展的同时，切实保护好农民的利益。另外，农民利用拥有的土地经营权入股参与旅游项目时，要科学评估土地的价值，不但要评估土地的经济价值，还要考虑土地的生态价值、社会价值和审美价值，真正让利于农民，让农民得到实惠，提高农民开展乡村旅游的积极性。

（2）经济政策。政府发展乡村旅游的经济政策主要体现在财政、税收、工商管理和金融政策等方面。在财政上，政府应增加对乡村旅游的财政预算和开发资金，建立专门的发展基金；在税收和工商管理方面，可以减免参与乡村旅游开发的企业和农民的部分相关税种及行政性收费，如所得税、营业税、耕地占用税、客运附加费、管理费等；在金融方面，可以为农民发放小额贷款、为旅游企业优先贷款，建立多样的融资机制，支持旅游企业发行债券股票等。总之，政府应尽力帮助旅游企业和农民解决资金问题，降低农民参与旅游开发的成本，提高其参与乡村旅游开发与经营的积极性。

2. 完善行业管理

（1）依法治旅。社会主义市场经济是法制经济，旅游业的发展需要良好的法制环境。发展乡村旅游要制定相应的旅游法令法规，使保护自然环境、营造公平竞争的社会环境、维护农民及企业的正当利益和消费者的合法权益都有法可依。同时，对不法现象加大查处和执法力度，切实维护和保障旅游者、旅游企业、农民等相关利益者的合法权益。

（2）有效的行业管理。乡村旅游作为旅游业的一种形式，同样具有综合性，涉及的行业和部门较广。各行业均有自己的主管部门，旅游管理部门不能替代其他部门的管理职能，因而职能上重复交叉，管理上政出多门、条块分割，使得管理效率降低。政府必须协调好各个部门之间的工作，同时，升级旅游管理机构，从客观上减少乡村旅游发展中管理缺位的现象，使旅游管理部门形成有效的管理手段，健全管理体系、树立管理权威、拓展管理领域。旅游管理部门自身要以繁荣乡村旅游市场为己任，重点做好信息引导、行业标准、市场准入、动态管理、市场监督、宣传促销等方面的工作，使乡村旅游能够健康持续地发展。

3. 重视乡村旅游规划

要想发展好乡村旅游，首先要对其发展目标进行设定并制定实现这一目标的一系列措施，即做好旅游规划工作。我国各地区经济发展的不平衡性、差异性以及市场需求的多样性要求在制定旅游规划时必须坚持因地制宜、实事求是的原则，避免盲目跟风现象的发生。各地政府应根据已有的资源条件、市场需求、区位条件和社会发展要求，立足本地农村社会经济发展的现实，以投资少、见效快、占有耕地少、容易组织、农民直接参与为出发点，以本地城镇居民为主要市场对象，在突出保持乡村特色和可持续发展的前提下，以低收费、多层次为原则，确定本地区的重点乡村旅游开发模式，保障本地区乡村旅游健康的有序发展，有效防止旅游开发中低档次重复建设的盲目行为、急功近利的短期行为及滥开乱建的破坏行为。另外，乡村旅游规划要与国家和地区的宏观旅游发展规划以及当地的农村发展规划相结合，以促进农村各产业的协调发展。

4. 加强资金支持

（1）提供公共产品。政府应为重大建设项目提供启动资金，以期带动私人资本更大规模的投入，构建快速便捷的交通网络，提升乡村的可进入性，完善各农村地区的通信网络、供水、电力、排污设施、景区环保系统建设。另外，还应该加大教育的投入力度，在完善农村基础教育的基础上，为农民提供不同层次、形式多样的免费培训，提高农民的文化素质、市场意识和服务技能。

（2）旅游地形象宣传。政府对于乡村旅游的宣传主要体现在旅游区域整体形象的宣传上，提高区域的知名度，以营造更浓的气氛，产生更大的声势。比较典型的是政府投资组织的两类大型活动：①以造“市”为主旨的大型主题宣传促销活动，其目的是以大手笔、大魄力刺激旅游市场的需求；②以造“势”（声势）为主旨的大型活动，如旅游节庆活动，其目的是以大声势、大人流营造有利于乡村旅游发展的社会氛围。

5. 维持社会秩序

发展乡村旅游在提高农村地区的经济水平、增强农民现代化意识的同时，也会带来一些不良影响，如民俗文化的庸俗化、淳朴民风的退化和遗失，甚至出现坑蒙拐骗的现象。这些消极影响不仅不利于旅游业的发展，更严重的是会影响社会的稳定。所以，政府应该在提高农村地区物质文明的同时，抓好精神文明建设，从法律、教育、宣传等各方面采取措施，规范引导农民和游客，形成良好的社会风气。

（二）品牌的监测

为了检测品牌成功程度和广告投放、公关活动、网络营销等传播活动的效果，需要品牌管理部门建立品牌监测系统，监控品牌实施状况。通过系统地进行品牌信息的收集、整理分析，衡量市场对品牌投放的积极程度和品牌有效性。评价新的品牌是否成功的指标有品牌视觉系统认知度、游客对品牌的感知度、游客意见和态度、品牌忠诚度和旅游行为的变化。除了对品牌本身的监测，对整个消费市场及竞争者的动向也需要实时监测，快速而准确的反馈和预测消费市场的变化及竞争对手的战略调整，可以及时为品牌的调整和更新提供决策依据。

（三）危机管理

品牌的危机管理是对企业在品牌经营过程中针对该品牌可能面临或正在面临的危机，包括危机防范、危机处理及危机利用等一系列管理活动的总称。就形成的原因而言，危机可分为自然危机和人为危机两大类。

1. 自然危机

自然危机主要指由于自然原因造成的品牌危机，如 2003 年“非典”的爆发对旅游业造成的冲击。乡村旅游是以乡村的环境及资源作为旅游吸引物的，容易受到自然灾害的影响，如旱涝、虫灾等自然灾害会对农作物造成影响，从而影响采摘型乡村旅游资源的质量。对于自然原因造成的危机，在危机出现后，一方面要加强旅游项目的综合性开发，提高旅游产品的多样性，“东方不亮，西方亮”；另一方面应利用媒体宣传目的地的改善情况，重新吸引旅游者的眼球。

2. 人为危机

乡村旅游目的地人为因素造成的品牌危机主要表现在“公地悲剧”造成的乡村旅游竞争力的下降。“公地悲剧”是经济学中的专用名词，通常被用来指“理性地追求最大化利益的个体在没有相应制度的约束下，其短期行为对公共利益造成的损失”。在开放式的乡村旅游目的地中，乡村旅游资源“公权”与“私权”混杂，房产及家庭生活是私有产权，而乡村文化、当地整体自然环境及人文环境、乡村旅游品牌等都是相关主体共同使用的公共产权。经营旅游的村民可以用这些资源为自己服务，但都无权排斥其他成员行使同样的权利。产权的复杂性容易导致乡村旅游资源开发的外部性问题，从而产生“公地悲剧”现象。在乡村旅游地的发展中，“公地悲剧”主要表现为外部不经济和环境退化，资源过度使用、退化、潜在毁灭和乡村性减弱而使乡村旅游品牌受损等。

面对乡村旅游品牌“公地悲剧”带来的巨大冲击，怎样防患于未然，最大限度地保证乡村旅游品牌的品质是急待解决的问题。池静、崔风军（2006）在总结其他学者研究结果（政府强权参与管理、私有化及社区自主自治）的基础上，提出了解决乡村旅游公地悲剧的 3 种模式，即地方政府主导型、外投资者主导型和农村集体组织主导型（表 6）。

表 6 解决乡村旅游公地悲剧的 3 种模式

模式名称	发挥作用机制	效果评价
地方政府主导型	政府集中控制，如罚款、征税、补贴、行政管制，以避免乡村环境、文化和品牌被破坏性使用。如制定规章条例对污染环境、乱搭乱建等行为实施经济惩罚、行政处罚等手段；用规划手段对当地建筑风貌、体量进行严格控制；用补贴方式加强当地基础设施建设	约束力量强，激励弱，其他主体可能没有积极性，不能解决乡村旅游“软环境”的建设
外投资者主导型	外来投资者主导型采用承包经营手段，政府或集体在一段时间内将乡村资源与品牌的经营权出让给外来投资者。“公地”的暂时私有化使承包经营者成为唯一的使用权主体，在承包期内，能更多地从游客需求的角度出发，关注乡村整体文化和环境的保护与品牌的维护，从而做出保护和开发并举的决策，注意维护与当地居民的和谐关系	激励强，但约束力弱，在承包期满时，投资者可能会出现短期行为
农村集体组织主导型	由乡村委会直接管理的乡村旅游客服中心作为具体的开发、经营实体，全面负责乡村旅游信息管理、培训、监督、咨询、宣传等方面的职能。人们希望能够通过游客服务中心的组织为各个农户分配游客，从而避免农户间对客源的无序争夺，保护乡村自然、淳朴的特色，预防商业气氛的侵蚀	这种制度有很强的假设条件。首先，当地居民要有足够强的自治意识和素质；其次，必须排除外来经营者取代当地居民的可能性；最后，管理委员会必须有足够权威，值得信赖。从目前的国情来看，运用这一模式虽然有农村村民自治制度作为制度铺垫，但村民和管理者素质的现状表明，该模式的使用仍有一定的挑战性

相比较而言，采用政府主导的模式来解决乡村旅游中的“公地

悲剧”现象效果更明显。针对这一模式存在的不足，政府应加强激励机制和教育机制，满足村民经济、心理、地位、荣誉等各方面的要求，引导实现村民品牌意识、文化意识的内增长，激发其营造乡村旅游品牌意识的积极性。

第四章 乡村旅游管理

乡村旅游管理包括行业管理和企业管理，政府和行业协会构成乡村旅游企业的外部管理主体，而最为关键的管理在于从事乡村旅游的企业主体自身。乡村旅游企业管理既是乡村旅游经营者关注的核心问题，也是企业能否盈利的关键。本章主要结合乡村旅游企业自身相对于其他企业不同的特点以及管理实践中存在的难点和重点，探讨乡村旅游的企业管理问题，针对乡村旅游企业管理实践中的质量管理、卫生管理、安全管理、员工管理这几个业界普遍关注的问题进行探讨。

第一节　乡村旅游管理概述

一、乡村旅游行业管理

乡村旅游行业管理，通俗而言，指的就是政府及乡村旅游行业组织为了促进乡村旅游的良性发展，运用一定的行政、法律及经济手段，实现乡村旅游市场秩序稳定、乡村旅游经营收入增长的目标。

1. 政府对乡村旅游的管理

我国乡村旅游起步较晚，但是发展很快，目前正处在转型快速发展阶段，许多矛盾和问题也随之产生。由于乡村旅游资金投入的缺乏以及经营者经营理念的落后，出现了乡村旅游市场供给和城市居民日益增长需求的供需矛盾，该矛盾的化解工作需要由政府来支持和推动。

（1）招商引资，精准扶贫。政府应当积极筹划，针对属于国家连片开发扶贫带上的乡村，充分挖掘乡村的旅游资源，把乡村旅游产业作为精准扶贫的重要抓手，制定乡村旅游招商引资的相关政策，吸引社会资本的投入，为乡村旅游长久发展提供资金保障。同时，需要制定并严格落实乡村旅游经营、管理等方面的规范和办法，加强乡村旅游的规范化管理，促进乡村旅游服务质量的提高。

（2）加强培训，积极引导。政府应当联合相关旅游部门，组织乡村旅游经营者的经营培训，建立乡村旅游年度培训计划，提高乡村旅游从业者把握城市旅游者需求的能力，激发乡村旅游经营者创新旅游产品的热情，为乡村旅游企业和经营户营造和谐健康、公平竞争的发展环境。

链接 7　成都乡村旅游的政府管理

成都市政府对“农家乐”不收管理费，经营1～2年的不收税费，对中低收入的农户免收各种证照费，还组织专业户到全国及东南亚国家考察。龙泉驿区政府每年拿出近100万元举办“桃花节”，又策划宣传了“赏果节”。政府对经营户实行“三证”管理，并统一收费标准，指导农民增设旅游项目并对其进行培训。

2. 行业组织对乡村旅游的管理

乡村旅游行业协会是乡村旅游经营者自发成立的市场中介性组织，是政府管理职能的延伸，其实质是介于政府和经营者之间的非政府行业管理机构。随着我国乡村旅游经营管理的不断完善，政府行政管理逐步向行业管理转变，乡村旅游行业协会在乡村旅游的管理中将发挥越来越重要的作用。

知识卡片 1　旅游行业协会的内涵与作用

旅游行业协会是按照国家相关法律法规和有关政策，由旅游行业内有关企业、事业单位和相关组织等在平等自愿的基础上组成的、具有独立社团法人资格的旅游行业组织。旅游行业协会在连接政府和旅游企业、维护旅游企业权益、推进旅游行业自我服务和自律中具有重大作用，表现在以下两个方面：其一，旅游行业协会要正确引导和督促旅游企业贯彻执行国家有关法律、法规，自觉遵循旅游市场规制，诚信经营和服务，规范旅游市场主体行为，维护乡村旅游市场竞争秩序，为旅游企业经营创造良好的发展环境；其二，沟通经营者和旅游行政管理部门间的关系，向旅游行政管理部门提出工作意见和建议，协助主管部门建立旅游信息网络，进行服务质量安全检查等。

二、乡村旅游企业管理

乡村旅游企业管理，简单而言，指的是旅游资源丰富的乡村旅游地区因发展乡村旅游受到资金的限制，在当地政府的政策支持和引导下，通过出让旅游开发经营权的方式，吸引投资商介入当地乡村旅游的开发并进行管理。企业对乡村旅游的管理具体包括基础设施管理、服务设施管理、服务质量管理、卫生安全管理、生态环境管理以及乡村旅游业态经营管理等方面。质量管理是乡村旅游企业管理的核心，特别需要在乡村旅游卫生管理、安全管理、员工管理等方面做好质量方面的监督和管理工作。

链接8　昆明市五华区金田农园

云南省昆明市五华区金田农园是一家由云南凯普农业投资有限公司开发的典型乡村农庄，该农庄的经营模式为“公司＋合作社＋自营种植基地＋农户”，深度融合农业与旅游业，以“生态和环保”为经营理念，大力发展乡村旅游和休闲农业，集食、住、游、购、娱等乡村旅游产品形态为一体，建立了休闲农业消费的完整生态链。该乡村旅游企业为了提高员工工作效率，保障服务质量，大力开展旅游服务培训，实施“人员去向信息透明”“餐饮卫生安全管理”“服务质量规范管理”等众多针对企业内部经营方面的管理制度，系统庞大的乡村旅游产品生态链和完善的规章制度体系是该企业快速成长为昆明乡村旅游和休闲农业发展典范的强有力保证。

第二节　乡村旅游质量管理

一、质量管理理念

全面的质量管理理念是指导乡村旅游质量管理的重要思想来源。乡村旅游质量管理的具体要求为注重游客的利益、不断完善旅游产品和服务、旅游标准化运营、全员参与乡村旅游。

1. 注重游客利益

从旅游业发展趋势来看，游客已成为乡村旅游经营者的衣食父母，“以游客为中心”的管理模式正逐渐受到乡村旅游经营主体的高度重视。全面质量管理注重游客利益，其主导思想就是“游客的满意与认同是乡村旅游企业或个体经营者长期赢得乡村旅游市场和创造价值的关键”。为此，全面质量管理要求必须把“以游客为中心”的思想贯穿到乡村旅游经营管理当中的每一个方面，不仅要为游客量体裁衣，打造合适的乡村旅游产品，而且还要为其提供高品质、个性化的乡村旅游服务。

2. 不断完善旅游产品和服务

乡村旅游经营者需要持续不断地改进乡村旅游产品和服务的质量及可靠性，确保竞争优势。

3. 乡村旅游标准化运营

在日常的乡村旅游服务和产品经营中，制定乡村旅游产品和服务标准，就产品和服务的质量与乡村旅游企业既有标准或行业标准进行细致比对，观察是否存在乡村旅游产品和服务上的问题，并运用一定手段对乡村旅游服务人员进行激励。

4. 全员参与乡村旅游

乡村旅游全面质量管理原则上要求全员参与，乡村社区居民、游客、政府、行业协会和企业的全面深度参与是乡村旅游实现可持续发展的基础。

知识卡片 2　全面质量管理

全面质量管理（TQM）最初是在 20 世纪 60 年代初由美国著名专家菲根堡姆提出的。它是在传统质量管理的基础上，随着科学技术的发展和经营管理上的需要发展起来的现代化质量管理，现已成为一门系统性很强的科学。

全面质量管理是一种由顾客的需要和期望驱动的管理哲学，它是以质量为中心，建立在全员参与基础上的一种管理方法，其目的在于长期获得顾客满意，使组织成员和社会受益。ISO8402 对 TQM 的定义是：一个组织以质量为中心，以全员参与为基础，目的在于通过让顾客满意和本组织所有成员及社会受益而达到长期成功的管理途径。TQM 主要包括以下含义：①强烈地关注顾客；②坚持不断地改进；③改进组织中每项工作的质量；④精确地度量；⑤向员工授权。

二、质量管理的内容

（一）基础设施管理

乡村旅游的基础设施是乡村旅游经营活动成功开展的前提条件，主要包括道路交通设施、环卫设施、通信设施等。

1. 交通设施管理

交通设施状况是乡村旅游发展的关键，提高乡村旅游的交通便捷性可以加强城市居民到乡村旅游的意愿，为乡村居民带来源源不断的收益。周边城市群体是乡村旅游地的主要客源，政府部门在交通道路设施改善方面必须有所作为，积极建设好沟通城乡区域乡村旅游发展的道路交通设施，合理布局乡村旅游地的宣传信息指示牌，统一质量和标准，建设自驾车营地和乡村生态停车场，对乡村旅游发展用地进行政策性引导和支持，以达到乡村居民在家就业、提高居民经济收入、美化乡村环境的目标。

链接 9　安徽加强乡村交通、卫生等基础设施建设与管理

安徽省委、省政府创新惠农政策，加大对农村基础设施投入力度，财政投入“三农”的资金不断攀升。各地党委政府高度重视，职能部门各司其职，多渠道筹措发展资金，围绕优化乡村旅游环境，完善乡村旅游功能，积极推进交通道路、网络通信、停车加油、餐饮住宿、标识指引、安全防护等设施建设，诸多乡村旅游资源富集的山区、库区、老区、贫困区的乡村旅游可进入水平和接待能力明显提高；一大批旅游村镇大力实施“三改”（改水、改厕和改善环境）、“四化”（绿化、美化、硬化、亮化）工程，为发展乡村旅游创造了良好的环境。

2. 环卫设施管理

乡村旅游环卫设施包括污水垃圾处理、旅游厕所、供排水等设施。环卫设施是乡村旅游基础设施中的重要组成部分，加强对乡村旅游环卫设施的监督和管理是创造和谐美好乡村旅游卫生环境的重要保障。乡村旅游环卫设施管理主要有两大重点——乡村景区中的旅游厕所和旅游垃圾箱，这是游客来乡村旅游最敏感的两大设施。合理分布旅游厕所以及垃圾箱的位置和数量非常重要，如果旅游厕所和旅游垃圾箱数量少了，分布不合理，卫生差了，会给游客留下一个非常不好的第一印象，降低游客对乡村旅游的满意度。

链接10　山东加大对乡村旅游点的卫生监管力度

山东省统筹规划新一轮乡村旅游跨越式发展，将解决好乡村旅游相关设施的卫生问题作为提升各类乡村旅游点层次和水平的关键，重点是厨房卫生、食品安全、卫生间配置、客房被褥一人一换等达到相关标准。

山东省水利、农业、海洋与渔业、林业等部门加强对本系统的"农家乐""渔家乐"、森林人家、水利风景区（点）等乡村旅游点的检查力度。达到相关标准的，将由省旅游局纳入全省"联合推介、捆绑营销"计划，列入山东省周边客源地旅行社产品；不达标的要列出升级达标的时间表，规定达标的硬性时间标准。各市旅游部门还将按照《山东省乡村旅游标准》，对通过省级验收的"农家乐""渔家乐"进行一次全面复核，复核达标的纳入全省营销网络。

3. 通信设施管理

通信设施是乡村旅游基础设施中不可缺少的重要一环，可以为乡村旅游活动的开展提供良好的信息服务保障。当今社会，游客对信息服务的要求越来越高，来到乡村旅游，不仅希望自然生态环境优美、地方文化有特色，也希望乡村能够像在城市一样有无线上网服务，从而提高在乡村景区游玩的体验。为了大力改善乡村通信设施条件，跟上乡村旅游消费者对消费环境的需求，政府需要联合交通、水电等部门加大对乡村通信设施的投资力度，合理布局通信网点，建立交通设施监管组织，制订通信设施检修年度计划，保证乡村旅游发展良好的外部环境。

链接11　重庆加大乡村旅游基础设施投入，助推精准扶贫

重庆市发展乡村旅游的条件得天独厚。在全市1 919个贫困村中，649个村有海拔800米以上的高山资源，总面积达4 000多千米^2，涉及人口100多万人。夏季重庆主城及周边地区天气炎热，市民避暑休闲需求旺盛，乡村旅游被确定为重庆市精准扶贫、精准脱贫的支柱产业。

2011—2015年，重庆市在177个乡村旅游扶贫村共投入各类资金21亿元，目前大部分乡村旅游扶贫村的道路、饮水、用电、通信等基础设施达到甚至超过2A级旅游景区标准。与此同时，市扶贫办推出的"网上村庄赶年活动"等营销项目、组建的扶贫电商网络平台和线下"网上村庄"电商合作社为重庆市乡村旅游扶贫项目扩大了知名度、积攒了人气。

（二）服务设施管理

乡村旅游服务设施是乡村旅游经营活动成功开展的重要支撑，主要包括餐饮设施、住宿设施及游乐设施等。在经营乡村旅游活动的过程中，加强对乡村服务设施的管理工作非常重要。

1. 餐饮设施管理

游客来到乡村旅游，对乡村中的乡土美食非常感兴趣，乡村丰富的乡土食品完全有能力满足游客的胃口，但是，还存在一个硬件方面的问题，即餐饮服务设施管理，具体表现为接待游客的餐饮位置不足、餐具卫生没有保证、欠缺餐饮食品制作和储存方面的工具设备、餐饮设施人性化和特色化缺失等。特别是在餐饮设施的人性化和特色化方面，由于乡村旅游个体经营户缺乏市场经营和管理方面的理念，在购买餐饮设施时不会去注意大人和小孩、健康人士和残障人士对餐饮设施需求的不同，同时，在餐饮设施的乡土化设计上也欠考虑，不会利用一些乡村现有的资源来制作或者将其融入餐饮设施中。因此，需要建立餐饮设施质量、风格、人性关怀等方面的考评计划，将其纳入乡村旅游餐饮质量的评价体系中，实现乡村旅游餐饮设施的规范化、品质化、人性化管理。

链接 12　北京市延庆区柳沟村“火盆锅”

北京市延庆区柳沟村豆腐宴所使用的餐饮设施独具特色，成了乡村旅游的一大亮点。

柳沟村共有 396 户、1 020 人，这个村一不靠山、二不邻水，人文景观也很有限。就是这样一个普通的村庄，凭着祖辈们曾经用过的火盆锅，迅速崛起成为延庆民俗旅游的“领头羊”。历史上柳沟的火盆原来是暖手的工具，由于生活变化太快，柳沟的火盆锅早已成了历史的陈迹。村民们集思广益进行试验，利用火盆锅制作出既可以放在炕上，又可以放在地上的每桌可以坐 10 人的新的火盆锅，恢复了传统的柳沟豆腐砂锅。

2. 住宿设施管理

政府及行业协会需要加大对乡村旅游住宿设施的监管力度，不允许随意对乡村旅游住宿设施进行改造，破坏原来乡村建筑的统一风貌。在乡村旅游住宿设施的建设过程中，应尽可能地将具有地方代表性的地域文化注入住宿设施的外在造型和内部装饰上，打造具有乡风乡情的乡村特色住宿。

知识卡片 3　乡村主题农庄建设要点

主题农庄的外围建筑风格既可以是原有乡村特色民居的原始再现，也可以是当地特色文化的浓缩再造；而在内部装饰风格上需要因地制宜，根据当地历史文化、民族风情、农耕文明等地方性特征，对其表征元素进行整合，以彰显乡村民居的真实性和地域性。

3. 游乐设施管理

乡村游乐设施是乡村旅游产品的重要组成部分，想要打造高品质、多样化的乡村游乐设施，就需要加强对乡村游乐设施的经营和管理。

乡村游乐设施管理需要对游玩环境、游玩活动、管理人员等各个要素进行综合考虑，根据乡村游乐设施的体验层次和类别，分区设置及管理游乐项目，建立经服务技能培训并且熟悉乡村历史文化的乡村居民管家式服务队伍，分类指导游乐设施的游玩活动，形成满足乡村游客多样化和个性化需求的游玩区域，有利于提升乡村旅游项目的品质和乡村游客的游玩体验。

链接 13 四川省广安市岳池县引进大型游乐设施，助推乡村旅游发展

为了留住孩子们的脚步，让孩子们来到农家后有更多的娱乐项目，岳池县引进了旅游公司，对农家乐配套项目进行重新规划，并在乔家镇廖坝村这个“农家乐”云集的地方建立了一个占地 20 余亩的大型游乐场，供游客周末度假和平时游玩。

乔家镇的游乐场于 2013 年 12 月建成并对外开放，吸引了大量游客前往游玩。而游乐场火爆的生意也给周边的农民带来了实惠，不少农户纷纷把自家的院子腾空并进行装修，学做几个拿手好菜，用来招揽游客，增加家庭收入。

（三）生态环境管理

美好的生态环境是乡村旅游得以发展的基础，但乡村旅游的发展在一定程度上会对周边的生态环境造成破坏，因此，对损害自然生态环境的行为进行监督管理显得十分重要。生态环境损害行为主要表现在旅游资源开发和设计、旅游项目建设、垃圾固体废弃物处理、污水排放等方面，需要有针对性地采取一些有效的防治管理措施。

要严格把控乡村旅游服务设施与周边自然生态和人文环境的协调统一，建立乡村旅游垃圾转运站和处理场，将固体废弃物垃圾、牲畜粪便和生活燃料的生产有机结合起来，发展绿色沼气燃料。在水污染防治管理方面，必须严格贯彻执行《景观娱乐用水水质标准》《中华人民共和国水污染防治法》《水污染物排放许可证管理暂行办法》等法律法规，加强对乡村旅游厕所用水排放、餐饮住宿用水处理等方面的监管。

链接 14　广东省莲花镇乡村旅游发展注重生态环境的保护与管理

莲华镇是革命老区镇、纯农镇，也是潮汕著名侨乡之一，位于广东省汕头市澄海区北部，介于潮（安）、澄（海）、饶（平）三地交界处。作为粤东新兴的生态环保旅游镇，莲花镇以良好的生态环境和优美的自然风光吸引了大量游客，被誉为“世外桃源”“汕头后花园”。

莲华镇在乡村旅游发展中非常注重乡村生态环境的保护和管理。一是加强宣传和引导，充分利用有线广播、电视、专栏等，多形式、多渠道、全方位地宣传报道生态环境建设情况，在主要交通路口和生态示范点设立环保宣传牌；召开环保大会，邀请专家和环保部门领导给干部群众做环保生态知识讲座，举办环保培训班，普及植树种草、水土保持、生态农业、无公害产品、绿色产品、有机食品、清洁生产等环保生态知识；在全镇中小学、幼儿园开设环保课程；每年结合植树节、土地日、世界环境日、地球日等活动，广泛开展环保灯谜、环保知识竞赛等各种宣传活动；开展环保进企业、进学校、进农村等活动，引导广大群众自觉倡导健康的生活方式、文明的生产方式和绿色的消费方式。二是落实责任，形成合力。镇政府将生态环境建设目标纳入全镇国民经济与社会发展计划，实行镇长环保目标责任制，把环境保护工作纳入重要议事日程，各级各部门各司其职、各负其责，每年组织考核评比，并把考核结果纳入各村领导班子、负责人实绩考评考核内容，建立考核奖惩制度，形成了一套行之有效的领导机制、工作机制和监督考核机制，有力地保障和推动了“国家级生态乡镇”创建工作的开展与落实。

（四）卫生环境管理

乡村旅游以乡村社区为主要活动场所，所处环境卫生条件较差，这对乡村旅游卫生工作提出了很高的要求。食品卫生、住宿卫生、饮用水卫生、公共卫生、医疗卫生以及各种生活用品的清洁卫生都直接关系到游客的身心健康，各级旅游部门和相关政府部门要引导和教育乡村从业人员自觉养成讲卫生、爱卫生的良好生活习惯，并购置一些必要的卫生消毒设施，抓好卫生防范措施，为游客创造一个洁净、健康、卫生的旅游和生活环境。

链接 15　西安专项整治乡村旅游环境卫生

经过对乡村旅游卫生环境的有序、高效整治后，西安市的乡村卫生环境状态得到改善，成为乡村旅游发展的重要物质保障。

西安乡村旅游专项整治范围包括乡村旅游点和“农家乐”经营户，重点改善乡村旅游卫生状况，提升乡村旅游经营单位餐饮、住宿、游览、娱乐、购物、停车场所的卫生水平，重点整改场地脏乱、餐饮加工和就餐环境不卫生、住宿场所卫生设施和环境不整洁、停车场所坑坑洼洼及垃圾乱丢弃、污水乱排放、家禽家畜乱排便等影响环境卫生的问题，做到无暴露垃圾、无卫生死角、无乱堆乱放。

整治乡村旅游厕所卫生，杜绝乡村旅游经营单位厕所简陋脏臭，做到地面净、门窗净、墙面净、设施净；整治乡村旅游外部环境，结合村庄环境综合整治，明显改善交通沿线和村庄环境卫生面貌、建筑风貌和生态环境；完善环境卫生各项设施，依照有关标准，引导乡村旅游经营单位升级厨房、餐厅、住宿、旅游、厕所、购物、停车等设施设备。

（五）服务质量管理

服务质量属于乡村旅游质量建设中的“重头戏”，乡村旅游服务质量的高低直接关系到乡村游客的旅游感受，提高乡村旅游服务质量有利于树立乡村旅游品牌。

具体可以从以下几个方面来提高乡村旅游服务质量：首先，必须确立乡村旅游服务的质量规范；其次，加强对员工服务技能和服务规范方面的培训，增强服务人员的服务信心和能力；最后，乡村旅游经营者或管理者在日常的乡村旅游经营活动中需要经常以身示范，起到示范带头作用，强化服务人员的服务热情和动力。

链接16　浙江省北仑区旅游局大力提升乡村旅游服务质量

为推进美丽乡村建设，浙江省北仑区旅游局在大力扶持发展乡村旅游、促进当地村民增收致富的同时，加强对乡村旅游经营业户接待水平和服务质量的指导帮助，促进全区乡村旅游向规范化、科学化服务体系发展。

（1）加强乡村旅游人才队伍建设。结合区实际情况，充分依托宁波职业技术学院和北仑职业高等院校，设立旅游培训基地，重点对一批会经营、懂管理、高素质的乡村旅游从业人员进行培训教育，提升乡村旅游从业人员的服务意识、服务技能和服务质量。积极组织区内乡村旅游经营户业主赴省内外乡村旅游发展较好的地区进行考察交流，帮助经营业主开阔视野，转变其思维方式和经营理念。

（2）开展乡村休闲旅游点的提档升级活动。为完善乡村旅游点的硬件设施，提升服务品质，北仑区旅游局以创建为手段，帮助乡村休闲旅游点做好提档升级工作，取得了良好的效果。目前已初步完成对全区20家区级重点“农家乐”和乡村休闲旅游点的基础设施改造升级，并获省、市旅游局的认可。

（3）加强旅游执法检查。实施旅游服务质量专项治理行动，按照品质乡村旅游服务标准，不定期地进行统一执法检查，高标准、严要求，进一步规范乡村旅游市场秩序，提升服务质量，塑造良好的旅游形象。

（六）安全管理

安全管理是乡村旅游管理中十分重要的一个方面，具体涉及的管理内容包括食品安全、住宿安全、游览安全、治安安全等。

在食品安全管理方面，乡村旅游经营者要严格遵循国家食品质量标准和行业标准，提供具有安全保证的高品质食品，政府和相关部门应该加强对乡村旅游食品生产的监督查处力度，为乡村旅游餐饮的发展营造良好的质量环境；在住宿安全管理方面，火和电是最大的安全隐患，要求乡村旅游经营农户配备灭火器、消防水管等消防设施，同时，电器的安装和使用必须严格执行国家有关标准规范；在游览安全管理方面，要求乡村旅游区经营和管理者在一些岔路口、安全隐患处等区域设置标识警示牌和安全指示牌，同时可以在一些重要区域安装智能报警系统，配备熟悉乡村地域环境的安全巡逻员，确保乡村游客的人身安全。

链接17　安徽省黄山市多措并举提升乡村旅游安全管理能力

1. 突出消防安全措施落实

坚持“从严管理，防患未然”的原则，加强古建筑消防宣传教育，严格逐级落实消防安全责任。根据景区消防安全需求，开展火灾危险性调查及评估工作，尽快建立一整套符合古民居消防安全管理的灭火应急预案。加大消防设施的建设和投入，在核心景区和重点部位设置火灾探测报警系统，增添手抬机动泵、消防水带等基础设施建设，清理疏通消防水源通道，扩大消防池水容量，合理规划布局消火栓位置，不留死角。

2. 加强景区道路交通管理

积极争取党委政府加大旅游公路和乡村旅游道路的基础建设资金投入，完善道路交通标志标线建设，对事故多发地段和旅游公路沿线增设限速警示标牌和护栏，对旅游线路中的防护设施、交通标志标线、交通警示牌以及公路塌方、损毁情况进行全面排查，上报当地政府或以联席会议等方式督促交通、公路和旅游主管等部门及时整改，确保旅游道路行车安全、畅通。督促景区（点）经营管理部门落实游道护栏、警示标志的安装工作，确保游客在特定时间和空间点上游览活动的绝对安全。

3. 强化景区综合治理工作

加大对游客入住的旅馆、乡村酒店、“农家乐”的业主和从业人员的安全培训工作，督促落实“三防”（防火、防盗、防事故）措施，严防各类案件和事故，特别是群死群伤事故的发生。公安、卫生、工商、物价、城管等部门要高度重视报警投诉处理，密切配合，加大监督检查和管理力度，对从业人员开展宣传教育，一旦接到报警投诉要快速反应，及时依法处理，防止激化，消除影响。

三、质量管理实施

（一）保障乡土产品质量

1. 吃得放心

吃得放心，具体而言，指的是用来接待游客的食品必须是本地生产的，有当地特色，有质量、安全、卫生保证。围绕“吃得放心”这一主题，可以综合考虑“吃什么”“怎么吃”“在哪儿吃”“何时吃”“为什么这么吃”这五大方面，设计出让游客吃得放心的高品质食品。

其具体做法有：与乡村游客一起去乡村田园采摘新鲜食材，建立食物制作过程视频实时传输平台，让游客看到食物制作的全过程，同时在给游客上菜时，向游客介绍各种乡村农作物的时令特征和营养价值。通过为游客提供一系列与食品相关的真实、真心的服务，建立起游客对乡村餐饮的信任，满足乡村游客求新鲜、求差异、求真实、求安全的饮食需求。

链接 18　广东省茂名市加大乡村旅游餐饮安全监管力度

为确保游客的饮食安全，广东省茂名市食品药品监督管理局在全市范围内开展了旅游景区餐饮单位和“农家乐”饮食安全检查。

发展乡村特色休闲旅游，饮食安全至关重要。除了要让经营者提高食品安全意识外，相关职能部门也要进一步加强乡村餐饮食品的安全管理，加强卫生安全巡查力度，对不合格的场所要下达整改通知书，整改未通过的要勒令停业。此外，要不定期对餐饮经营者及从业人员开展食品卫生安全知识培训，以提高经营者的法律意识和安全意识。

只有游客吃得放心、玩得开心，乡村休闲旅游经营者的生意才会越来越好，乡村休闲旅游发展前景才会更广阔。

2. 住得舒心

住得舒心，具体而言，指的是用来接待游客居住的设施必须具有当地风格和特色，所提供的服务有“家”的感觉。围绕“住得舒心”的主题，可以综合考虑“住什么”“怎么住”“在哪儿住”“为什么这么住”这四大方面，打造出地域特色鲜明、人情味儿十足的乡村旅游住宿产品，满足城市游客求舒适、求真实、求特色的住宿需求。

其具体做法有：为城市游客选取具有当地特色并经过修复的民居，民居的环境卫生已经打扫干净，但游客居住以后的卫生则需要自己清扫，让游客有“家”的感觉；为每一处民居配备经严格培训的当地管家，提供乡村独特的“五星级”管家式服务，如介绍所有与乡村民居相关的历史文化和民情风俗，带领游客体验乡村当地特色民俗，同时提供智能化的日常住宿服务，游客可以通过为其配置的智能手机随时联系到所住民居的管家。

链接 19　河北省滦平县打造金山岭唐乡乡奢主题酒店

金山岭唐乡乡奢主题酒店位于河北省承德市滦平县金山岭长城脚下、古御道上的长寿之乡苇塘村。

金山岭唐乡乡奢主题酒店以国宝级传统村落为基、文物级古老民居为体、当地文化体验为魂，面向城市高端消费人群，时尚设计、奢华品质，引领全新乡村生活，让游客听得到乡音、记得住乡愁、看得到乡景、体会到乡情、享受到乡乐。

一院一主题、一房一文化的金山岭唐乡，栋栋房屋、处处院落主题鲜明，外朴内雅。所有的唐乡主题院落散落分布在传统村落之中，鸡犬之声相闻，但又自成一体。在材质、工艺方面，现代与传统完美融合，实现了人文、绿色、低碳、环保。一期金山岭唐乡的 4 个代表性主题院落分别是：梨树下（当地民俗文化主题院落）、云水间（禅修主题院落）、草木里（中草药养生主题院落）、果岭上（高尔夫主题院落），另有“乡公所”社区文化交流体验中心，集餐吧、书吧、茶吧和乡村记忆馆于一身。

3. 行得安心

行得安心，具体而言，指的是游客来到乡村旅游，对所处的交通环境非常放心，既能感受到交通的便利，又能体验到交通的特色。围绕“行得安心”的主题，可以综合考虑“行什么”“怎么行”“在哪儿行”“为什么这么行”这四大方面，打造出乡土气息浓厚、安全有保障的乡村旅游交通产品，从而满足城市游客求特色、求安全、求便利的交通需求。

其具体做法有：把乡村传统交通工具运用到乡村旅游中，将农村丰富的牛、马等牲畜资源改造成既具有乡村味道又不失现代风格的牲畜动力交通车，所有的牲畜动力交通车在投入乡村旅游市场之前需要通过相关质量监管机构的评估；打造一些有乡村特色风格的交通小径、绿道、骑行道、大道等集多种用途道路为一体的乡村交通道路体系，在交通道路上设置安全监视点，同时可以建立多支由乡村向导、保安等人员组成的交通安全保卫队。

链接 20　安徽乡村旅游注重交通条件，让游客行得安心

安徽开发乡村旅游没有遍地开花，而是因“路”制宜，交通便捷的地区优先开发。比如，岳西县黄尾镇距高速公路出口仅10分钟的车程，该镇的乡村旅游开发时间短，收益见效快，很快形成了规模。

4. 游得开心

游得开心，具体而言，指的是游客在乡村旅游景区中能够通过观赏自然生态风光、体验农耕及民俗项目、了解历史文化知识等获得身心放松、精神愉悦的游玩感受。围绕“游得开心”的主题，可以综合考虑“游什么”“怎么游”“在哪儿游”“为什么这么游”这四大方面，打造出类型丰富、个性突出、体验感强的乡村旅游景区（点），保障乡村旅游景区游玩的质量，满足城市游客求多样、求体验、求特色的游玩需求。

其具体做法有：打造乡村游乐及农耕文化体验园，通过深度挖掘具有地域特色的自然生态资源，如利用油菜花和香草资源，建设花海或香草型主题农园，游客可以赏油菜花/香草、拍油菜花/香草、学习体验油菜花榨油/提炼适合自己肤色的精油等；可以在乡村建立一些专门为游客提供生活体验的民居和耕作地块，游客可以进行认领，每户民居都由当地人作为向导，教游客制作乡村美食，带游客走进自然、采摘农作物，与游客一起在田间地头耕作，向游客介绍乡村的自然和民俗知识。同时可以建立乡村营地，划分露营区、烧烤区、垂钓区、漂流区、自然生态教育区，满足自驾游游客个性、自由、多元的游玩需求。针对儿童旅游群体，可以开发自然体验教育项目，利用素质拓展和走进自然等活动，让小朋友辨识花草树木、了解自然生态环境，培养儿童热爱大自然、保护大自然的环保意识。

链接 21　山东省济宁市运河湾农耕园探路特色乡村旅游

山东省济宁市运河湾农耕园注重乡村旅游环境的营造，打造了农耕体验园，农耕文化主题定位鲜明，突出文化内涵。除了瓜果采摘、菜园认领、农业种植这些常规体验项目外，济宁运河湾农耕园选择了以表现农耕文化、突出原汁原味的田园特色、复原过去传统的农事生活的主题。借助于静态的传统农具、农家小院等物品的展示，摆放印有农业谚语和农业故事的展板和石刻，设置游客可体验的坐牛车、推石磨、撒网捕家禽等农事活动，让处于城市快节奏的游客能够在这里停下来，静静体会休闲的农庄生活，给疲惫的身心放个假。

5. 购得顺心

购得顺心，具体而言，指的是城市游客能够在乡村旅游商品销售市场感受到一种和谐健康的销售和购买环境，没有强买强卖、不诚信等不规范的市场行为，能够买到真实、安全、特色的乡村旅游商品。围绕“购得顺心”的主题，可以综合考虑“购什么”“在哪儿购”“怎么购”等方面，打造一个让城市游客满载而归、满心欢喜的乡村旅游购物环境。

其具体做法有：政府应与食品质量监管局等相关质量监管单位合作，建立乡村旅游产品日常检查计划和奖惩计划，对乡村旅游市场上所有向游客销售的旅游商品进行食品来源、销售行为、质量安全等方面的严格检查，严惩质量缺失、来源虚假、强买强卖等行为，对质量过硬、来源正规、正当销售等行为进行褒奖。对于乡村旅游商品个体经营户，也需要规范其行为，政府应当为个体农户提供与景区环境相一致的销售场所，集中销售，争取通过口碑传播建立起个体经营户的集体品牌。

链接 22 乡村旅游淘宝购物新时尚，购出好心情

坐落在广西“五彩田园”特色农业示范区的玉林市玉东新区茂林镇鹿塘村社区被称为“中国电商旅游第一村”，主打“田园都市”旅游品牌，中国高科技农业展示馆、隆平高科援外实训基地、台湾有机农园等一批农业产业项目在此落户。自 2015 年元旦开园以来，该示范区已吸引了世界 20 多个国家的游客，全年游游客数达 500 多万人次。为解决游客购物的问题，“中国十佳电商服务商”之一的杰夫集团进驻鹿塘村社区，开展电商业务，把玉林市特色农产品直接销售给游客。

6. 娱得欢心

娱得欢心，具体而言，是指游客在乡村旅游景区所游玩的项目和活动趣味性较强，参与性较高，游客能够从中获得一份欢快的娱乐体验。围绕“娱得欢心”的主题，可以综合考虑“娱什么”“在哪儿娱”“怎么娱”这三方面，设计一系列乡村旅游娱乐项目和活动，为游客提供真实、多样、特色的娱乐机会，给予游客不一样的游玩感受。

其具体做法有：通过发掘乡村历史民俗文化资源，打造集民俗文化和娱乐为一体的民俗娱乐区，同时，民俗娱乐区可以建立一支由土生土长的乡村居民组成的娱乐专业队伍，向城市游客免费讲解乡村民俗娱乐的历史趣事及文化知识，游客在该娱乐区既能获得丰富的娱乐体验，也能充分了解民俗文化知识。让游客观看乡村皮影戏、地方特色戏剧、舞蹈，辨识感受石磨、碓窝、织布机、风车、拌桶、斗笠、蓑衣、升子等特色农耕用具，了解传统农耕乡土生活和生产习俗。开展滚铁环、跳皮筋、踢毽子、斗蛐蛐等特色乡村民间的游戏活动，让游客“娱”出乡土味道、娱得欢心。

链接23 江西省“婺源篁岭＋石门山一日游”成为婺源乡村旅游娱乐新亮点

当游客感觉婺源篁岭娱乐设施较少时，创客脑洞大开，打造出世界顶级户外运动项目“冒险森林”，项目分3条不同的体验线路，满足儿童、成人、专业人士等不同年龄段的体验需求，为历史古村增添了动感。历时一年半精心打造的神秘石门山峡谷则让游客们有了更多“获得感”：这是一处集风光游览、情趣体验、科普环保、戏水溯溪、户外体验于一体的综合性景区，在迤逦动人的峡谷风光内有20多项户外运动及拓展项目，夏日戏水户外体验好不热闹。“篁岭＋石门山一日游”也成为婺源的新线路、新看点。

（二）建立乡村旅游标准

1. 乡村旅游设施标准

乡村旅游设施标准，简单而言，是通过对乡村旅游接待设施相关标准的制定和实施，统一规范接待设施的数量和质量，发展乡村旅游的一种硬性措施。通过对乡村旅游基础设施和服务设施进行标准设定，可以提升乡村旅游服务质量和水平，增强城市游客来乡村旅游的意愿。

（1）交通设施。交通包含外部交通和内部交通，政府、企业、相关旅游行政部门应该大力合作，统一标准和目标，对进入乡村的外围和内部交通道路的建设及管理制定相关的规范，规划道路的建设规格、规模、绿化以及道路上标示乡村旅游地距离、方向等方面信息的标牌，建设一大批生态环保的停车场，方便游客快速进入，确保游客的安全。

链接24 浙江省青田县小舟山乡村旅游交通设施常态化建设

为了助推乡村旅游业的发展，青田县政府每年投入近200万元用于农村公路大、中修及安全工程，固定投入水毁修复专项资金500万元。同时，进一步完善农村公路管养常效化、制度化和规范化建设，提前2年完成全县32个乡镇（街道）的市级规范化管理站创建工作，成功创建省级规范化示范站4个。全面加强农村公路管养工作，创新机制，探索市场化承包养护模式，严格资金拨付和检查考核工作，农村公路安全畅通能力进一步提升。2015年，交通运输部门还紧盯农村公路提升改造和“美丽公路”创建工作，大力实施农村公路绿化工程，努力营造“畅、安、舒、绿、美”的良好公路环境，为小舟山乡村旅游的发展提供了良好的交通通达条件。

通过对乡村旅游社区服务设施进行标准化建设，合理安排设计乡村旅游区消防和环卫设施安置的地点、数量、质量，给游客营造了良好的乡村安全环境，确保游客在乡村旅游地的旅游安全。

（2）住宿和餐饮设施。建立乡村旅游住宿设施标准，规定乡村旅游住宿设施必须具备的基本条件，具体包括乡村旅游住宿设施拥有的客房数量、客房中必需的设备和物品、设施等级的划分标准和技术安全方面的规定。建立乡村旅游餐饮设施标准，规定乡村旅游餐饮经营硬件方面的要求，具体包括对乡村旅游餐饮设施的场所和内部环境的要求、对食品卫生和安全保障配套设施的要求，以及评定乡村旅游餐饮服务设施等级的标准等。

（3）解说和游玩设施。通过对乡村旅游地解说及游乐设施做出顶层的规范设计和安排，确保每一块标牌、每一处讲解、每一次游玩都规范、严谨、有秩序，从而全方位提升游客在乡村旅游区的游玩感受。

链接25　德国乡村旅游农家垃圾处理

德国乡村旅游农家特别爱护自己的生活环境，德国农妇艾拉家厨房里的垃圾箱让人感到非常震撼。

日常的生物垃圾通过专门的生物垃圾桶收集、切碎，并与真空管道系统收集的黑水一起汇入居住区的技术处理中心。两者的混合物先被高温净化处理，之后导入在30～40℃下工作的发酵反应器，经过有氧处理，稳定之后还残留富含高浓度营养物质的流质物。

这些流质物将被保存起来，并用于居住区的绿化养护或者卖给临近的农业联合组织。该组织将其分配给各个成员用于农业生产，并保存在季节性存储器中。营养物质的再利用不仅使人类居住区产出的富含营养元素废物以生态可承载的方式进入了自然界的物质循环，而且在一定程度上取代高能耗的化肥生产，为节能做出了贡献。

2. 乡村旅游服务标准

乡村旅游服务标准，通俗而言，是以为乡村游客提供的服务为对象，以服务质量为目标，通过制定并严格执行相关制度，达成乡村游客满意的一种有效手段。针对乡村旅游低端经营、同质化严重的现象，为了保证乡村旅游服务质量，乡村旅游服务标准化势在必行，而创建集乡村餐饮服务、乡村住宿服务、乡村游乐服务为一体的乡村旅游服务品牌是一条有效途径。

（1）乡村餐饮服务。以国家标准、行业标准、地方标准为依据，结合当地特殊情况，制定餐饮卫生标准和餐饮服务人员对客服务标准，加强一线服务人员和管理人员的综合素质技能培训，同时利用地方性特色风物营造餐饮服务的环境氛围。通过对一整套服务前、服务中、服务后以及服务环境等服务全过程的细致打造，针对不同群体的消费水平，提供低端、中端、高端产品和服务，最终形成一个独具竞争力的餐饮服务品牌。

（2）乡村住宿服务。随着城市游客住宿需求从民居到民宿的转变，提升乡村住宿服务的品质显得非常重要。要强化乡村住宿服务水平和质量，对接待住宿的民居风格、设施、室内物品风格及摆放等服务要素进行统一设计和安排，制定接待住宿的“星级服务”评比规范细则，构建乡村住宿接待服务品牌。

（3）乡村游乐服务。通过对乡村旅游区全部游乐项目和活动所需服务技能、服务水平、服务细节等要素进行分析，抽取出具有代表性、地域性、关键性的服务环节和服务要领，以此作为乡村游乐项目服务培训的重点内容，让所有乡村游乐服务人员都具备服务知识和技能，使乡村游客享受到规范、标准、用心的游玩服务。

链接 26　成都乡村旅游服务质量管理

四川省成都市实施了《成都市农家乐服务质量管理办法》，制定了《农家乐旅游服务质量等级划分及评定》，2004 年，首次公布了 59 家星级农家乐单位，其中四星级 20 家、三星级 29 家、二星级 9 家、一星级 1 家。2010 年，又出台了《四川省农家乐（乡村酒店）旅游服务质量等级评定管理暂行办法》，对规范农家乐/乡村酒店旅游经营行为、提高农家乐/乡村酒店旅游服务质量、促进农家乐/乡村酒店持续健康发展有重大意义。

链接 27　浙江省湖州市乡村旅游标准化建设

湖州市专门成立了旅游标准化委员会，由旅游、质检、农业、林业 4 家单位共同牵头，制定了包括示范洋家、示范农家、示范农庄、示范村和集聚示范区五大标准化体系，对安全标准、服务标准、配套标准、食品卫生等进行了详尽规范。

3. 乡村旅游信息标准

乡村旅游信息标准，简单而言，是在互联网技术与旅游业相互渗透、自驾游及自由行迅速发展的背景下出现的用来展示乡村旅游信息的一种智能化途径。

（1）建设乡村旅游咨询中心。政府部门或乡村旅游行业协会可以组织建立具有综合服务功能的乡村旅游咨询中心，主要提供4个方面的信息服务：一是为游客提供信息咨询服务；二是疏导游客；三是宣传促销；四是旅游市场信息反映。通过统一乡村旅游咨询中心的服务功能、要求及目标，有利于提升乡村旅游区的乡村旅游形象，形成强有力的核心竞争优势。

（2）构建乡村旅游信息网络平台。迎合“互联网+”和自驾游、自由行等潮流，游客对乡村旅游信息质量的要求也越来越高，要求构建标准统一、数据规范、持续更新的乡村旅游信息网络平台，为游客提供全面、安全、真实有效、感知性强的乡村旅游信息。其涵盖的信息标准化内容具体有以下几个方面：

①地理区位。提供详细的区位图，包括步行路线、道路状况、景区及周边景区位置等。

②气候状况。实时更新近期天气情况、适宜穿衣及整体气候概况。

③景区介绍。具体包括单个景区报价、特色资源、景区评价等；多个景区串联报价、线路特色及线路评价等。

④乡村文化。介绍当地风土人情、礼俗禁忌等民俗文化、历史文化。

⑤餐饮住宿。具体包括餐饮/住宿区位环境、餐饮/住宿服务质量、餐饮菜肴/住宿特色、餐饮/住宿接待人数及容量、餐饮/住宿评价等。

⑥旅游商品。具体包括价格、规格、质量以及相关评价。

⑦游客预测。具体包括乡村游游客数规模及集中游玩区域。

链接28　四川省平昌县乡村旅游开启信息化模式

四川省平昌县建立了平昌旅游电子信息平台，将物联网、互联网、云计算和个人终端整合起来，完善了平昌的人文、景点、特产、美食等相关信息上传工作，初步实现网上销售旅游商品、食宿预订、景区门票购买等交易功能；开发了平昌智慧旅游安卓、苹果 App 手机软件，构建手机移动营销平台；建设了主会场、部分酒店、农家乐、核心景区的智慧旅游硬件设施。平昌县旅游信息标准化的建设对提高乡村游客的游憩体验度具有重大的意义和价值。

（三）全民参与生态环保

1. 政府——“规划，政策，宣传”

政府是乡村旅游环保化发展的强有力保障。在规划方面，需要开展乡村旅游资源的普查工作，做好乡村旅游环境质量评价，加强乡村土地资源、水资源、动植物资源的保护，把环保元素纳入乡村旅游发展规划设计的每一个环节。在政策方面，加大对乡村旅游发展环保型项目的政策支持力度，对低碳项目（景区内部交通采用纯电动汽车、生态型停车场）、环保项目（住宿不提供一次性用品、发展生态有机农业、公共卫生环境工程建设等）实施单位实行税收减免、经济补贴等优惠政策。在宣传方面，在每年的 5 月 20 日“全球低碳日”和 6 月 5 日“世界环境日”，政府相关部门可以组织开展徒步登山、社区清洁等环保活动，开办环保标语口号、环保低碳宣传图文征集比赛，培养全民的低碳环保意识。

链接 29　浙江省德清县莫干山生态环境保护历程

环莫干山地区民宿的发展如火如荼，已然成为全国民宿业当中的佼佼者。其发展在本质上得益于先天优势，有着禀赋极高的自然生态资源，然而良好的生态环境又得益于县政府多年来对这块地方的保护。

十多年前，县政府就看到莫干山无限的发展潜力，并出台了《关于建立西部山区乡镇生态补偿机制的实施意见》，这是浙江省乃至全国第一份县级层面针对山区生态的补偿。莫干山生态保护区从原来的 3 千米^{2}扩大到 43 千米^2，当时周边的莫干山、南路和筏头3个乡镇的工业园区被全部取消，已经引进的工业项目也被转介到德清经济开发区或其他乡镇，原有的工厂陆续搬迁。

被列入莫干山生态保护区的乡镇，财政收入情况与乡镇支出情况实施“两条线”，支出不足部分将由县财政补助。其工业经济增长指标仅为其他乡镇的一半或一半多点，但环境保护指标却比其他乡镇高出一倍，森林覆盖率、矿山土地复垦率、化肥农药施用强度、畜禽粪便处理率、秸秆综合利用率、农用薄膜回收率等过去闻所未闻的内容都进入了干部考核指标。

在随后的几年中，对生态环境的保护不断升级。为保护德清人民的饮用水源——对河口水库，2012年，筏头乡关闭了所有的拉丝厂、笋厂，对矿山进行全面整治。

通过环境保护，如今，环莫干山地区的资源优势不断显现，正在转变为旅游产业优势，而百年的历史积淀也让环莫干山地区更有魅力。每年，越来越多的游客冲着莫干山的环境而来，带着一份“裸心”而来。

2. 乡村旅游行业组织——“监督，沟通，引导”

乡村旅游行业组织担当着服务和管理两种责任，它不同于政府管理机构的功能，不具有制定行政法规、下达行政命令的权力，只能依靠自身的影响获取大家的信任和遵从。

政府应当大力发挥乡村旅游协会等行业组织的作用，在环境保护方面，可以利用行业组织在乡村拥有强大群众基础的优势，向行业组织传达“环境保护，美丽乡村”的生态文明理念，进而以乡村旅游协会为宣传和引导的桥梁，向乡村旅游从业者及游客宣传环保工作对乡村旅游的重要性，把环境保护指标纳入乡村旅游经营监管体系中，实施环保考评奖励机制，积极引导经营者以身示范，争做乡村旅游经营环境保护方面的标杆，形成“人人爱环境，家家争表率”的乡村旅游经营环境氛围。

3. 乡村旅游企业——“开发，经营，服务”

乡村旅游环保化发展要求乡村旅游企业把环保元素贯穿于开发、建设、经营及服务的始终，倡导“低碳环保、循环经济”的发展理念，为维持乡村旅游良好的生态环境保驾护航。在开发中，需要注重对生态环境、民俗文化等乡村旅游资源的合理及有节制的利用，以免对乡村自然和人文生态系统造成不可挽回的损害；乡村旅游基础设施和服务设施的建设应该与自然环境相吻合，让游客走进自然，享受自然的乐趣；接待设施应该配备完善的排污系统，避免直排；在经营和服务中，特别是在餐饮和住宿的经营与服务上，鼓励企业运用新能源、新技术节能减排，避免使用一次性餐具，菜肴必须保证原生态，住宿设施尽可能采用环保型材料，室内倡导使用节能电灯，避免使用一次性洗漱用品。

4. 居民和游客——“参与，补偿，宣传”

社区居民是乡村旅游环保化发展的重要力量，要为乡村居民和游客提供参与乡村旅游发展的机会。通过开展“环保志愿者”“环保积分兑换小礼品”等活动，促进低碳环保型旅游方式；通过直接的经济补偿、发展公益基金以及提供工作岗位和特许经营机会等多种方式，让社区居民参与到乡村旅游的产业中，让其能够真实地看到“绿水青山就是金山银山”，从而做一名合格的环境保护者。

居民不仅需要自身树立环保意识，而且还要帮助游客培养环保意识，通过居民日常“身体力行”的示范引导，特别是开展一些自然体验教育的相关活动，提升游客对自然的深度认知，实现与自然和谐相处的目标。再者，游客与游客之间也会相互影响，培养了一个环保主义者，又会影响另一个大众游客的旅游行为方式，使其转变成环保游客，循环往复，居民和游客的生态意识会得到实质性的提高。

链接 30　德国乡村旅游发展分流式污水处理法

在 20 世纪 90 年代以前，德国农村污水采取的是工业化集中式处理办法，即将污水通过排水管道输送到污水处理厂集中处理，这样做除了成本很高以外，还带来污水处理之后的大量沉淀物和废物，给环境造成了压力。进入21世纪以后，这种集中式处理办法正被分流式污水处理新办法所代替，为乡村旅游的发展提供了良好的生态契机。

德国农村分流式污水处理新办法主要有：

1. 分散市镇基础设施系统

在没有接入排水网的偏远农村建造先进的膜生物反应器，平时把雨水和污水分开收集，然后通过先进的膜生物反应器净化污水。这样不仅可以降低污水处理成本，还能在净化污水的过程中获得氮气，从而达到使污水变废为宝的目的，增强了农村土地肥力。

2. 湿地污水处理系统

该工艺主要将农村生活污水通过水管道汇集流入沉淀池，经过沉淀池的4层筛选之后，再经湿地净化处理，然后达标排放或用于农田灌溉。该系统的运转不需要化学药剂，所有的材料都来源于大自然，对周边环境没有二次污染。

3. 多样性污水分类处理系统

将污水分为雨水、灰水和黑水。灰水指厨房、淋浴和洗衣等家政污水，黑水指经真空式马桶排放的厕所污水。居住区屋顶和硬质地面上的雨水被雨水管道收集，并汇入附近的地表水或者导入居住区内设置的渗水池。该渗水池属于小区的绿化设施，表面看起来就像景观设计的一部分。通过这种处理方式，雨水可下渗或者直接进入自然界进行水循环。洗菜、洗碗、淋浴和洗衣等生活污水作为灰水通过重力管道流入居住区内的植物净水设施进行净化处理。

第三节　乡村旅游卫生管理

乡村卫生状况直接关系到乡村旅游客源的多少，是乡村旅游实现长远发展的环境保证。乡村旅游企业以及个体经营户需要提高卫生环境意识，在经营和管理乡村旅游餐饮、住宿、饮用水、厕所等工作中，应该把卫生质量放在第一位。

一、餐饮卫生管理

乡村旅游餐饮设施的新建、改建和扩建工程必须严格按照国家《饮食建筑设计规范》选址和设计，经过公共卫生监管部门的审查。乡村旅游从业人员应该定期进行身体检查和卫生检查，以防有传染病的服务人员上岗，保证乡村旅游餐饮的卫生质量。

建立乡村旅游餐饮卫生培训制度，定期对从业人员进行餐饮卫生知识培训，使他们了解工作岗位的卫生管理制度，懂得国家餐饮卫生法规，改正日常服务中餐饮卫生方面存在的问题。

知识卡片 4　美食厨房的基本要求

墙面要满铺瓷砖，用防滑材料满铺地面，有地槽和吊顶；冷菜间、面点间独立分隔，有足够的冷气设备；冷菜间温度符合食品卫生标准，内有空气消毒设施；粗加工间与其他操作间隔离，各操作间温度适宜；有必要的冷藏、冷冻设施；厨房与餐厅之间有起隔音、隔热和隔气味作用的进出分开、自动闭合的弹簧门；洗碗间位置合理；有专门放置临时垃圾的设施并保持其封闭；采取有效的消杀蚊蝇、蟑螂等虫害措施；注意厨房防盗及食物污染中毒；定期清洗或更换排油烟设备；对厨余垃圾进行无害化处理；厨房不能采用木质结构且紧邻的建筑也不能是木质建筑。

链接 31　山东乡村旅游“改厨改厕”双改行动

2013 年，山东省启动乡村旅游“改厨改厕”模式，山东省市县三级财政拿出“真金白银”支持发展旅游的乡村改造厨房和厕所，“双改”验收合格的农户每户能获得 1.6 万元的补贴——省政府补贴 8 000 元、市政府补贴 5 000 元、县政府补贴 3 000 元。

目前，已有1.5万家经营户改造完毕，全省共投入1.3亿元。“双改”极大地调动了乡村旅游经营业户的积极性，改善了“农家乐”的卫生条件和接待水平。

“双改”之后，“农家乐”的厨房更为讲究，只要是接待游客的农户，家家都配备了整体橱柜、抽油烟机和备餐柜，洗、切、炒操作区分明且生熟分开，看上去清爽利落。

二、住宿卫生管理

乡村旅游住宿卫生需要贯穿于乡村民宿建设、设计、管理过程的始终，确保乡村旅游住宿卫生质量，从而留住乡村游客，产生更高的经济收入。在乡村旅游住宿客房建设、设计管理过程中，需要对客房的选址、排污、清洁等方面进行全方位的考虑，选择通风、采光、远离污染区、自然环境较好的乡村区域作为客房建设地，规范设计污水处理系统，定时定质对客房进行全面清洁，为游客提供“远离城市喧嚣，享受乡村宁静”的第二个家。

链接32　浙江省德清县莫干山“洋家乐”卫生环境提升

莫干山“洋家乐”是德清莫干山民宿发展的重要引擎和动力。莫干山“洋家乐”在发展的过程中也遇到了一些问题，例如如何平衡民宿发展与环境保护的关系。德清县政府非常重视环莫干山地区民宿管理工作，引导民宿正确处理好旅游发展和环境保护二者之间的棘手关系。2013年，开始了对民宿的规范整治提升工程，出台了《德清县民宿管理办法（试行）》，对民宿的面积、消防、环保、卫生等方面做了具体的要求。

西坡29可以说是“洋家乐”规范提升的典范。在西坡29的房屋内，喷淋装置、防火门等消防设施一应俱全，而且别具特色。环保设施更是先进，引进了日本的净化槽，通过净化槽的水可以达到饮用标准。新安装的这些装置并没有与原有的设计相冲突，甚至可以说非常协调。“这样的设施提升，其他的‘洋家乐’都很乐意效仿。”

莫干山“洋家乐”卫生环境提升工程为保护莫干山这片“绿水青山”做出了巨大贡献，也为“绿水青山”能够高效地转变为“金山银山”奠定了坚实的环境基础。

三、饮用水卫生管理

乡村饮用水卫生状况直接关系到游客的生命健康安全，是乡村旅游得以发展的关键环境要素。乡村饮用水需要严格贯彻国家饮用水的相关规定和标准，建设安全卫生的供水系统，乡村水源地的选择需要考虑历年水质、水文和取水点附近区域的卫生状况，政府部门应该就经济、卫生、技术、水资源等众多方面进行综合评价，实行动态监测管理，确保所提供的乡村旅游发展用水的质量达标。

链接 33　安徽省泾县全民共享生态福利

泾县是全国生态示范区建设试点县、全国绿化模范县、安徽省园林县城，并顺利通过国家级生态县创建考核验收。为保护好“绿水青山”，该县确立了“生态立县”的发展战略，将每年的5月18日确定为泾县生态日，将创建国家环保模范城市和生态县建设工作纳入对各乡镇、相关部门的目标管理考核，牢固树立“绿水青山就是金山银山”的理念。以铁的决心、铁的举措、铁的手段、铁的纪律抓好环境整治，推进全域旅游，建设“青山、碧水、蓝天”新泾县。截至2015年，全县共创成国家级生态乡镇6个、省级生态乡镇3个、国家级生态村1个，80%以上的村被评为市级以上生态村，集中式饮用水源水质达标率、村镇饮用水卫生合格率达100%，全民共享绿色福利。

四、旅游厕所卫生管理

近年来，针对全国旅游厕所脏、乱、差、少、偏、狭的现状，文化和旅游部已经启动“旅游厕所革命”，着重加强旅游厕所的建设和管理工作。

旅游厕所卫生管理可以从以下几个方面来考虑：首先，观念引导。开展乡村旅游经营者的卫生管理意识培训，强化乡村旅游经营者旅游厕所卫生意识，让其明白旅游厕所卫生状况直接关乎客源情况及经济效益。其次，经济补偿。政府主导，实行“以商养厕”的旅游厕所经营管理模式，乡村旅游点以经营农户为主体建设管理，旅游部门强化指导和经济补贴，实现乡村旅游厕所“数量充足、干净无味、免费使用、管理有效”的目标。最后，全民参与。确保乡村旅游厕所良好的卫生状况需要“全民参与”，乡村游客的“文明如厕”、乡村经营者的“质量管理”和政府部门的“支持引导”三者缺一不可。

链接34　云南省石林旅游厕所管理

云南省石林旅游生态公厕的卫生管理主要体现在建设管理和服务管理两个方面。在选址建设管理方面，石林以“显著位置建公厕，见缝插针建公厕”的理念，将公厕建在显眼位置以方便游客，或是建在与自然景观相匹配、协调的位置。公厕外墙的选材和颜色大多选用与石林景区石头相近的凸包石材，内部地面安装自然青石板，从整体上达到与石林自然景观和谐统一的效果。在服务管理方面，公厕内部配备了自动感应冲水蹲式便池、烟灰缸、衣帽架、伸缩式盥洗水龙头，以及休息椅、感应式射灯等。在墙壁上悬挂石林自然风光和人文风情的图片，让游客领略石林的风土人情，同时还有视频播放画面和音乐，为游客提供温馨、舒适的环境。

另外，公厕还增设了“中性间”，供儿童、老人及残障人士在异性亲属陪同下如厕。石林景区把旅游生态厕所的管理统一纳入环卫管理系统，统一标准、统一着装、统一管理，制定《石林旅游厕所管理规定》，对物品设置的摆放和卫生管理要求等进行了明确规定，如采用“十分钟”卫生保洁制度和制定“星级”服务标准等。

第四节　乡村旅游安全管理

一、乡村旅游安全概述

安全管理是乡村旅游企业管理的重要组成部分，它是为实现安全目标而进行的有关决策、计划、组织和控制等方面的活动，主要运用现代安全管理原理、方法和手段，分析和研究各种不安全因素，从技术上、组织上和管理上采取有力的措施，解决和消除各种不安全因素，防止事故的发生。由于乡村旅游活动的地域性及季节性等特点，其最主要的安全问题是餐饮、住宿、交通及游览。餐饮事故主要有食物中毒；住宿事故的主要表现形式有偷盗、火灾等；交通事故的表现形态是乡村公路交通事故；游览安全事故的主要表现形态有疾病、犯罪、游览事故。

根据《旅游安全管理暂行办法实施细则》的规定，旅游安全事故可以分为4个等级：一是轻微事故，指事故中造成旅游者轻伤，经济损失在1万元以下的事故；二是一般事故，指事故中造成旅游者重伤，经济损失为1万～10万元；三是重大事故，指事故中造成旅游者重伤致残或死亡，经济损失为10万～100万元；四是特大事故，指事故中造成旅游者多名死亡，经济损失在100万元以上，且性质特别严重，产生重大影响。安全事故评估的作用在于乡村旅游企业可以根据其危害程度的大小采取相应的措施，投入适当的人力、物力、财力来解决安全问题。

具体而言，乡村旅游管理部门应该组织乡村旅游安全培训会议以及现场安全演练活动等，组织大家讨论乡村旅游经营生产活动中可能出现的不安全生产和经营行为，向员工普及乡村旅游食、住、行、游、购、娱中所涉及的乡村旅游经营安全知识，提高员工的安全意识。同时，相关管理部门也需要提高对乡村旅游安全事故的认知程度，认真做好乡村旅游公共设施、旅游设施的完善和监管，以及安全宣传教育等工作。

链接 35　广西桂林“农家乐”饭店百余人食物中毒

2004 年，桂林“农家乐”饭店共发生 3 起食物中毒事件，中毒人数多达 119 人。桂林各县开办的“农家乐”休闲旅游项目大都是当地村民在自家经营的，普遍没有卫生、工商等部门的许可，缺乏卫生、工商等执法管理部门的日常监管与培训，卫生条件较差，这是导致“农家乐”饭店易发食物中毒事件的主要原因。在龙胜各族自治县龙脊旅游景区，一家饭店发生重大食物中毒事件，94 人细菌性食物中毒，卫生部门抽样检验发现，当天的鸡鸭食物中含有大量的大肠杆菌等数种致病菌，经现场检查得出结论，是食物生食、熟食不分，粪便污染所致，后又发现该宾馆没有卫生许可证。

桂林市卫生监管部门表示，要监管好“农家乐”的餐饮卫生，存在相当大的难度，一是经营者法律、法规及健康意识淡薄，不愿花钱办理有关证照，抵制执法部门的监管；二是许多“农家乐”地处偏远地区，比较分散，容易形成监管的盲区，卫生监管部门正在制定相关管理办法，如严禁“农家乐”向游客供应凉菜、冷荤食品等易污染食物，既要保护“农家乐”这一旅游模式，又要保证游客餐饮的卫生安全，让“农家乐”成为“放心乐”。

二、乡村旅游安全预防

乡村旅游的安全是指在乡村旅游食、住、行、游、娱、购的过程中，旅游者人身、心理、财产不受伤害和侵犯。安全问题无小事，一旦发生安全事故将给各方造成重大损失，加强安全管理，预防为先。

1. 乡村旅游管理制度

乡村旅游安全事故的预防首先要建立安全管理制度，具体包括建立安全生产规章制度、安全宣传教育方案、安全监督检查制度、安全预警机制、安全法律法规，购买旅游保险，应急救援，安全投入和一套全面的管理制度。乡村旅游企业多采用家族式的营运方式，由于其硬件条件有限、安全意识淡薄，加之经济利益驱动，使得其在安全建设方面投入甚少。表7列出了安全管理方面常见的规章制度、供读者参考和借鉴。

表7　乡村旅游各项安全制度目录

制度	内容	制度	内容
安全生产规章	安全生产责任制 安全生产制度 安全生产条例 安全生产组织机构	安全教育	法律法规宣传 旅游风险辨识及防范措施 突发事件应急措施 安全教育宣传教育形式
安全预警	岗位责任 组织机构 信息收集 安全状况评估 信息发布	应急救援	指挥体系 队伍建设 应急预案 应急救援培训、演练 综合联动

2. 安全措施保障

首先，乡村旅游的安全措施保障应建立安全预警系统和安全应对预案之上。战争、疫情等可以明确发出信号，但是突发性的自然、人为灾难很难预测，乡村旅游经营者必须靠经验去判断。在这样的情况下，乡村旅游企业如果能提前制定应急预案，在突发事件出现时根据事件类型和等级启动相应的预案，就会使企业在处理问题时更加主动。企业应该积极加入当地的“农家乐协会”“乡村旅游协会”等行业协会以及乡镇一级的乡村旅游组织，一般这些协会和组织都会预先制定详尽的突发事件应对预案，在突发事件时，可以寻求相关组织和机构的帮助。

其次，要与旅游保险体系对接。旅游安全法律法规是乡村旅游安全的保障。2013 年，我国颁布并实施了《中华人民共和国旅游法》（以下简称《旅游法》），解决了长期以来无法可依的状况，但乡村旅游相关法规在《旅游法》里的规定还不健全。在旅游保险方面，目前的旅游险种除了旅行社责任险和旅游意外伤害险为强制保险外，其余均为自愿性保险。乡村旅游者多为散客，自驾车出行，安全意识淡薄，交通事故一直是乡村旅游面临的难题；乡村旅游景区、农家乐、都市农庄里的安全设施不足、安全标识缺失，存在诸多安全隐患。就目前的状况来看，有条件的企业应通过产品、价格、促销等手段与保险公司合作，为旅游者购买多样的旅游保险，以此增加游客的保障，降低企业损失。

链接 36　贵州省桐梓县大力开展乡村旅游安全保险工作

桐梓县把乡村旅游安全保险纳入旅游重点工作来抓，县旅游局与人保财险支公司一起对全县乡村旅游的特点进行了认真研究和分析，从实际出发，推出了一系列有利于推动乡村旅游发展的旅游安全保险产品，出台了《桐梓县乡村旅游安全保险工作实施方案》，建立健全了全县乡村旅游安全保险机制。充分利用保险这一经济杠杆，化解旅游安全风险，增强了旅游行业抵御风险的能力，有效解决了在乡村旅游中不可预见的经济赔付这一突出矛盾，切实保障了广大游客及旅游业主的合法权益，为全县乡村旅游业健康、有序地发展奠定了坚实的基础。

3. 安全实施

（1）在乡村旅游企业内部成立专门的安全管理部门，通过与部门负责人及成员签订《安全目标责任书》等，把安全管理任务和责任落实到个人。

（2）严格按照安全管理规章制度进行管控，例如，在食品安全方面，加强食品采购、储存、生产等环节的监督和检查。

（3）加大安全硬件的投入和建设，包括生产设备，如冰柜、消毒设备等；安全设施，如安全警示牌、消防设施、安全网等。

（4）加强游客教育。“农家乐”、都市农庄、乡村旅游景区等普遍可采用的做法是：①在旅游宣传折页等旅游宣传品中向游客普及旅游安全知识；②在门票上印制注意事项；③在游客刚抵达乡村旅游目的地时委派专门人员向游客告知旅游安全注意事项；④在游客度假及整个游玩的过程中，为游客分发印有行为规范的旅游指南，让游客了解游玩过程中哪些行为是不安全的，是受到约束的。

三、乡村旅游安全事故处理

安全事故发生后，第一时间采取恰当的措施，减少人员和财产等损失是非常重要的。

1. 事故的现场处理办法

乡村旅游安全事故或事件的现场处理主要是控制乡村旅游安全事态的发展，抓住乡村旅游安全的主要问题，并采取适当措施解决和转化。其过程主要包括控制事态、调查研究、制定对策以及贯彻实施 4 个部分。

链接 37　四川省海螺沟食物中毒事件

2010 年 10 月 8 日上午 8 时许，一群广州旅行团游客在四川省海螺沟景区食用当地酒店提供的早餐后出现中毒症状。事发当天，海螺沟景区管理局迅速启动了应急预案，采取了有效措施，稳定游客情绪，进一步加强卫生防疫检查。海螺沟景区管理局副局长樊玉良表示，卫生和工商部门已对海螺沟景区进行了拉网式排查，保证不再发生类似问题。

涉事的明珠花园酒店不但要承担此次事件的全部损失，事后还要接受相应的处罚。“不能因为此次事件影响甘孜州的整体形象和声誉。”四川省甘孜藏族自治州政府副秘书长杨雄表示，将针对此次事件对酒店进行处罚。“管理者应该从此事中吸取教训，建立科学完善的食品安全应急体系，对食物从源头上进行监管控制，保障景区食品安全检查的长期性和制度化，而不是随意应付或事后进行补救。”四川省社科院教授胡光伟指出。

应对突发事件，我国现有的景区条件不容乐观。一些景区地处偏远地区，交通、医疗条件发展滞后，一旦发生类似的群体性突发医疗事件，如果硬件设施跟不上，很容易酿成悲剧。在发展旅游经济的同时，相关配套设施和制度的完善必须走在前边，同时，游客在出行前应进一步了解食品安全卫生知识，在发现食品中毒的症状后能第一时间自救。据海螺沟管理局介绍，在出现中毒情况后，义乌一个自驾游团队的经验值得提倡。这个自驾游团队有 6 名游客，当 6 人出现不适反应后，随队医生立即让他们猛灌矿泉水，然后催吐自救。随后他们被送往医院，除一人需要输液治疗，其余 5 人已无须治疗。一旦有人出现上吐下泻、腹痛等食物中毒症状，应首先立即停止食用可疑食物，并立刻拨打 120 急救电话呼救。在急救车来到前，可以采取与义乌游客相同的自救措施。

2. 安全事故事件调查与评估

乡村旅游安全事故事件调查与评估的主要内容有乡村旅游安全事故或事件的导火索、乡村旅游安全事故或事件发生的详细经过、确定乡村旅游安全事故或事件的类型、乡村旅游安全事故或事件的危害情况等。如果乡村旅游安全涉及旅游者个人的生命、财产，还要进行受害者情况调查。在乡村旅游安全调查结果的基础上，乡村旅游安全控制中心要对乡村旅游安全事故或事件所带来的实际损失以及预计损失和影响程度、发展趋势、对利益相关者的影响与社会公众、媒体的反映等方面进行认真评估。

3. 事故信息沟通与发布

当乡村旅游区发生安全事故时，需要及时做好事故信息的有效沟通与公布。一方面，事故导致的直接相关者应该及时将事故信息上传，以便乡村旅游协会或相关管理部门能够及时调查和分析事故信息，制定有效的现场处理方案和事后完善措施。另一方面，事后应该将乡村旅游地事故现场收集的信息及时向乡村旅游者、乡村旅游管理部门、社会媒体等利益相关者进行公布，这样既能提高游客的乡村旅游安全意识，又能及时地对事故信息进行真实报道，避免扭曲乡村旅游地形象。

链接 38　国家旅游局倡导加强旅游餐饮安全工作

1. 加强餐饮安全宣传教育培训

要求将食品安全法律法规、食品安全标准和相关食品安全知识纳入乡村旅游安全培训内容，加强对乡村旅游从业人员的培训教育。积极与新闻媒体合作，充分利用公众宣传平台，大力宣传普及乡村旅游餐饮安全法律法规和食品安全知识，倡导健康的饮食方式，鼓励乡村旅游从业者提示游客不食用存在安全隐患的野菜、野果、野蕈和非食品原料制作的食品，提示游客食用海鲜要注意卫生等。积极提升各类旅游企业的安全经营意识，积极增强广大游客的餐饮安全意识和自我防护能力。

2. 强化餐饮安全应急管理

各级旅游部门要将旅游餐饮安全纳入本部门应急预案，主动会同当地食药监管部门对预案开展联合演练，完善快速反应机制，提高应急处置能力，一旦发生游客食物中毒等餐饮安全事故，要按照应急处置方案迅速采取控制措施，确保旅游餐饮安全事故得到及时妥善处理。各地要主动与食药监部门、卫生部门建立信息通报制度，及时通报餐饮安全相关信息，畅通信息报送渠道，重要情况应及时向上级旅游主管部门和当地政府报告。

第五节　乡村旅游员工管理

服务是乡村旅游的精髓，而服务的提供者是广大一线员工，因此，要求员工具备较优的服务意识、较高的服务技能，只有顾客满意了，企业才有满意的利润。乡村旅游员工的服务质量决定着企业的经济效益，员工管理在乡村旅游企业经营中起着至关重要的作用。乡村旅游员工管理是指通过员工人力资源的计划、招聘、选拔、培训和发展、业绩评估、制定工资和福利制度等一系列活动，向企业提供合适员工并取得高水平绩效和员工最大满意度的过程，其目标就是要提高员工团队工作的效率，实现员工和乡村旅游企业的共同发展。

一、员工招聘

1. 制订计划

经营者首先要根据乡村旅游企业服务项目、接待规模、规格、今后发展的需要等确定员工质量与数量的需求情况，并制订详尽的计划。在细分员工的岗位之后，对每一个岗位进行岗位分析，确定该岗位的工作目的、职责、工作内容、工作环境、所需具备的知识与技能等要求，这样可以使接下来的招聘工作井井有条，员工配比更加合理，避免无谓的浪费。

知识卡片 5　岗位分析

岗位分析又称职务分析或工作分析，是指对工作进行整体分析，以便确定每一项工作的“6W1H”：用谁做（who）、做什么（what）、何时做（when）、在哪里做（where）、如何做（how）、为什么做（why）、为谁做（whom）。分析的结果或直接成果是编写岗位说明书。岗位说明书把所分析岗位的职责、权限、工作内容、任职资格等信息以文字形式记录下来，以便管理人员使用。

2. 招募员工

除了在乡村旅游企业创办之初要对所有岗位进行招聘外，在通常情况下，还要对企业中空缺的岗位加以补充，或者是在企业规模扩大时壮大员工队伍。根据招募员工的数量及岗位级别，乡村旅游企业可选择广告、员工推荐、教育机构招聘等方式进行岗位招聘（表 8）。

表 8　岗位潜在候选人的主要来源

来源渠道	优　点	缺　点
内部搜寻	花费少，有利于提高员工士气，员工已经了解企业的情况	供应有限
广告招募	辐射广，可以有目标地针对某一特定群体	有许多不合格的应聘者
员工推荐	可对现有员工进行考核，并请他们推荐对企业熟悉的员工作为候选人，基于员工的认真推荐可能产生高素质的候选人	可能不会增加员工的类别和结构
学校分配	大量、集中的候选人	仅限于初入者级别的岗位
公共就业机构	正常费用或免费	通常为非熟练或没有受过任何训练的候选人，花费大
互联网广告	可触及大量的人，并立即得到反馈	会产生许多不合格的应聘者

3. 员工选拔

在员工遴选阶段，最重要的就是看应聘者是否符合岗位条件的要求。一般可以通过面试、知识或技能测试、体格检查等环节来确认应聘者的任职资格。在选拔环节应坚持以下原则：①对于某些素质极高的应聘者，如果不能适应岗位要求，也要勇于割舍。②注意乡村旅游企业各部门以及部门内的整体年龄、性别比例等。③乡村旅游企业员工大多都是一线服务人员，要对客服务，因此必须具备开朗健康的心态，同时具有较强的与人交往的能力。

链接39　乡村旅游景点难找到大学生人才匮乏

据中国旅游新闻网报道：2015年“五一”假期，不少乡村旅游景点很火爆，但在乡村旅游业不断扩张的同时，乡村旅游人才匮乏的问题也日益突出。5月2日、3日，记者咨询了潍坊市10家乡村旅游景点，发现仅有3家旅游景点有大学生供职，绝大多数乡村旅游景点的工作人员都是附近村民，缺乏高学历人才成为乡村旅游发展的一个“瓶颈”。

临朐县神牛谷生态旅游开发有限公司的负责人于先生坦言，虽然他们公司里的高学历员工人数不多，但能很明显地感觉到，在公司发展的过程中，这几名员工都发挥了非常重要的作用。因为与一般的员工相比，这几名员工的眼界和思路更加开阔，想法也多，可惜公司里这样的高水平员工太少了，否则他们公司肯定会发展得更快。该工作人员分析，乡村旅游专业人才的匮乏是导致部分地区乡村旅游业发展后劲不足的重要原因。很多乡村旅游景点的管理人员都是当地的村民或村干部，假如没有具有丰厚理论基础和实际操作经验的专业人才的辅助，景区的管理、经营和服务有可能无法满足游客的需求。

另外，每一个乡村旅游景点都要依靠高学历人才去发掘最大的特色，不断完善景区的产业链，规范景区的经营管理和营销力度，只有这样才能吸引越来越多的新游客到这里游玩，单靠“回头客”是无法保证一个景区的长远发展的。

采访中，有乡村旅游企业的负责人直言，目前乡村旅游从业人员的综合素质普遍不高，难以满足游客的需求。在短时间内无法招到合适专业人才的情况下，企业只能对现有员工进行教育培训或组织员工出去参加一些相关的培训活动。但在目前乡村旅游火爆的现状下，这种内部挖潜的人才培训模式明显满足不了实际需求，还是盼望相关政府部门能制定和出台一些关于乡村游人才引进的扶持政策，帮企业引进一些真正熟悉经营、管理、营销及策划等方面的专业人才。

乡村旅游人才供求失衡是乡村旅游这种新的旅游形式在迅猛发展的过程中必然要经历的一个阶段。对于一些刚刚起步的乡村旅游项目来说，不能把眼光仅仅定格在求职者的学历上，主要还是要考察求职者的能力。另外，企业也应该在自己的企业文化、企业福利和企业薪酬等软硬件设施上不断提高和完善，这样才有可能吸引到专业人才。对于一些刚刚毕业的大学生来说，在求职的时候还是要正确评估自己给企业创造价值的能力，以此来正确衡量自己的价值。如果想在本专业发展下去的话，其实去基层锻炼一下并没有坏处，在乡村旅游火爆的背景下，求职者如果能沉下心来去乡村旅游企业工作和实践，说不定会得到更大的发展空间。

4. 员工解聘

解聘是控制乡村旅游企业劳动力供应的一种方法。由于乡村旅游企业经营具有明显的季节性特点，因此，很多企业用工也是季节性的，具有动态性的管理特点。对于乡村旅游企业经营者来说，解聘员工是必要的，有时不得不通过解聘来适应企业经营季节性的要求。表9列出了各种解聘方案，不论采取何种方法削减员工数量，对于乡村旅游来说都是不容易的。

表9　解聘方案

方　案	说　明
解雇	永久性、非自愿地终止合同
暂时解雇	临时性、非自愿性地终止合同。可能持续若干天，也可能延续几年
自然减员	不填补自愿辞职或自然退休腾出的职位空缺
调换岗位	横向或向下调换员工岗位：通常不会降低成本，但可以减缓企业内的劳动力供求不平衡

（续）

方案	说明
缩短工作周	让员工每周少工作一些时间；或者进行工作分担，以临时工身份做这些工作
提前退休	为年龄大、资历深的员工提供激励，使其在正常退休前提早退离岗位
工作分担	几个员工分担某一全职岗位

二、员工培训

（一）上岗引导

1. 对所在部门的上岗引导

使新员工了解企业目标，清楚其岗位是如何为企业目标实现做贡献的，同时也将他介绍给现在的同事们。

2. 对乡村旅游企业的上岗引导

可使新员工了解企业目标、历史、经营宗旨和程序规则等，其中包括有关的人事政策和福利，如工作时间、付酬的程序、加班费用、福利待遇等。另外，让新员工参观企业的工作设施及工作环境，这常常是对企业上岗引导的一项内容。

规模大、有一定历史和企业文化的乡村旅游企业应制订正式的上岗引导方案，如安排新员工参观办公楼、餐厅、客房、种植区域、采摘区域、草坪、游泳池、作业间，组织其观看描述企业历史和企业文化的影片等。一般的乡村旅游企业则使用非正式的上岗引导方案，将新员工委托给老员工，让其为新员工介绍同事，并带领其参观。

经营者有义务使新员工尽可能无忧无虑地顺利融入乡村旅游企业之中，因而，管理者需要坦诚地与员工谈论有关乡村旅游企业和员工双方的义务，使员工尽快了解情况、熟悉工作，这对企业和个人都是有极大好处的。成功的上岗引导，不管是正式的还是非正式的，会使员工在从外来者向内部人转换过程中感到舒适和易于适应，以降低日后发生不良绩效表现的可能，避免新员工入职后的头一两个星期就提出辞职。

（二）技能分类

员工的技能可以区分为3种类别：技术技能、人际技能和解决问题的能力，绝大多数员工培训都着眼于改变其中一项或多项技能。

1. 技术技能

乡村旅游企业员工的主要岗位及技能如表10所示。

表10　乡村旅游企业岗位技术技能及培训内容

岗　位	技术技能	培训内容
市场拓展	市场调研、市场部费用报销、与客户有效沟通、执行广告、促销活动	收集整理资料、撰写调研报告、广告宣传品的制作及发放、内部文件的存档和发放等
办公文员	阅读、写作、进行数学计算、会议管理	公文写作、办公软件应用、会议组织及服务、表单管理等
厅面服务	按照前厅接待工作流程操作、对客服务技能、灵活机动处理问题	前厅接待礼仪、相关软件使用、前厅工作流程、特殊要求的处理
餐饮服务	按照餐厅接待工作流程操作、对客服务技能、灵活机动处理问题技能	中西餐摆台、引坐与点菜、上菜的技能、托盘的正确使用等
客房服务	按照客房工作流程打扫客房、按照服务标准对客服务、灵活机动处理问题	接待礼仪、客房清扫及消毒、工作表填写、检查退房、交接班流程、正确使用工作车等
公共卫生	熟悉各类清洁的操作步骤和操作标准，并按要求进行操作	地面清洁、门庭清洁、大堂清洁、家具清洁、庭院清洁、绿化布置、绿化养护及清洁等

2. 人际技能

每一个员工都从属于一个部门和一个岗位，从一定程度上讲，员工的工作绩效取决于他与同事和上司有效相处的能力。有些员工具有优秀的人际关系技能，而有的员工则需要训练提高这方面的技能。人际关系技能的培训通常包括学习如何做个好听众、如何更清晰地沟通自己的思想、如何减少摩擦冲突等。对于不同的岗位而言，职务高的岗位对人际技能的要求高，对技术技能的要求低；职务低的岗位对人际技能的要求低，对技术技能的要求高。

3. 解决问题的能力

许多员工在工作中需要解决一系列的问题，特别是那些从事非常规性工作的员工，需要的是多重技能。如果员工解决问题的能力不尽如人意，管理者应通过培训改进他们的这种技能。具体培训方法是，让员工参加能提高以下方面能力的活动：①逻辑、推理和确定问题；②对因果关系做出评价；③制订解决问题的可行方案；④对方案进行评价；⑤选定最终的解决办法。例如，都市农庄管理者对前厅接待员进行解决游客入住问题和常见冲突处理方案的技能培训。

（三）培训方法

在乡村旅游企业管理实践中，大多数的培训是以在职方式进行的，因为该方法简单易行且成本通常较低。但是，在职培训可能会扰乱工作的正常秩序，并导致工作失误的增加，尤其是一线服务岗位。另外，有些技能的培训较复杂，难以边工作边学习。在这种情况下，就需要在工作场地以外进行培训。乡村旅游企业常用的培训方法包括在职培训和脱产培训两大类（表 11）。

表 11　员工培训方法

典型的在职培训方法	
职务轮换	通过横向交换，让员工从事另一职位的工作。使员工有机会承担多种工作任务
预备实习	跟随富有经验的人、教练或导师工作一段时间，由其提供支持、指导和鼓励，建立师徒关系

（续）

典型的脱产培训方法	
课堂讲座	讲座可用来传授特定的技术技能、人际关系技能及解决问题的能力
录像和视频	借助媒体可清晰地展示其他培训方法不易传授的技术技能
模拟练习	通过实际或模拟工作学习技能，如案例分析、试验演习、角色扮演和小组互动等
仿真培训	在一个模拟现实的工作环境中，学习操作实际使用的同类设备

三、员工激励

（一）激励概述

只有让参与企业经营的员工始终保持旺盛的士气和高昂的热情，企业才能实现较好的盈利。员工激励就是通过影响员工个人需要的实现来提高他们工作的积极性、引导他们在企业经营中的行为。心理学家研究发现，人类有目的的行为都是出于对某种需要的追求，未满足的需要是产生激励的起点，进而导致某种行为。行为的结果可能使需要得到满足，之后再发生对新需要的追求；也有可能遭受挫折，追求的需求未得到满足，由此产生消极或积极的行为。在企业管理中，应运用相应的激励理论结合经营实际来对员工进行管理，激励理论主要有马斯洛的需要层次论、波特等人的激励模式理论、亚当·斯密的公平理论及斯金纳的强化理论。乡村旅游经营者应根据企业自身管理需求，学习一些激励理论。

知识卡片6　马斯洛的需要层次理论

马斯洛认为人都潜藏着7种不同层次的需要，这些需要在不同时期表现出来的迫切程度是不同的，人最迫切的需要才是激励人行动的主要原因和动力，人的需要是从外部得来的满足逐渐向内在得到的满足转化的。马斯洛在人生的两个阶段提出了不同的观点，所以我们在一些书上只能看到马斯洛需要层次理论的5个层次：生理需要、安全需要、爱与归属的需要、尊重的需要、自我实现的需要。具体地说，按照重要性和层次性排序，7种不同层次的需要主要指生理需求、安全需求、爱和归属感、尊重和自我实现5类。

假如一个人同时缺乏食物、安全、爱和尊重，通常对食物的需求是最强烈的，其他需要则显得不那么重要。此时人的意识几乎全被饥饿占据，所有能量都被用来获取食物。在这种极端情况下，人生的全部意义就是吃，其他什么都不重要。只有当人从生理需要的控制下解放出来时，才可能出现更高级的、社会化程度更高的需要，如安全的需要。

了解员工的需要是应用需要层次理论对员工进行激励的一个重要前提。在不同的组织中，不同时期的员工以及组织中不同员工的需要充满差异性，而且经常变化。因此，管理者应该经常性地用各种方式进行调研，弄清员工未得到满足的需要是什么，然后有针对性地进行激励。

（二）激励办法

所有的激励理论都是一般而言的，每个员工都有自己的特性，他们的需求、个性、期望、目标等个体变量各不相同。因此，管理者应根据员工的不同特点采用不同的方法。其中，常用的主要有4种：工作激励、成果激励、批评激励及培训教育激励。

1. 委以恰当的工作，激发员工内在的工作热情

这主要包括两个方面的内容：一是工作的分配要尽量考虑员工的特长和爱好，各尽其才、人尽其用；二要使工作的要求既富有挑战性，又能为员工所接受。

知识卡片 7

工作设计这一概念是指将各种工作任务组合起来构成全部工作的方法。管理者感兴趣的是如何激励员工从事工作，所以应主要考虑采取什么办法设计工作，使之具有激励作用。

1. 工作扩大化

很多岗位工作面窄且高度细化，如何激励员工成为很实际的难题。克服工作细化可以采用扩大工作范围的方式，横向扩展工作。工作范围是指在一个工作中所要求的任务数量，以及这些任务被重复的频率。例如，一名牙科保健医生的工作可以扩大到包括牙齿清洁、寻找病例、治疗结束时填写病历、清洁和保管仪器。这种工作设计类型称为工作扩大化。

2. 工作丰富化

工作丰富化即通过增加计划和评估责任而使工作纵向拓展。这种丰富化增加了工作深度，即员工对自己工作控制的程度。换句话说，传统上认为由管理者来做的工作现在授权给员工来做了。在工作丰富化的基础上，员工在完成任务时应当拥有更大的自主权、独立性和责任感。这些任务还应该提供反馈机制，使员工能够评估和修正自己的业绩水平。例如，口腔保健医生除了负责牙齿清洁外，还安排患者的门诊时间，并在治疗之后追访患者。

2. 正确评价工作，合理给予报酬，形成良性循环

工作报酬有两种，一种是物质上的，一种是精神上的。物质上的报酬主要指工资或奖金，精神上的报酬主要指各种形式的表扬。在两者中，物质报酬是基础，应给予充分重视。

对员工来说，无论是物质上还是精神上的，报酬的作用都可以是两方面的：

（1）通过报酬可以看出领导对自己这个阶段工作的评价，在某种意义上，报酬反映了自己在领导心目中的地位。

（2）报酬的获得可以使员工的需要得到满足（如精神上的表扬可以满足员工的荣誉感需要），或者可以提供满足需要的手段。与此同时，员工还会自觉或不自觉地总结这项工作与获得报酬的经验，以决定下个阶段在工作中应采取什么样的态度和表现。也就是说，对工作结果的评价和报酬会影响员工在下一个循环中的行为。

无论是物质上或精神上的奖励，都会影响员工的行为。从工作报酬的角度持续和有效地调动员工的积极性、激发员工的工作热情，关键是要正确使用奖励和惩罚这两种工具，即要做到“赏罚分明，赏要合理，罚要合情”。

3. 掌握批评武器，化消极为积极

在乡村旅游企业管理实践中，大量违规和不良现象都可以通过批评加以化解。批评不像惩罚和处分那样“无情”，它通过批评者与被批评者的语言和感情交流，帮助违规者认识错误、产生信心、改正错误，从深层次起到激励作用，化消极因素为积极因素。对管理者来说，此项工作需要注意的是明确批评的目的，了解错误的事实，注意批评的方法，注意批评的效果。

4. 加强教育培训，提高员工素质，增强进取精神

员工在参与企业活动中的工作热情和劳动积极性通常与他们的自身素质有极大关系。一般来说，自身素质好的人进取精神较强，对高层次的追求较多，在工作中对自我实现的要求较高，因此，比较容易自我激励，能够表现出高昂的士气和工作热情。通过教育和培训，主要是培养和启动员工的自我激励机制，注意专业知识和技术能力的培训，提高自身素质，从而增强他们自我激励的能力。

（三）激励特殊员工

乡村旅游企业服务的特点及明显的淡、旺季规律决定了其用工特点：第一，大量雇用低技能的员工，并且给他们最低工资。第二，淡季用工劳动力富余，旺季劳动力不够，因此，很多企业喜欢雇用应急工和临时工。第三，乡村旅游企业在旺季雇用的很多短期工大多都是缺乏技能、工资最低的员工。

1. 激励短期工

兼职工、临时工、应急工都属于短期工，乡村旅游企业中这类员工均为最基层的员工，且数量多，他们不像长期员工那样具有工作安全感和稳定性，也不像长期员工那样认同企业并对企业做出承诺。短期员工的另一个特点是，他们很少享受到甚至完全享受不到福利待遇，如失业保险、医疗保险、养老保险等。当然，短期工中的部分人本身就喜欢这种临时地位和自由性，如农闲时节的乡里乡亲、暂时失业的农村青年以及年老但劳力尚可的农村年长者等，他们不希望受到全职工作的束缚，因此，对他们来说，缺乏稳定性并不成为问题。但也有很多员工不喜欢“临时”身份，作为管理者，应如何激励这部分人呢？一个明显的答案就是提供长期工作的机会。有效的做法是从大量的临时工中挑选留下一部分人成为长期员工，此外，还可以提供培训的机会。短期工能否变为长期员工在很大程度上取决于其技能水平，如果员工看到自己目前的工作可以帮助他发展市场看好的技能，就会提高工作积极性。

2. 激励缺乏技能、低工资员工

“农家乐”“渔家乐”等在旺季临时雇用的很多员工都是低技能员工，且大多为一线员工，如客房打扫人员、餐厅跑菜员、庭院保洁员等。这类员工的教育背景和技术技能都较差，如何激发并维持这类员工的绩效水平是乡村旅游管理者面临的又一挑战。金钱是重要的激励手段，但一般而言，企业没有能力给这部分员工支付金钱奖励；相反，为了实现企业利润最大化，通常支付给他们最低工资。除了金钱之外，第一种可取的做法是对员工的认可与表彰，如每周、每月的员工业绩光荣榜，或者通过其他方式对员工成绩进行祝贺。我们常常在度假山庄、休闲农庄的醒目位置看到记事板，上面记录着“本月最佳员工”的名字。这类做法的目的在于通过对员工的重视，表明企业鼓励所有员工都达到这样的工作质量和绩效水平。第二种做法是给一线员工授权，让他们在解决问题时有更大的自主权，例如，重新设计他们的工作，使一线员工有更多的时间与更多的游客接触。另外，即便企业的工资成本有限，但员工工资中应该有一部分与顾客满意度有关，也就是说，绩效水平与金钱奖励有着明确的联系。

四、绩效评估

（一）绩效评估的作用

绩效评估是指企业在既定的战略目标下，运用特定的标准和指标，对员工的工作行为及取得的工作业绩进行评估，并运用评估的结果对员工将来的工作行为和工作业绩产生正面引导的过程和方法。绩效考核在乡村旅游管理中的作用有以下几个方面：

1. 达成目标

绩效考核本质上是一种过程管理，而不是仅仅对结果的考核。它是将乡村旅游经营管理中长期的目标分解成年度、季度、月度指标，并不断督促乡村旅游从业员工实现、完成的过程，有效的绩效考核能帮助乡村旅游企业实现目标。

2. 挖掘问题

绩效考核是一个不断制订计划、执行、检查、处理的循环过程，体现在乡村旅游企业整个绩效管理环节，包括绩效目标设定、绩效要求完成、绩效实施修正、绩效面谈、绩效改进、再制定目标的循环，这也是一个不断发现问题、改进问题的过程。

3. 分配利益

与利益不挂钩的考核是没有意义的，员工的工资一般都会分为两个部分：固定工资和绩效工资。乡村旅游企业在对员工进行绩效考核前，可以加重游客表赞、增值服务等员工友好表现行为在绩效考核中所占的比重，鼓励员工在对客服务上用力、用心。

4. 促进成长

绩效考核的最终目的并不是单纯地进行利益分配，而是促进乡村旅游企业与员工的共同成长。通过考核发现服务和管理中的问题，进而改进问题，找到差距进行提升，最后达到既能提升员工服务的技能和水平，又能促进乡村旅游企业服务质量改善的目标。

5. 人员激励

通过绩效考核，把乡村旅游企业员工聘用、职务升降、培训发展、劳动薪酬相结合，使企业激励机制得到充分运用，有利于企业的健康发展；对员工本人来说，也便于建立不断自我激励的方式。

（二）绩效评估的方法

1. 书面描述法

考评者以书面文字的形式描述一个乡村旅游企业员工的所长、所短、过去的绩效和潜能，并提出改进建议。

2. 关键事件法

考评者将注意力集中在那些区分有效和无效的工作绩效的关键行为方面。考评者记下一些细小但能说明员工所做的是特别有效果或无效果的事件，其要点是只述及具体的行为，而不笼统地评价一个人的个性特质。

3. 评分表法

评分表法是最古老也最常用的方法，它列出一系列绩效因素，如工作数量与质量、职务知识、合作性、忠诚度、出勤、诚实和首创精神等，然后，考评者逐一针对表中的每一项按增量尺度对员工进行评分。评分的尺度通常采用 5 分制，如对职务知识这一因素的评分可以是 1 分（对职务职责的了解很差）至 5 分（对职务的各方面有充分的了解）。

4. 行为定位评分法

这种方法综合了关键事件和评分表法的主要成分，由考评者按序数值尺度对各项指标做出评分，不过，其评分项目是以某人从事某项职务的具体行为事例，而不是一般的个人特质描述。

5. 多人比较法

多人比较法是将一个员工的工作绩效与一个或多个其他人做比较，是一种相对的而不是绝对的衡量方法。该类方法最常用的 3 种形式是分组排序法、个体排序法和配对比较法。分组排序法要求评价者按特定的分组将员工编入诸如“前 1/5”“次 1/5”之类的次序中。个体排序法要求考评者将员工按从高到低的顺序加以排列。而在配对比较法下，每个员工都一一与比较组中的其他每一位员工结对进行比较，评出其中的“优者”和“劣者”。在所有的结对比较完成后，将每位员工得到的“优者”数量累计起来，就可以排出一个总的序列。

6. 目标管理法

这是对专门职业人员进行绩效评估的首选方法。在目标管理法下，每个员工都有若干具体的指标，这些指标是工作成功开展的关键目标，因此，他们的完成情况可以作为评价员工的依据。

知识卡片 8

“目标管理”的概念是管理专家彼得·德鲁克（Peter F. Drncker）于1954年在其名著《管理实践》中最先提出的，其后他又提出“目标管理和自我控制”的主张。德鲁克认为，并不是有了工作才有目标，相反，有了目标才能确定每个人的工作。所以，“企业的使命和任务必须转化为目标”，如果一个领域没有目标，这个领域的工作必然被忽视。因此，管理者应该通过目标对下级进行管理，当组织最高层管理者确定了组织目标后，必须对其进行有效的分解，转变成各个部门以及个人的分目标，管理者根据分目标的完成情况对下级进行考核、评价和奖惩。目标管理提出以后，便在美国迅速流传。时值第二次世界大战后西方经济由恢复转向迅速发展的时期，企业急需采用新的方法调动员工积极性以提高竞争能力，目标管理的出现可谓应运而生，遂被广泛应用，并很快为日本、西欧国家的企业所仿效，在世界管理界大行其道。

目标管理的具体形式各种各样，但其基本内容是一样的。目标管理是一种程序或过程，它使组织中的上级和下级一起协商，根据组织的使命确定一定时期内组织的总目标，由此决定上、下级的责任和分目标，并把这些目标作为组织经营、评估和奖励每个单位和个人贡献的标准。

7. 360°反馈法

360°反馈法是利用从上司、员工本人及其同事处得来的反馈意见进行绩效评估的一种方法。这种考评使用了与管理者有互动关系的所有人员的反馈信息。在使用该方法时要注意，尽管它是职业指导的一种有效方法，能帮助员工认清自己的长处和短处，但将它用于对员工报酬、提升或辞退的决策是不合适的。

以上各种绩效评估法的优点和缺点如表 12 所示。

表 12　各种绩效评估法的优点和缺点

方　法	优　点	缺　点
书面描述法	简单易行	与其说是评价员工的实际绩效水平，不如说是在衡量考评者的写作能力
关键事件法	事例丰富，以行为为依据	耗时，无法量化
评分表法	提供定量的数据，时间耗费较少	不能提供工作行为评价方面的详细信息
行为定位评分法	侧重于具体而可衡量的工作行为	耗时，使用难度大
多人比较法	将员工与其他人做比较	员工数量很大时，操作不便
目标管理法	侧重于目标，结果导向	耗时
360°反馈法	全面	耗时

（三）绩效与薪酬

一个合适而有效的薪酬制度有助于吸引和保持有能力、能干的员工，正是他们帮助企业实现盈利目标和使命，乡村旅游企业的薪酬制度已经被证实对企业战略发展有重要影响。乡村旅游企业管理者制定的薪酬制度必须能反映工作性质的变化以及工作和环境的变化，这样才能调动员工的积极性。企业给予员工的薪酬可以包括多种不同的薪酬与福利，如基本工资、工资和加薪、激励性的薪酬，以及其他福利和服务。

1. 技能工资方案

乡村旅游企业雇用的很多员工都是技能型的员工，如财会人员、人力资源管理员工、种植人员、餐饮服务员、客房服务员、庭园绿化与养护等，员工的技能水平通常会影响其工作的效率和效果。鉴于此，应推行基于技能的薪酬方案，即按员工所展示的工作技巧和能力确定报酬水平。在这样的薪酬制度下，一个员工的职务头衔并不决定其薪酬的高低；相反，薪酬是由该员工的技能决定的。

当然，很多因素会影响薪酬制度的设计，因此，灵活性是一个需考虑的重要因素。在传统的薪酬制度下，员工的薪酬是由其资历和职务层级决定的，现在很多旅游企业都面临动态的环境，使得员工技能成为对企业成功起关键性作用的因素，同时，员工技能会在短短几个月内发生变化，这种现状使得薪酬制度必须具有更大的灵活性。不论采取何种方案，企业必须建立一套公正、平等和具有激励作用的薪酬制度，以确保企业能招聘到并保持一支富有生产力的员工队伍。

2. 绩效工资方案

管理者不能忽视金钱对员工的激励作用。在绩效评估的基础上，应确定支付员工工资的薪酬方案，如计件工资方案、奖励工资制度、利润分成、销售提成、包干奖励等。它与上述提及的传统的工资制度不一样，也与技能工资制度有一定差异。它在工资中反映了绩效评估的结果，绩效评估的结果可以包括个体生产率、工作团队或群体生产率、部门生产率、部门总体利润水平等。绩效工资这种报酬方式目前已经被国家机关企事业单位广泛采用。在相关研究及管理实践中，绩效工资方式最符合期望理论的观点，具体来说，当个体认识到他们的工作业绩与获得的奖赏之间有密切关系时，激励效果最佳。如果仅仅在非绩效因素（如资历、头衔、员工全体调级）的基础上分配奖赏，则会降低员工努力水平。从激励的角度看，如果员工工资中有一部分甚至全部以绩效测量为基础，会使员工关注这些测量，并为此付出努力，而努力之后得到的奖赏又会强化这种联系，因此，它成了维持努力和动机的刺激物。

第三篇 案 例

案例一

袁家村乡村旅游

一、袁家村概况

陕西省礼泉县烟霞镇袁家村位于中国陕西关中平原腹地，地势西北高、东南低，周边有着丰富的历史文化资源。其坐落在举世闻名的唐太宗李世民陵山下，处在西咸半小时经济圈内，唐昭陵旅游专线从附近经过，交通十分便利，是目前最受欢迎的乡村旅游度假体验胜地，被誉为“中国最有魅力的休闲乡村”。

二、交通区位分析

袁家村距离咸阳国际机场较近，空运便利，有利于吸引国际旅客前来观光体验。附近机场高速、武银高速、312 国道、107 省道、关中环线等道路密布，交通发达，西安至礼泉、西安至袁家村、咸阳至袁家村的客运大巴发车频率高，游客无论是乘大巴还是自驾游都很便利。

三、客源市场分析

袁家村自 2007 年开始发展古镇旅游业，市场定位为“关中印象体验地”，客户定位为消费能力中低端的普通消费者，以西安及省内关注民族文化的群体为主要目标客群，占游客总数的 85%。其人气超过陕西排名第一的旅游项目兵马俑，周边旅游资源有距袁家村 1 千米的唐太宗昭陵。

袁家村依托西安，潜在客源丰富。作为举世闻名的世界四大古都之一、六大国家区域中心城市之一、西北地区的政治和经济核心，西安凭借得天独厚的旅游资源吸引着全国各地、全世界范围内的游客。2012 年，西安市接待国内游客 7 863 万人次，接待海外旅游者 115.35 万人次。袁家村距离西安较近，对于以“关中印象体验地”为明确定位的袁家村而言，大量仰慕秦风汉韵而来的游客显然也是其潜在客源。

除外省游客和国际旅客外，陕西境内的游客也占据着重要的市场份额。截至 2012 年 12 月，西安市总人口达到 857.63 万人，全年城镇居民人均可支配收入 29 982 元，比 2011 年增长 15.4%，扣除价格因素，实际增长 12.3%；农民人均纯收入 11 442 元，增长 16.9%，扣除价格因素、实际增长 13.7%。由数据可知，西安市人均收入较往年有所上升，消费能力上涨。袁家村农家乐和酒吧一条街等景区的主要吸引人群为都市白领。

四、袁家村设计分析

袁家村在规划设计初期，由规划公司统一规划设计，根据其所处的地理区位优势，确定了以昭陵旅游景点为辐射圈，以关中民俗休闲体验为楔入点的设计思想。以西安市关注民俗文化人群为主要目标人群，其中包括旅游团体、家庭和学生群体等；以西安市为集散地的外地旅游者，包括国内旅游者和入境旅游者为辅的市场目标人群设计定位，确立了以关中民俗聚落生活文化特色为主题的乡村主题意象。

在主题意象的营造过程中，在旅游项目上延展为体现关中生产生活方式的作坊参与性活动、体现关中饮食文化的食街商贸活动、集休闲度假饮食为一体的仿古乡村院落农家乐、展现田园风光的果园采摘、烧烤垂钓及以娱乐运动为主的游乐场等；在景观规划设计上，根据旅游项目延展为承载关中生产作坊及饮食商贸的具有关中地域特色的古民居建筑及街市、具有古民居特色的农家聚落及乡土特色的活动场所。

1. 空间区域划分

袁家村确立了设计定位和开发主题后，拓展村域住宅面积，开拓空间结构尺寸，逐渐形成了以道路为界限分割的几个休闲区域，即以关中印象体验区为核心，娱乐区块半围合式外延地块发展方式。这种布局结构明了，村容井然有序，同时，从景观角度上来看，关中印象体验区因其主要是由关中生产生活及饮食商贸等人文景观要素组成，而欧式田园果林休闲区及垂钓区主要是由自然景观要素组成，从而形成自然景观与人文景观协调共生的良性发展趋势。

2. 空间景观解读

景观主要涵盖了民居建筑、道路、导视系统、植物、景观小品等。在规划设计时，应围绕目标主题思想进行分析设计，才能达到良好的空间效果。场所空间是反映地方特色人居文化的主要物质载体。

3. 民居建筑景观设计

民居建筑是满足人们基本生活的服务设施，它在整体规划设计中占很大的比例，并具有很高的地域特色，作为供旅游的一种特色文化休闲区域，建筑本身是主要体现人文景观的载体。袁家村的民居建筑景观集中分布在关中印象体验区、正街农家乐区和关中四合院区，其中，关中印象体验区为了复原明清时期兴盛的民间作坊和贸易文化的原始街市及建筑形态，大部分民居建筑都是收购了关中地区自明清时期遗留保存下来的古民居，利用古民居的建筑原材料和建筑构件重新复原修造的，整合关中民居聚落形制，营造关中民居聚落氛围及民俗文化氛围。

4. 道路规划设计

袁家村的道路规划相对较为完善，线路设计简单明了。关中印象体验区的步行街由一条 4 米宽的游览步道贯穿始终。游览步道为青石铺设处理，一侧设有 30 厘米宽的明渠，与两侧民居建筑间各有近 1 米的由青砖叠砌的台阶，将建筑与街道衔接。在材质纹理和质感上切合度良好，风格相得益彰，体现出古朴的聚落道路特质。

5. 植物景观设计

旅游休闲村落因其开放性，对于环境的生态性要求更高。合理地选用、种植植物既可以调节改善空气质量和环境，又可以给村落带来生机，满足游客渴望回归自然、放松身心的精神诉求。

在植物景观设计的过程中，对于园林树种的选择需要尊重地区特色，遵守适地适树的原则，尽量多地采用乡土树种。而袁家村在树种上主要选用的是乡土树种柿子树，体现了很强的地域性和乡土性。在总配置上，采用乔木、灌木及藤本植物相协的方式，垂直藤本植物的应用为袁家村创造了一幅动人的乡村画面。

6. 导识系统设计

导识系统作为文化的一部分，不但有着引导、说明、指示等功能，也是营造风格、塑造文化的重要组成部分。标识拥有较大的信息量，能迅速、准确地传达信息。乡村的导识系统主要包括道路指路标识、区位导游标识、招牌和警示标识等。袁家村对导识标识主要的固定方式有独立式、墙面固定式、墙面悬挂式、地面框定式等，在材料的选择上主要为木材、砖、粗布及石碾等。招牌统一规划，在关中印象体验区的商贸饮食步行街上，除招牌外，均采用粗布幌子作为辅助，统一悬挂于民居建筑的廊檐之下，不仅烘托了古色古香的街市特点，也增加了趣味性。在农家乐区的休闲农家，有规格和尺寸统一的号码牌，以号码编制，增加了农户的可识别性。

五、袁家村经营模式

（一）统一规划，村容村貌体现了秦风汉韵的格调

统一运营，统一接受袁家村的管理办法及模式。锁定民俗风情小镇的独特定位，将区域民俗文化作为核心主题，将关中地区民俗传统文化与现代旅游的结合，将民俗小吃、茶馆、技艺、游乐与现代的文化创意和休闲体验生活方式结合在一起。

（二）关中美食是其最具能量的市场引爆点

袁家村对民俗美食的打造不是简单的餐饮配套，而是在倾尽全力地打造高品质的关中民俗美食博物馆。

1. 小吃一条街

袁家村几乎就是靠餐饮业带动起来的，小吃一条街是最吸引游客的地方。一是控制业态严格。整条街业态布局为小吃，每种美食仅限一家经营，绝不重复。二是通过窘迫逼狭的建筑布局，人为营

造熙熙攘攘的商业氛围。小吃街的道路宽度为 4 米左右，街道顶部用布幔遮挡，现场狭窄局促，故意减慢游客速度，造成拥堵。三是商铺布局合理。外间现场制作食物，成为展示陕西当地风俗的一个场所，增加了风俗氛围。

2. 娱乐休闲区

除餐饮之外，袁家村的休闲和文创业态也是别具风味。娱乐休闲区包括麻将馆和茶馆区，游客在小吃街吃饱喝足后，可进入这个区域休闲休憩。此区域的业态相对复杂，既有大型客栈、茶楼、麻将馆，也分布着小吃和餐饮。

3. 酒吧一条街

酒吧一条街是为了吸引附近城市的白领阶层而设立的，装饰风格时尚现代。

4. 民俗体验区

民俗体验区是袁家村最大的卖点。在民俗体验区，众多的油坊、布坊、醋坊、茶坊、面坊、醪糟坊……各具特色，游客可以亲身体验民俗文化的魅力。

民俗体验区的客户消费频率并不高，但能够带来更多的客流，村委会对民俗体验区进行补贴或减免。在关键的招商运营管理模式上，还采用了免租金、统一经营和管理的模式。对于关系到民生的食品原料统一供货，自营加工厂、调味品厂、酸奶厂、油厂、面粉厂等，将商户经营业绩与村集体的经营收益挂钩，效益可观。

袁家村酸奶店一天卖出了 7 万杯酸奶，油坊一天卖出上万斤①菜籽油；小吃必须是当地材料本地加工，带动了当地种植及养殖产业链的发展。

同时，袁家村对运营管理细节上的把控也是极为严格的，甚至到了苛刻的程度。举个例子，在所有的小吃餐饮店铺中，村里规定不允许有冰箱，以保证食材的新鲜，甚至村里对灶台的大小、位置

① 斤为非法定计量单位，1 斤＝0.5 千克。——编者注

和设计风格也有严格的把控，以保证情景体验的原汁原味。

（三）投资管理模式多样化，众筹、入股、合作等多种方式并存

对于一些村集体看中的发展项目，村里允许采用众筹模式。村集体可以免费提供地皮，然后经营团队根据地块出设计方案，得到村里认可后即可建设。投资还约定，在经营方回收成本后，利润部分五五分成。

从经营业态特色来看，袁家村作为一个民俗文化小镇的爆品项目，其本质更像是一个精品的特色餐饮购物中心。它以绵延 2 000 年的关中风情文化故事为依托，通过精心打造特色的民俗体验、情景化的传统村落空间、潮流时尚的生活方式和爆品的餐饮小吃，形成了整个文化旅游项目最大的市场吸引力。

（四）讲政治，宣传离不开政府

袁家村一进村门就是一个高大的毛主席像，虽然这与整个景观极不协调，但政治象征意义浓厚。村内频现的领导人题字合影也提示着这个项目与政府的密切关系。这样做既容易得到政府的支持和各种优惠，也能进一步提高项目的知名度。

六、袁家村乡村旅游建设的借鉴意义

1. 立足实际，因地制宜，发挥当地特色

袁家村位于陕西省咸阳市，当地关中风情浓郁，周边旅游资源丰富，气候适宜苹果树、桃树等树种的生长，因而袁家村依托自身优势，创办“关中印象体验地”和观光水果采摘园是立足实际的。在响应政策引导、借鉴他人发展经验的过程中，联系当地实际，发挥自身独特优势，实事求是谋发展才是最基本的原则。

2. 村民齐心，团结一致，发挥集体优势

集聚效应是指各种产业和经济活动在空间上集中产生的经济效果以及吸引经济活动向一定地区靠近的向心力，是一种常见的经济现象。这种效应在袁家村的新农村建设中有明显体现。以民俗一条街为例，整条街上每家店铺的经营范围几乎不重叠，像已经快失传、难以见到的传统油坊、布坊、醋坊、酒坊、茶坊、面坊、辣子坊、豆腐坊、醪糟坊、药坊等，在这里应有尽有，每家一个特色，和谐共处，产生集聚优势，共同营造浓浓的关中风情和生活气息，对游客产生了极大的吸引力。

3. 加快产业升级，发展现代农业，重视乡镇企业，优先发展第三产业

回看、分析袁家村的发展史，正印证着“无农不稳、无工不富、无商不活”的发展思路。十一届三中全会后，袁家村村干部带领农民大搞多种经营，率先发展优质苹果、酥梨等种植业。在土地承包分产到户的大背景下，袁家村分地不分家，走集体共同致富的道路。1984 年，袁家村靠山吃山，建成水泥厂并投入生产，成为集体致富奔小康的支柱产业；后来成立了农工商总公司；近年来，又发展成集房地产开发、医药化工、餐饮旅游、影视文化为一体的大型集团公司，成为红遍全省、享誉全国的新农村典型。袁家村走出了一条比较科学的发展路径，为其他地区的乡村旅游建设提供了参考。

4. 掌握市场动向，了解时代风尚，紧跟消费潮流

近年来，农家乐成为消费新主张，受到许多都市白领和年轻人的热捧。西安周边的“农家乐”不少，经营模式有一院一户式的独立经营，也有整个村庄的整体经营，其中不乏一些影响大、游人多、生意好的“农家乐”。但即便如此，袁家村的“农家乐”还是以其鲜明的特色和独特的优势得到了市场的认可，并且广受好评，受到消费者的信赖，赢得了不少回头客。其独特优势就在于游人在尽情品尝农家特色小吃之后，还能亲身体验农耕文明时期传统作坊的新鲜滋味，感受劳作的乐趣，有兴趣的游客还可亲自摇一摇那古井的辘轳，推一把磨面的磨盘，拉一下茶炉旁的风箱，转一转压油上梁时的风轮，赶一把拉磨子的毛驴，亲自感受辣椒面是怎样磨的、香油是怎样摇的、豆腐是怎样做的、食用油是怎样压榨出来的。这些对于从未经历过农村生活的城里人而言，就像进入了一个新奇而又有趣的世界；而对于从农村走出去的城里人，则会自然而然地勾起他们对农村经历的回味和对往日劳作生活的亲切追忆，从而产生情感上的共鸣。

5. 发掘当地文化，注入时代内涵，服务经济发展

进入袁家村，便会看见袁家村村史馆，村史展览把袁家村的历史和未来紧密联系在了一起，把袁家村的发展与中国农村的发展紧密联系在了一起，也把城市人和农村人紧密联系在了一起。而紧扣其中的，便是文化的纽带，因为有了文化的内涵，袁家村才有了如此强烈的吸引力；因为有了文化的导引，袁家村作为农村新形象的传播影响力才会如此久远。

案例二 马嵬驿乡村旅游

一、马嵬驿概况

马嵬驿地处陕西省咸阳、礼泉、兴平三地交界处，虽然黄土深厚、风调雨顺，但交通闭塞、发展缓慢，别说开发旅游项目，就连种地的农民都不愿意要这块地，但马嵬驿民俗文化体验园的创始人王永鑫却看中了它。这个在兴平成长起来的企业家，当年从农村上学入伍，回来后，王永鑫经营招商企业“西北民航酒店”，扭亏为盈，积累了丰富的管理经验和良好口碑，相继开办了5个酒店，收效良好。

王永鑫在看到“兴平大唐贵妃园”规划后，想到国家正在大力发展乡村旅游，并联想到马嵬坡深厚的历史故事背景和浓厚的文化资源，于是应马嵬镇政府之邀，作为招商企业入驻马嵬。王永鑫倾尽所有，将自己上千万元的现金和资产变现，建设马嵬驿民俗文化体验园。该项目于2012年动工建设，景区一期工程于2013年10月1日建成后正式对外开放。2014年“五一”小长假，马嵬驿接待人数超过26万人次，2014年“十一”黄金周，马嵬驿接待游客达110万人次，创省内旅游景区最大接待量。

马嵬驿景区总占地233亩，是一个集马嵬古驿站文化展示、文化交流、原生态餐饮、民俗文化体验、休闲娱乐、生态观光于一体的新概念园区。园区建筑借助自然地势，错落有致、古朴素雅，建设了4条民居古街：民俗作坊街、民俗小吃街、民俗文化展示街、大唐文化街，其中包括马嵬驿文化广场、百果园、雕塑艺术馆、驿栅城、珍禽园、垂钓园、茶楼、戏楼、农具展示馆、城门楼观景台、娱乐园、祈福殿12个配套景点。

二、马嵬驿乡村旅游特色

（一）就地取材，点石成金

2011 年，兴平市政府整合全市旅游资源进行整体规划。在规划中，以杨贵妃墓为核心，连接黄山宫和马嵬驿共同形成一个大景区。而当时的马嵬驿所在地还仅仅是当地李家坡村在几十年前整体搬迁后剩下的一片了无人烟的废弃地。

马嵬驿与黄山宫紧密相连，黄山宫与杨贵妃墓又相隔不足 1 千米。兴平市政府的规划初衷是以杨贵妃墓的大唐文化、黄山宫的道教文化带动马嵬驿的民俗文化。2012 年 9 月 28 日，马嵬驿景区动工建设，景区利用自然的台塬地势、沟壑地形和李家坡原来的旧窑洞院落，改造建设极具关中民俗文化特色的旅游景区。

在兴平市委市政府的大力支持下，马嵬驿景区以其鲜明的文化特色、开放式的经营形式和科学的管理方式迅速“走红”旅游市场，完全形成了以马嵬驿带动杨贵妃墓和黄山宫两个老景区的“逆袭”局面。

（二）文旅融合，主题鲜明

民俗文化是发展乡村旅游之魂，马嵬驿取得成功的关键就在于抓住了文化精髓并进行了深化和活化。景区以游客喜闻乐见的形式进行民俗文化展示，主要有四类：一是地方传统小吃经营；二是传统生产工艺作坊；三是展览馆陈列展示；四是文化演艺活动。通过这 4 种形式，让民俗文化看得见、听得到、能品尝、可体验、能传承。

1. 吃得好的地方传统美食文化

马嵬驿民俗小吃街经营地方传统美食的店铺不仅色、香、味撩人，其完全开放式的制作过程和如同返璞归真的民俗文化展演给人以感官和精神的双重享受。粉汤羊血、礼泉烙面、乾县锅盔、关中搅团、贵妃糕、蓼花糖、云团馍、酸梅汤……你吃过或没吃过的地方小吃都汇集在这里。这里的近百家经营户按照景区“一店一品”的要求经营着上百个餐饮种类，汇聚在一起就是一个囊括陕西传统小吃的“满汉全席”。

2. 能体验的民间生产文化

关中深厚的民俗文化是旅游资源的瑰宝。除了美食街外，马嵬驿民俗文化村的另一道风景是民间传统生产工艺的展示，这些即将消亡的传统制作工艺在马嵬驿焕发出新时代的文化光芒。

马嵬驿有传统手工艺生产作坊。豆腐坊里，一口口大缸中存放着真正的卤水，卤水点豆腐的奇妙变化过程让小游客们惊叹不已；农村手工土织布是一种已经很少见的民间手工艺，马嵬驿特别设立了土织布作坊，古老的木质织布机在年长村妇灵巧的操作下发出“咣当咣当”的声音，整个织布过程就是一道现场演艺的风景。

3. 看得见的民俗艺术文化

马嵬驿景区的“前生”是被废弃的李家坡村，村里有很多老窑洞遗存。景区恢复保护了老窑洞遗址 16 口，在窑洞里建设了民俗文化展览馆，主要展示自唐朝以来马嵬驿的历史典故和关中泥塑工艺品，另外还有一部分展示关中农村生产生活中的主要场景和用具，收藏了老农具及生活用品等 20 000 余件，充满浓郁的农村生活气息。此外，景区还利用雕塑形式，展示了“十二生肖”的故事和唐文化传说等，丰富了景区文化内容。

4. 生动鲜活的文化演艺

在马嵬驿文化广场上，每天都上演多场秦腔、川剧变脸、皮影戏、杂耍等小而精的剧目。简约的小戏台上，三五个老艺人凑在一起吹、拉、弹、唱，各自亮出绝活。川剧变脸艺人则走进游客中间，随时随地为游客奉上精彩的变脸表演，让这一古老而奇妙的艺术与游客零距离接触。虽然没有大舞台上的华丽，但是这种在游客身边的小戏反而更加有亲和力，容易让游客产生共鸣。接地气的表演让非物质文化显示出巨大的魅力，成为吸引游客的一大亮点。

（三）精细管理，温暖游客

马嵬驿的餐饮店与一般的餐饮店不同，这里每家店铺都把后厨直接置于厅堂之上，整个加工过程均展示在游客面前，处于游客的监督之下。

1. 统一采购的好食材

马嵬驿里的餐饮店所用食材全部是游客看得见的真材实料，厨师在现场加工制作，汤锅里放的什么肉和菜，配的什么调味品都让游客一目了然。

为了保证小吃经营户所有食材的品质，景区采取由商会统一购买原材料再原价卖给经营户的形式，从源头入手，保证食品质量。景区经营户一律不准外带食材进入，也不能外带加工好的食品用以销售，必须使用景区统一供应的原材料现场加工。

2. 干净整洁的好环境

马嵬驿内虽然都是一间间各自经营的小店铺，但是给人的第一感觉是干净。厅堂、灶台、调料容器、餐具都一尘不染，整整齐齐。更为突出的是，这里所有的服务员和厨房操作人员都戴着明档口罩为客人服务，这一做法除了在高端酒店采用外，在陕西的景区大众餐饮场所可谓独树一帜。

3. 以商治商的好机制

马嵬驿的经营管理秩序井然，但这里却没有专门的管理人员。景区采取“以商治商”的形式，从各个经营户中选出一部分人员组成商会，商会有一名会长和 16 名副会长，所有经营户都是会员。商会的职责主要有两项，一是负责统一采购原材料，再按照原价卖给经营户；二是负责对整个马嵬驿经营户进行管理，监督景区规章制度的落实。每一个经营户既是经营者又是管理者，互相监督，共同维护，实现了高度自治。

（四）带动就业，引领区域发展

马嵬驿按照“公司＋农户＋景区＋文化＋产品”的运营发展模式，把农民作为景区经营的主体，使农民华丽转身为经营的老板，成为最大的受益者，为全省乡村旅游扶贫树立了示范。

1. 景区店铺无偿经营

为了吸引农民从事旅游商业经营，马嵬驿主要采取了商铺无偿出租和经营户技术入股两种形式。

马嵬驿的小吃经营户全部使用的是景区无偿提供的店铺，经营户只需要交纳自己在使用过程中产生的水、电、卫生费用。除了小吃店无偿出租外，景区还有一部分食品加工作坊，如榨油坊、豆腐坊、辣子碾坊等，都实行技术入股的形式，经营户与景区各占50%的股份联合经营。这些作坊主要为景区内的小吃经营户提供原材料，并为游客提供商品。

2. 带动周边群众就业

景区带动周边农村从事无公害蔬果种植和生态养殖，建立起了水果种植基地、蔬菜种植基地、传统手工编织生产基地、家禽养殖基地等马嵬驿农副产品生产基地，解决了1 600多名农民的就业问题。通过民俗文化展演、民俗餐饮、民俗体验、休闲娱乐等项目，解决了当地500人以上的农民就业，直接增加农民人均收入2万多元。景区不但让农民群众直接就业，还在科学而严格的管理下为农民树立起旅游服务意识，提高了群众素质，助推当地经济社会的全面发展。

3. 成为兴平旅游的引爆点

传统的兴平旅游主要由茂陵、贵妃墓组成，这条线路是典型的历史文化线路，尽管文化内涵深厚却缺乏活力，游客能够参与体验的项目也很少。马嵬驿景区正好填补了这一空白，游客在这里既能吃到美食、看到好景，又能买到让人爱不释手的土特产品带回家，客流的大量增加成为兴平旅游的引爆点。贵妃墓景区2013年全年接待人数只有26万人次，由于马嵬驿景区的带动，仅2016年国庆假期7天时间，景区接待人数就达到32万人次。

三、马嵬驿乡村旅游建设的借鉴意义

1. 以游客满意度为导向，让游客旅游有尊严

马嵬驿管理的硬性条件有以下几点：

（1）马嵬驿里的所有经营户必须是谁报项目谁经营，坚决不允许转手经营，店主就是直接经营人，更是第一责任人。

（2）马嵬驿的所有经营户必须使用商会统一采购的原材料。统一采购的原材料不仅包括米面油等主材，也包括肉、蛋、奶、蔬菜及各种调料等一切在加工制作过程中能够使用到的原料。统一采购的原材料由商会和驻马嵬驿的兴平市食品药品监督部门工作人员共同对其质量把关。

（3）在商户经营过程中，如果违反“五项规定”，一律强行关门。这五项规定分别是：外带食材进入者强制关门；销售隔夜食品者强制关门；和游客吵架者强制关门；卫生不达标者强制关门；使用添加剂者强制关门。五项规定从产品质量和服务质量上保证了马嵬驿的旅游接待服务始终保持在一流水平。

尽管管理条款对经营户有点“霸道”，但是这些规定却始终围绕着一个核心——保证游客利益，让游客满意。这些以游客满意度为导向的规章制度营造出“游客至上”的经营氛围，让游客游得有尊严。

2. 以游客休闲体验为导向，让游客旅游有品质

实行开放式经营的马嵬驿景区不收门票，景区停车场也向游客免费开放。不仅如此，景区内所有的演艺节目和展览馆也全部向游客免费开放。游客除了按照自己的意愿选择商品消费外再没有其他收费项目。开放式的经营为游客提供了一个自由、舒适、休闲体验的旅游环境。

马嵬驿的小吃经营店是免费使用的，但可谓“千金难求”。景区按照“一店一品”的原则对经营户所报项目进行严格审查，保证每个店铺都是独一无二的，且在当地具有一定美誉，以此保证马嵬驿经营项目的高起点和高品质。几乎所有店铺门前都设有供游客品尝的样品，游客不论买与不买尽可以放心品尝，“先尝后买”的形式让游客倍感温馨。

3. 以游客舒适度为导向，让游客旅游有温暖

马嵬驿严禁经营户以任何理由和游客吵架，在经营户中牢固树立了“不管什么原因，游客永远是对的”理念。凡是与游客吵架者都会被商会处罚，甚至责令其关门整顿。相反，当游客与经营户发生矛盾时，如果经营户能够以游客利益为重处理好矛盾，景区还会给予经营户奖励，谓之“委屈奖”。在严明的奖惩制度下，经营户宁可自己受委屈也不让游客受委屈。

为了提高经营户的服务理念和服务水平，从周一到周五，每天晚上八点，景区都要准时召开商会会议，会议内容不仅涉及业务知识和技能的学习培训，还要交流当天发生的各种情况和出现的问题，及时予以解决。由经营户组成的商会通过坚持不断地学习，不断提高素质和理念，共同营造了一个让游客舒适享受的旅游环境。

案例三

宏村乡村旅游

一、宏村乡村旅游缘起

安徽省宏村，古称弘村，位于黄山西南麓，距黄山风景区30千米，距黟县县城11千米，占地30公顷，是古黟桃花源里一座奇特的牛形古村落，享有“中国画里的乡村”之美称。南宋绍兴年间，古宏村人为防火灌田，独运匠心开仿生学之先河，建造出堪称“中国一绝”的牛形人工水系，“山为牛头树为角，桥为四蹄屋为身”。

景区现完好保存明清民居140余幢，承志堂“三雕”精湛，富丽堂皇，被誉为“民间故宫”。此外，其著名景点还有南湖春晓、书院诵读、月沼风荷、牛肠水圳、双溪映碧、亭前古树、雷岗夕照等。四周山色与粉墙黛瓦倒映湖中，山、水、民居与人自然融为一体，好似一幅徐徐展开的山水画卷，这也是宏村区别于其他民居建筑布局的最大特色，成为当今世界历史文化遗产的一大奇迹。

1982年，清华大学和同济大学建筑系的学生发现了宏村完整精美的古民居，引起政府关注。4年之后的1986年，宏村旅游开发正式起步。但在最初的12年中，宏村游客接待量和门票收入低，且增长缓慢。在多年开发未见成效的情况下，1997年8月，黟县县政府组成招商组，参加了安徽省1997年度北京招商会，与北京中坤科工贸集团就开发黟县旅游达成了初步合作意向。1997年9月6日，黟县政府有关官员与中坤科工贸集团在经过艰难谈判之后，最终同意共同组建“京黟旅游股份有限公司”，由此、宏村旅游开发进入了成功的外来企业开发阶段。中坤集团以现金方式逐步投入黟县，开发经营关麓、南屏、宏村景点及黟县民间古祠堂群，租赁经营并改造碧阳山庄，接管经营黟县旅行社业务。黟县以古民居旅游资源和古祠堂群建设项目土地使用权为投入，形成股份合作经营态势。

1998年，中坤集团与宏村所属的黟县市政府签订了共30年的宏村经营权协议后，便开始了对宏村的投入，当年投入2 000多万元，包括对景区进行路灯等标识安装、水沟清淤、建筑保护，以及搭建景区管理团队。此后每年，中坤集团在景区建筑保护、营销等方面仍继续投入资金。

1999年，宏村申报世界文化遗产，并成为国家5A级景区，其门票收入从1997年的每年不到17万元，到2001年已达到近千万元。此时，根据约定与村民要求，之前约定的每年门票收入5%的返还收入方式变为门票收入的33%返还给村民和当地政府，这样的收入分配一直延续至今。

2012年，大型实景剧《宏村·阿菊》上演，每到周末，这场几经改版、已经投入约2.6亿元的实景剧观众能达到1 000人，对酒店和景区客流都产生了正面影响，根据预测，该剧经过约5年的时间将能收回成本。2013年，宏村景区实现游客量近150万人次，门票收入近亿元，远超周边起步更早的西递景区。

二、宏村乡村旅游现状

根据相关数据统计，宏村2015年各旅游景区共实现接待游客230万人次，增长18.1%；实现旅游直接收入1.2亿元，同比增长14.1%。这也是该镇“十二五”以来，旅游直接收入连续第五年增长，旅游总体收入也由2011年6 867.41万元增长到2015年的1.2亿元，同比增长74.7%。目前，宏村镇客栈已达600余家，其中宏村景区以古民居为依托的传统“农家乐”、客栈、民宿已达180家，成功打造上元馆、张公馆、花拾间、居善堂、清和月、一品更楼、在水一方、印象老屋、拾间房，屏山的御前侍卫，塔川的秋韵客栈、万巢客栈，龙江的驿境精品文化酒店等特色精品民宿30余家。在2015年召开的全国乡村旅游推进大会上评选出的黄山市20家最佳民宿中，宏村镇就有9家。

三、宏村乡村旅游特色

1. 旅游地产复合开发的运营之道

从宏村开发起步到奇墅湖度假村开发再到南屏、关麓的保护性开发，中坤在黟县走的是以旅游带动地产，再行旅游扩张之路，最终实现旅游、地产的复合运营。

2. “广泛借势”的营销推广

从最初的制定保护规划、申评世界文化遗产、借政府之势；到多位领导人视察宏村、西递，成功获评世界文化遗产，卧虎藏龙热映，借名人、世遗、电影之势；再到举办摄影节、自行车节等大型公关活动，借活动之势更好地推广景区，每一步都顺势而为。宏村作为国内首个企业主导运营的世界文化遗产项目，知名度和营业收入随之水涨船高。

3. 最大限度地让利于民

为了得到当地居民的充分配合，在宏村门票收入水涨船高的时候（当地居民最易产生负面情绪的时候），中坤集团出人意料地决定将原来修改原有的开发协议，将原来每年 17 万元加上 5％的门票收入比例调整为 33％，中坤集团以 67％的门票收入承担宏村开发、经营与保护费用，更好地实现了双赢，成功将当地居民反对的呼声变为支持的呐喊。

案例四 莫干山乡村旅游

一、莫干山乡村旅游缘起

浙江省莫干山镇距离杭州市区不到50千米，属于德清县，因春秋末年，吴王阖闾派干将、莫邪在此铸成举世无双的雌雄双剑而得名，是中国四大避暑胜地之一。过去，莫干山的经济还是以传统的江南山村经济为主，竹子、茶叶、笋算是拿得出手的特产。

鸦片战争后，清政府签订了一系列不平等条约，美、英、德、法、俄等国势力开始在山上建别墅、筑教堂，莫干山成为外国人可自由居住的度假地。由于传教士梅生等人将在此的所见所闻刊于外文报上，于是，莫干山声名鹊起，成为与庐山、北戴河、鸡公山并列的我国四大避暑胜地之一。

2007年，从上海骑车赴莫干山旅游的南非人高天成一眼看中了青山环抱的“三九坞”小村庄。当他听说这些农房大多闲置时，立刻与朋友租下了6间大房子，租期15年。从此，他们以环保理念将泥坯房改建为低碳型“三九坞乡村会所”，成了莫干山“洋家乐”的发源地。之后，法国、英国、比利时、丹麦、韩国等国投资者相继而来。目前，莫干山区域已有外国人士及上海、杭州和本地人士开办的“洋家乐”70多家。

二、莫干山乡村旅游现状

目前莫干山整个民宿数量有400家左右，包括度假村、精品民宿和“农家乐”，已经初步形成一个集聚效应。

2015年，德清乡村旅游接待游客461.5万人次，比前一年增长了21.5%。以裸心谷、法国山居为代表的“洋家乐”客房均价在3 000元以上，丝毫不输奢华度假酒店。据初步统计，民宿产业解决闲散劳动力 3 600 多个，很多“50 后”“60 后”阿姨月薪在 3 000元左右，年终还有奖金；民房的租金收益也是连年上涨，2009 年租金 5 000 元每年的房子现在可以达到四五万元；此外，不断有年轻的“80 后”“90 后”大学生回乡创业。

1. 清境原舍

原舍投资约 800 万元，回收期 5 年，共设 13 间客房。每年7～10 月，一般需要提前 1 个月才能订到房。

原舍的服务团队不到 20 人，大部分是当地村民和返乡大学生，采取“管家＋主人”的模式运营。原舍与精品酒店的区别在于原舍没有标准模块，而它最吸引人的地方就是在地化的主人和生活方式，这是不可复制的。原舍的厨员、服务员都围绕在地化，表达主人的生活方式和偏爱，这样一来，每家原舍都不一样。

2. 莫干山庾村 1932 文化集市

莫干山早有名声在外：“一座莫干山，半部民国史。”民国时，曾有那么多风流人物在此度假、会谈、居住，然而，这些历史记忆都没落了。过去，莫干山整个镇区比较萧条，没什么收益，传统手工艺逐渐流失，饮食文化、乡村布局等也在没落，缺乏适应现代生活的业态，而老的业态已难以为继。

设计者提出文化“市集”的概念，即将空间、场所、舞台、市场、作坊等元素及其职能进行聚集，以之作为城乡互动的空间节点、物资集散的商业节点以及邻里关系的社区节点等，并凸显当地文化价值。他们利用庾村的 11 间蚕种场房舍做文化市集，其旧的建筑和格局都完整保存下来，并加以修补和美化。

设计者将入口的旧厂房改造成餐厅，定位为乡村的本色清新。莫干山一带有很多骑行者，由此设计者植入自行车主题，展览了一位台湾收藏家的 20 件藏品，营造骑行氛围。目前，莫干山的自行车餐厅成为去莫干山的必游之地，还有全球知名的山地车品牌选择在此举办新品首发。主题餐厅逐渐成为莫干山骑行大会中的一个站点，并联合其他业态，让整个庾村文化市集成为骑行者的补给站、文艺人的集结地。

每个月有不少本地团体组织的各种文化活动，如骑行、音乐节等。庾村市集提供场所设施支持，并做各种业态的指导。围绕市集，庾村周边业态也活跃起来。比如，法国山居举办了竹制品专卖会，也开设了面包店；周边民宿开设了茶室，以及手作艺人创立的手工家具工作室等。原有的村民与有意识的投资商共同投身于庾村的活化乡村计划。

3. 莫干山镇街道改造项目

庾村黄郛东路 200 多米长的街道改造是政府改造项目。改造前，这条路是村民们的农家小屋，业态散落，外立面各异，改造后，街区的业态是老式照相馆、布鞋、面馆、当地特色饭店、理发店、咖啡馆、特产店等，应有尽有，在法式梧桐的映衬下又增添了几分民国风味。

三、莫干山乡村旅游特色

1. 精准定位

在以往很多人的心目中，乡村旅游的代名词是“农家乐”，传统的“农家乐”意味着经济实惠的价格、结伴而来的城市居民和喧嚣的农村集市。这种发展模式虽然满足了普通游客的需求，但对于处于消费高端的白领、金领，尤其是外国游客来说却不适应，这个小众群体需要更好的服务和更高的享受。在这样的市场需求下，莫干山“洋家乐”应运而生。

莫干山地处沪、宁、杭金三角的中心，莫干山脚下的德清筏头乡距杭州、湖州 55 千米，离上海不过 210 千米，离南京也就 250 千米，09 省道贯穿全境，104 国道、宣杭铁路、杭宁高速公路傍侧而过。因此，莫干山“洋家乐”的客源基本定位长三角地区外商、企业高层、中青年金领和白领阶层，都属于中高端消费人群，每人每天消费均在 1 000 元以上。例如，三九坞国际乡村会所的主要客源是外资企业高层和他们的国际友人；莫干山里茶园会所的主要客源是长三角地区，特别是在上海的法国人。裸心谷生态度假村也吸引了世界 500 强，LV、GUCCI、可口可乐和通用电气等的高层领导来此聚会度假。莫干山洋家乐低碳环保的特点符合国际旅游的新潮流，以此吸引了业界人士的关注，其宣传手段高端和多样化，《福布斯杂志》、英国《金融时报》、日本《读卖新闻》及《韩国经济日报》等境内外众多媒体的记者编辑齐聚裸心谷，亲历“洋家乐”的休闲方式，就旅游发展问题进行交流探讨。裸心谷的生态度假村已在美国绿色建筑委员会注册，有可能成为亚洲第一个拥有绿色建筑白金认证的度假村。同时，莫干山及环莫干山“洋家乐”还被美国《纽约时报》评为“2012 年全球最值得去的 45 个地方”之一，莫干山“洋家乐”在声誉度和品质方面创下了极好的影响。

2. “洋家乐”和“农家乐”的对比

“洋家乐”与“农家乐”的对比如表 13 所示。

表 13 “洋家乐”与“农家乐”对比

模式名称	农家乐	洋家乐
发展定位	以农为根，以家为形，以乐为魂	高端、精致、国际化服务
市场定位	面向大众，以大众路线为主的低端扩张模式，消费合理，价格实惠	针对外国游客和中国高端白领、商务会议旅游者，属于高端消费群体
营销方面	景区影响力＋政府助力＋公司宣传	打破传统营销模式，成为旅游网络营销的先锋助力，通过网络口碑效应吸引游客
打造策略	以景区景点为依托，通过周边农民包装农家庭院建筑，发展休闲观光农业	倡导无景点健康旅游，推崇人与自然和谐相处的理念
资源特色	多靠近景区，自身交通条件便利，集农家菜、采摘、垂钓等为主的粗放低效型服务模式，主要发展农家特色餐饮及休闲娱乐业	处于经济发达的苏浙沪地区，自然环境优美，远离城市，融入环保理念改造农房

（续）

模式名称	农家乐	洋家乐
商业模式	以大众路线为主的低端扩张模式，规模小，基础设施较为落后，价位普遍较低，幅员广泛	成功填补了高价位休闲旅游的空档，以独特的地理位置和高品质的休闲服务为基础，在高端游客的小范围内形成口碑宣传
与农村的结合方式	以当地农户式经营为主，突出本土性，零散性分布，当地农产品实现自产自销，通过采摘、饮食、特色产品的经营与销售盈利	聘请当地人作为度假村的“管家”，也会请村里的一些妇女做保洁、厨师等工作，因交通不便而销售困难的当地农副产品，也有了“就地消费”的新机会

3. 政府管理

为了让乡村旅游能够更加健康有序地发展，莫干山所在的德清县组建了“洋家乐”行业协会，为各“洋家乐”提供业务指导，规范管理服务，调解矛盾纠纷，并为解决项目建设经营过程中的问题和困难提供平台。据统计，目前该协会已有成员单位30余家。

为了给“洋家乐”的发展提供更多资源，德清县引导西部山区各行政村充分整合盘活旧村委、旧厂房、旧校舍等闲置资产，推进有条件的旧房改建民宿。针对部分村民闲置旧房因“建新拆旧”政策无法开发利用的情况，探索由村集体收购盘活、统一管理的运作模式，在有效保护古民居的同时，合理利用开发乡村旅游。目前，莫干山镇已排查出50处闲置农房和6处闲置村级集体房屋，将进行分片规划，统筹管理。

同时，还出台了《德清县民宿管理办法（试行）》，建立“一户一档”，详细登记经营和入住的涉外人员，实行动态管理，发布了全国首部民宿地方标准规范《乡村民宿服务质量等级划分与评定》。

案例五 延庆柳沟乡村旅游

一、柳沟乡村旅游缘起

柳沟村位于北京市延庆区井庄镇，村域总面积5.73千米^2，全村共402户、1 110口人。该村位于井庄盆地核心，西靠九龙山，东邻燕羽山，属半山区村，村庄用地高低不平，较为复杂，民风淳朴。

2002年，柳沟村是个典型的贫困村，村民生活全靠自家的一亩三分地，整个村子没有一点生气。当时民俗游正方兴未艾，城里人喜欢吃农家饭、住农家院、感受农村生活。于是，在村书记的带头下，当地村民们通过美食餐饮开发“农家乐”接待，如今已有100多家接待户。

从2003年开始，延庆区柳沟村依托本村豆腐资源和明代古城遗址条件，着手开发乡村旅游产业，从此，一个只有种植、养殖业的村子走上了发展民俗旅游的道路。现在，柳沟村的“火盆锅・豆腐宴”已经远近闻名，获得“京郊新农村建设十大创意”奖和“京郊十大金牌农家菜”称号，柳沟村已发展成为著名的乡村旅游专业村，以“火盆锅・豆腐宴”为特色的乡村旅游已发展成为当地的主导产业，2012年接待游客67.8万人次，旅游收入突破3 700万元。

2009年，柳沟村编制了《北京延庆县柳沟村“一村一品”创意策划》，之后连续5年对柳沟村进行追踪调研，并且编制了《“柳沟奇迹”研究报告》，实时关注柳沟村发展动态，为柳沟村旅游发展提出了指导意见。

二、柳沟乡村旅游现状

柳沟村从酸浆豆腐工艺开发出发，开发特色豆腐宴，菜品的样式和种类逐渐丰富，从最开始最为简单朴素的传统豆腐，逐渐开发出“三色豆腐”（美容养颜的黄豆豆腐、滋补养肾的黑豆豆腐、清热祛火的绿豆豆腐）等新型豆腐菜系，形成由1个主锅、3个辅锅、4个小碗、6～10个凉菜、8～10种主食组成的套餐，即“火盆锅·豆腐宴”，并且在2007年被中共北京市农委、农工委评为“京郊十大金牌农家菜”，许多中海外游客都慕名来此。据当地旅游部门统计，早在2013年，柳沟的旅游接待人次就达到了70.1万人次，旅游收入达到4 100万元。

三、柳沟乡村旅游特色

1. 重点打造“一品”

“火盆锅·豆腐宴”特色旅游品牌是柳沟乡村旅游发展的突破口，并且具有唯一性和特色性，强大的品牌是其产业快速发展的重要动力。同时，为了保护品牌，柳沟村先后注册了“柳沟”“柳沟·火盆锅·豆腐宴”等餐饮产品商标，保护性修缮了凤凰古城遗址遗迹，建设了文化展示区，编辑出版了《柳沟》图书，有效推进品牌维护和推广工作。

2. 成立民俗旅游合作社，规范行业发展

自2003年开始，为了鼓励柳沟村民发展乡村旅游，镇政府出台了一系列措施：完善村内基础设施，开展综合环境整治；举办文化休闲活动，借助媒体宣传报道；统一配发餐桌、餐椅、餐具；为首批民俗接待户发放冷藏冰柜；协助民俗接待户办理营业执照并争取到发票免税政策等。随着各级政府对柳沟村旅游业的支持与重视，民俗户接待能力逐步增强，但游客的大量涌入也为柳沟村带来了一些问题。各户为了接待更多的客人，赚更多的钱，出现了盲目扩大规模，私自乱搭乱建，拉客揽客，服务质量、饭菜质量下降等问题，严重影响了柳沟村民俗旅游的形象。为此，2004年，井庄镇成立了民俗旅游协会，开始加强行业规范，并开展了烹饪、服务礼仪培训，开发了三色豆腐等特色菜品。经过10年的发展，柳沟村已经初具规模，农家院接待户发

展到 112 家，可同时接待就餐游客 4 000 人，接待住宿游客 800 人，在“端午节”“十一”等黄金周期间，日接待游客最高可达 1 万人。

为进一步规范乡村旅游行业行为，加强行业经营管理，提高服务水平，2012 年，柳沟村又成立了乡村旅游专业合作社，合作社对民俗接待户实行“五个统一”管理和服务。

（1）统一服装。为了提升合作社的接待形象，合作社共统一购买服装 200 套，为就餐接待户提供 10 套/户、为就餐住宿同时接待户提供 5 套/户、为住宿接待户提供 3 套/户。

（2）统一床单被罩。为了树立合作社新形象，提升住宿标准，合作社共购买床单被罩 240 套，为住宿接待户提供 10 套/户、为就餐住宿同时接待户提供 5 套/户。

（3）统一接待。凡是经合作社来的客人都要统一接待、统一分配。例如，在延庆第十七届消夏避暑节暨柳沟豆腐文化节期间，合作社接待演艺团队及相关工作人员 500 余人，由合作社统一安排就餐、住宿，民俗接待户轮流接待，总收入达到 6 万余元；端午节期间合作社接待汽摩协会团队，为其安排了就餐和住宿。

（4）统一接待标准。为避免游客接待标准不统一，造成游客投诉问题，合作社要求就餐民俗接待户统一按照“一主四副六热八凉”10 道主食的标准制作统一菜单，具体菜单由合作社统一确定。同时，合作社为住宿接待户统一了收费标准：带独立卫生间、独立洗浴的标准间收费 120 元/间，不带独立卫生间、独立洗浴的房间收费 80 元/间。

（5）统一管理。合作社为了持续运营和发展，适当提取就餐接待户和住宿接待户部分管理费。就餐接待户每接待一位游客（以每位 26 元的标准计算），向合作社缴纳管理费 1 元；住宿接待户接待一间住宿游客，需向合作社缴纳管理费 10 元。以上资金作为合作社收益纳入统一管理，分配原则按照盈余分配制度执行，即提取 30%作为合作社发展基金，10%作为风险基金；剩余资金中的

60%按照接待量和交易量返还社员，40%按照入社股金比例进行分配。据统计，2012 年“十一”期间，合作社通过餐饮住宿接待提取管理费 8 000 余元。

3. 挖掘历史文化资源，提升乡村旅游内涵

柳沟也称凤凰古城，早在明朝曾是屯军之所，古城为两山环抱，北临妫河，南望长城，村内至今保留着北城墙和北城门、老槐树等历史遗迹。而“凤凰城”的由来是因为古人曾站在燕羽山上观赏村貌，发现村北像凤之首，村南似凤之尾，于是便取此名。为了提升乡村旅游文化内涵，柳沟村先后对古城门、古城墙、城陡庙等遗迹进行了保护性修缮，摆放石炮、石器、石桌等，逐渐恢复古城风貌，并动员文化界人士搜集整理了大量关于柳沟的史实、故事、传说，编辑出版了《柳沟》一书，成为外界了解柳沟村的窗口。2010 年，为解决柳沟凤凰古城保护性修缮工程项目的村民回迁安置问题，柳沟村修建了柳沟新区，同时进行了柳沟住宿条件的升级改造。

火盆是旧时我国北方农村冬季取暖器具，隆冬时节，在其上放一砂锅，加以白菜、豆腐、五花熏肉等，则成火盆锅。正月时节，家人围坐，共吃年饭，象征来年日子红红火火。柳沟人在传统火盆锅的基础上，不断改进创新，由刚开始一个餐桌上的一个火盆锅，改进到一个餐桌上可以同时点燃 2～3 个。在豆腐品种上也不断推陈出新，在黄豆磨制豆腐的基础上，研制出了具有祛火清热功能的绿豆豆腐和补肾强体的黑豆豆腐。在民俗接待户的精心搭配下，白色的鲜豆浆、黑色的豆腐脑、绿油油的葱拌豆腐、黑白相间的烧豆腐、黄灿灿的豆角炖炸豆腐等一系列由黄豆、绿豆、黑豆磨制成的白、黑、绿三种颜色的豆腐而制作的“豆腐宴”，再配以农家自制的小菜和各种具有民俗特色的小吃，成为延庆民俗旅游的又一亮点。

为了打造柳沟高端餐饮接待项目，提升就餐环境，柳沟人对火盆、砂锅、餐具、菜谱进行了升级改造，改变了就餐形式（主食分餐制），配套服务人员，打造精品民俗文化，让游客吃到特色、吃出文化。2013年5月，燕春“燕柳园”及京西北“凤凰客栈”都正式投入运营，高端的服务标准吸引了大量高端游客，为井庄辖区民俗接待户起到了带头示范作用。

4. 开展对外合作，扩展民俗旅游产业

柳沟村“火盆锅·豆腐宴”的饮食特色吸引了众多游客，合作社以此为品牌，带动本村及周边民俗旅游业发展。

(1) 打造柳沟特色旅游品牌。结合柳沟咨询站建设，推出了柳沟特色旅游产品展示厅，将柳沟村的豆腐、黄芩、杂粮等土特产品进行整体包装，注册独立商标，挖掘游客购买力，促进农民增收致富。

(2) 发展合作社团体客源。随着柳沟知名度的逐步提升，越来越多的旅行社把柳沟作为旅游线路中的一站，但这目前还停留在旅行社与接待户之间单独联系的模式。合作社下一步将借助旅游局的平台，同时联系旅行社和城市社区组织，签订合作协议，既可以为旅行社提供更好的服务，又可以为合作社成员提供稳定收入，促进合作社的进一步发展。

(3) 合作社与休闲园区携手发展。柳沟村暂时只能满足游客就餐、住宿的要求，旅游休闲项目严重匮乏。为延伸柳沟乡村旅游产业链，合作社与镇艾官营村山间别墅农业休闲园区携手，由山间别墅园区为柳沟合作社成员提供免费入园门票，合作社民俗接待户免费为游客发放，这样既满足了一部分游客饭后游览的需求，也为山间别墅园区带来大量客源，促进其采摘业的发展，共同经营，实现互惠互利。

(4) 加强与其他地域合作社的沟通合作。合作社通过联席座谈的方式向全县优秀的农民专业合作社求取真经、谋求合作。目前已经与大庄科蜂产品专业合作社、四海种植专业合作社、绿菜园蔬菜专业合作社及茂源广发蔬菜专业合作社达成合作意向，合作社准备依托客流量大的优势，在民俗接待户设立展柜，存放各合作社的产品，并向游客推荐。

 链接 40 成功案例背后的思考

(1) 定位准确，因地制宜，打造符合自己的文化和体验环节。

(2) 全民创业，把所有人的利益都绑到一个产业链上，形成餐饮、住宿规模，同时通过合作社的方式，对优势项目进行股份化管理，带动村民共同致富。

(3) 通过旅游，带动传统农业生产，提高农特产品议价能力。

 链接 41 农业旅游开发模式

1. “农户＋农户”模式

这是乡村旅游初期阶段的经营模式。在远离市场的乡村，农民对企业介入乡村旅游开发普遍有一定的顾虑，甚至还有抵触情绪，多数农户不愿把有限的资金或土地交给公司来经营，生怕有什么闪失，他们更相信那些“示范户”。在这些山村里，通常是“开拓户”首先开发乡村旅游获得了成功，在他们的示范带动下，农户们纷纷加入旅游接待的行列，并从中学习经验和技术，在短暂的磨合下，形成“农户＋农户”的乡村旅游开发模式。

这种模式通常投入较少，接待量有限，但乡村文化保留得最真实，游客花费少，还能体验到最真的本地习俗和文化。在当前乡村旅游竞争加剧的情况下，这种模式具有短平快的优势。其经营者善于学习别人经验、汲取别人教训，因其势单力薄、规模有限，往往注重揣摩和迎合游客心理，极具个性化服务。

2. “公司＋农户”模式

这一模式通过吸纳当地农民参与乡村旅游的经营与管理，在开发乡村旅游资源时，充分利用农户闲置的资产、富余的劳动力、多样的农事活动丰富旅游活动。同时，通过引进旅游公

司的管理，规范农户的接待服务，避免因不良竞争损害游客的利益。

在这一模式中有些需要注意的问题。首先，公司或投资商与农户的合作是建立在一定的经济基础上的，受投资商实力的影响较大；其次，农户的知识层次、素质、服务意识等还有待进一步提高；最后，在内部经营管理中，如何进行游客的分流与分配是其能否顺利实施的关键之一。

3. “公司＋社区＋农户”模式

这一模式是“公司＋农户”模式的延伸。社区（如村委会）搭起桥梁，公司先与当地社区合作，农户再通过社区组织参与乡村旅游。在该模式下，公司一般不与农户直接合作，所接触的是社区，但农户接待服务、参与旅游开发则要经过公司的专业培训，并制定相关的规定，以规范农户的行为，保证接待服务水平，保障公司、农户和游客的利益。此模式通过社区链接，便于公司与农户协调、沟通，利于克服公司与农户因利益分配产生的矛盾。同时，社区还可对公司起到一定的监督作用，保证乡村旅游正规、有序发展。

4. 公司制模式

这一模式的特点是发展进入快、起点层次高、开发有规模，如果思路对头、经营科学，容易使乡村旅游开发迅速走上有序化发展的道路。

公司制模式比较适合乡村旅游初期阶段，随着农民的关注与参与，这种利益主体是公司的模式将难以适应未来乡村旅游发展的趋势。农民作为乡村旅游参与的主体，其积极性是不容忽视的，而采用公司制模式，农民很难从旅游收入中获得应有的利益。

乡村旅游的生财之源是农民的公共资源，但在使用这种公共资源时，最大受益的却是旅游公司，当地农民很难得到相应利益，并且还要承担旅游开发所带来的各种负面影响，这种资源与利益的严重失衡极易引起农民的不满。

5. 股份制模式

这一模式主要是通过采取合作的形式合理开发旅游资源，按照各自的股份获得相应的收益。根据旅游资源的产权，可以界定为国家产权、乡村集体产权、村民小组产权和农户个人产权4种产权主体，在开发上可采取国家、集体和农户个体合作的方式进行，这样把旅游资源、特殊技术、劳动量转化成股本，收效一般将股份分红与按劳分红相结合。对于乡村旅游生态环境保护与恢复、旅游设施的建设与维护以及乡村旅游扩大再生产等公益机制的运行，企业可通过公益金的形式投入完成。

这种模式有利于乡村旅游上规模、上档次，特别是通过股份形式扩大了乡村集体和农民的经营份额，有利于实现农民参与的深层次转变，从而引导居民自觉参与他们赖以生存的生态资源的保护中去。

6. "政府＋公司＋农村旅游协会＋旅行社"模式

这一模式的特点是充分发挥旅游产业链中各环节的优势，通过合理分享利益，避免过度商业化，保护本土文化，增强当地居民的自豪感，从而为旅游业的持续发展奠定基础。此模式各级职责分明，有利于激发各自潜能，形成"一盘棋"思想。具体来讲，政府负责乡村旅游的规划和基础设施建设，优化发展环境；乡村旅游公司负责经营管理和商业运作；农民旅游协会负责组织村民参与地方戏的表演、导游、工艺品的制作、提供住宿餐饮等，并负责维护和修缮各自的传统民俗，协调公司与农民的利益；旅行社负责开拓市场，组织客源。

7. "政府＋公司＋农户"模式

从目前一些地区的乡村旅游发展现状来看，这一模式的实质是政府引导下的"企业＋农户"，即在乡村旅游开发中，由县、乡各级政府和旅游主管部门按市场需求和全县旅游总体规划确定开发地点、内容和时间，发动当地村民动手实施开发，在开发过程中，政府和旅游部门进行必要的指导和引导。由当地村民或村民与外来投资者一起承建乡村旅游开发有限责任公司，旅游经营管理按企业运作，利润由村民（乡村旅游资源所有者）和外来投资者按一定比例分成，除此以外，村民们还可以通过为游客提供住宿、餐饮等服务获取收益。这种模式一是减少了政府对旅游开发的投入，二是使当地居民真正得到了实惠，三是减少了旅游管理部门的管理难度，因而是一种切实可行的乡村旅游经营模式。

8. 个体农庄模式

个体农庄模式是从规模农业个体户发展起来的，以“旅游个体户”的形式出现，通过对自己经营的农牧果场进行改造和旅游项目建设，使之成为一个完整意义的旅游景区，完成旅游接待和服务工作。个体农庄的发展可吸纳附近闲散劳动力，使其通过手工艺、表演、服务、生产等形式加入服务业，形成以点带面的发展模式。

第四篇

专　　题

专题一 美丽的神话传说

在上古时代（即夏朝以前的时代），人们把做出杰出贡献的部落首领或部落联盟首领尊称为“皇”或者“帝”，把他们敬为神灵，并以各种美丽的神话传说来宣扬他们的伟大业绩。

“三皇五帝”是中国神话传说中的传奇人物。“三皇”指的是燧人氏、伏羲氏和神农氏。燧人氏教人钻木取火，伏羲氏教人结网捕鱼、畜牧养牲，神农氏教人农耕。“五帝”指的是黄帝、颛、顼、帝喾、尧、舜。黄帝统一中华，播百谷草木、实行田亩制、大力发展生产，制衣冠，建舟车，制音律，创医学等；颛顼教人用天象划分年历四季；帝喾创制历法，指导人们按节令从事农业生产；尧和舜是贤明的君王，他们制定历法、确立节气、发展农业，为中华五千年农业文化奠定了良好的基础。

中国的神话传说中记载了这些人物的来历：

燧人氏为远古时代的氏族首领，华胥氏之夫、伏羲氏与女娲氏之父。

华胥氏为燧人氏之妻，伏羲氏与女娲氏之母。

伏羲氏为燧人氏与华胥氏之子，女娲氏的兄长兼夫君，是炎帝和黄帝的祖父。

神农氏又称魁隗氏、连山氏、列山氏，因放火烧山，将草木烧成灰肥后，立即农耕播种，被世人尊称为“药王”“五谷王”“五谷先帝”“神农大帝”等。神农氏是伏羲氏与女娲氏的孙子，从神农起，姜姓部落共有9代炎帝，传位500多年。

有熊氏即黄帝，号轩辕，定都于有熊（今河南新郑）。黄帝和炎帝都是少典之子，他们在涿鹿之战中联手，打败九黎部落首领蚩尤，之后迁都涿鹿（今河北省张家口市涿鹿县），后又在阪泉之战中打败炎帝并夺取其皇位，迫使其臣服并退居南方。

高阳氏即颛顼，又号“黑帝”。传说颛顼20岁登帝位，在位78年，死时近百岁。颛顼是黄帝的曾孙。

高辛氏即帝喾。帝喾是颛顼远房之侄，传颛顼和帝喾均葬在今河南省安阳市附近的黄县梁庄镇的“颛顼帝喾陵”。后传位于第三子帝挚。

陶唐氏即尧，帝尧为帝喾第四子，帝喾去世时将帝位传给了尧的同父异母兄弟帝挚，后帝挚为政不善，禅位于他。

有虞氏即舜，帝舜为黄帝裔孙，20岁便以孝顺而闻名，是著名的二十四孝之首——“孝感动天”的主人公。他在30岁时继承陶唐氏之皇位。

禹即大禹，先为有崇氏，后为夏后氏。禹也是黄帝的裔孙，是治水英雄鲧的儿子。

大禹死后，其子夏后用暴力夺取了领袖职位，建立夏朝，禅让制被世袭制所取代。

一、火祖燧人氏

火是象形字，本义为物体燃烧所发出的光，即火焰。火字的最初形态是根据火的形状造出来的，就像一堆木材上燃起火苗一样。

有控制地用火，让火提供光和热是人类早期的伟大成就之一。火被用于照明、取暖、驱赶野兽、烹饪难以消化的食物等。学会用火使人类能够移居到气候较冷的地区。考古学研究显示，人类早在100万年前就学会了用火，约40万年前才普及。人类早期是从自然界产生的火源中取得火种的，约79万年前学会了自己生火。

远古时候，世界一片荒凉，只有森林。那时的人类连毛带血地吞吃着打来的猎物，也吃生的植物根茎或叶片，穿的则是用兽皮制成或用植物编织成的物件。人们用石块当武器，抵挡野兽的侵袭。因为生食，容易受到疾病伤害，人的寿命极短。

那个时候，原始人类经常能看到火光，例如因雷电引发的森林大火、动物尸体中磷的燃烧、地表煤炭的自燃等。但那时的人却不认识火，将之视为怪物、不祥之物，绕火而行，避火而居。

那么，人类是如何学会自己生火的呢？传说山林中居住着燧人氏一家。燧人氏和华胥氏是伏羲、女娲的双亲，是炎帝和黄帝的远祖。燧人氏死后葬于今河南省商丘古城西南 1.5 千米处，当地建有燧皇陵。华胥氏死后葬于今陕西省西安市蓝田县华胥镇孟岩村，当地建有华胥陵。

燧人氏是一个与众不同的猎人，他经常外出捕食野兽。别人绕火而行，他却哪里有火便向哪里去；别人避火而居，他却经常在有火的地方居住；别人捡到被火烧死的小动物总是随手扔掉，他发现被火烧死的小动物总是撕些肉放入口中细细品尝。通过长时间的体验，燧人氏发现了火的妙用。在寒冷的时候，人靠近火堆或在太阳光下，身体比较舒服；吃被火烧熟的动物肉，比生食动物肉少了一股难闻的腥味，且口感较好、胃觉舒服。于是，他号召周围的人把捕获的动物或采摘的植物根茎放在火上烤着吃，使人类慢慢改变了生食的习惯；他带领周围的人在寒冷的时候靠近火，找到了抵御寒冷的办法。

据说，燧人氏常采用石块打猎，当石块与山石相碰时往往会产生火花，燧人氏受到启发，就以石击石，用产生的火花引燃火绒（一种野“火草”背面的绒棉），生出火来。

传说有一天，燧人氏在大树下休息时，忽然看见许多像鸮样的鸟用嘴啄木，每啄一下，就有灿然的火光发出。于是，燧人氏感悟到了“钻木生火”的道理，就用小树枝对着木头摩擦或钻进去，靠摩擦取火，果然钻出火来。

燧人氏把取火方法教给了人们，他们用火烤制食物、照明、取暖、冶炼等，人类的生活进入了一个新的阶段。

二、人文祖神伏羲

横跨六盘山的甘肃东部地区是中华民族的发祥地之一。伏羲，又名宓羲、庖牺、包牺、伏戏，亦称牺皇、皇羲，史记中称伏栖，为燧人氏和华胥氏之子，生于成纪（在今甘肃省天水秦安县），葬于河南淮阳太昊陵。

相传伏羲蛇身人首，与其妹女娲成婚，生儿育女，成为人类的始祖。人首蛇身是图腾主义的痕迹，“蛇身”也就是“龙身”，故华夏民族有“龙的传人”之说。伏羲天生聪明伶俐，教民结网渔猎，驯养野兽为家畜，创立八卦，始造文字，变革婚姻习俗，倡导男聘女嫁的婚俗礼节，发明乐器并创作乐曲歌谣等，开启了中华民族的文化之源。因此，人们称伏羲为中华民族的人文祖神。

在天水市西关伏羲路建有伏羲庙（老百姓习惯称为“人宗庙”），每年除夕和正月十六，人们会供奉华夏人文祖神伏羲。每逢龙诞日（农历五月十三日），这里还会举办“天水伏羲文化节”，进行祭祀、朝拜仪式和祭祖活动。

三、伏羲教人捕鱼

在伏羲生活的年代，人们还不懂得种庄稼，只能挖野菜、摘野果、猎捕小动物充饥，经常忍饥挨饿。伏羲和族人们虽然想到了徒手捉鱼、鱼叉捕鱼的方法，但由于这些捕鱼方式的效率很低，所以人们依然不得温饱。

有一天，伏羲看到蜘蛛在树上结网捕虫，他很好奇，于是就决定坐下来看个究竟。只见蜘蛛吐出一根根细丝，结成网格，越织越密，不一会儿就陆续有小虫飞到网上，动弹不得，那些小虫子就成了蜘蛛的盘中餐。伏羲看罢心想：“如果用绳子编成这种形状的工具去捕鱼，结果会怎样呢?”伏羲跑到山上找了一些葛藤当绳子，像蜘蛛结网那样，把它们编成了一张粗糙的网，然后砍两根木棍十字交叉后绑到网上，又拿了一根长棍绑到十字形的交叉点上，网就做好了。他把网拿到河边往河里一放，手握长棍在岸边静静地等候着。隔了一会儿，把网往上一拉，哎哟，网里净是些欢蹦乱跳的鱼。这个办法不但鱼捉得多，人还不用下水了。于是伏羲就把结网的方法教给族人，从此以后，人们都用网来打鱼了，吃的东西充足了许多。

在仰韶文化遗址（在今河南省三门峡市渑池县仰韶村）中发现

有石网坠、骨鱼钩、鱼叉等捕捞工具，鱼的形象也进入了彩陶艺术制品中，网格装饰纹样更是常见，这些都证明了伏羲时代捕鱼在生产生活中的重要性。

四、伏羲驯养家畜

家畜一般是指由人类饲养驯化，且可以人为控制其繁殖的动物，如常见的马、牛、羊、鸡、狗、猪 6 种家畜，也包括骆驼、家兔、猫、狗等。家畜有食用、劳役、毛皮取材、实验等功能。

那么，人们是如何学会驯养家畜的呢？

远古时代，随着生产的发展，人们开始建立定居的村落，发明并使用石器和陶器，使远古人类的狩猎能力有了不小的提高，狩猎所得在一定条件下还可能有所盈余。于是，人们把这些暂时不吃的动物豢养在住宅里或特定的地方，久而久之，便有了驯育家畜的习惯。

据说，当年伏羲对渔网进行了改进，创制“网罟”，并把网罟放到野兽的洞口或野兽经常出没的地方来捕获野兽。网罟的使用使得捕获的野兽出现了剩余，伏羲便教大家做了牲畜圈，将剩余的野兽分在牛圈、羊圈、猪圈、兔圈等里面养着。后来，人们又尝试将捕捉来的狼进行驯养，慢慢驯养出了用来看门的狗。从此，人们进入了渔猎畜牧的时代。仰韶文化遗址发现有石镞、弹丸、石饼等狩猎工具，彩陶艺术制品和网格装饰纹样中有动物的形象，都证明了伏羲时代畜牧在生产生活中的重要性，为后来畜牧业的发展奠定了基础。

五、炎帝神农氏

神农氏，又号农皇，生于姜水（今陕西省宝鸡市清姜河）之岸，是远古传说中的太阳神。相传，炎帝神农氏是伏羲与女娲的孙子，为姜水流域姜姓部落首领，后发明农具，以木制耒，教民稼穑饲养、制陶纺织及使用火，功绩显赫，以火得王，故为炎帝，世号神农，后世尊之为“农业之神”。

六、神农开创农业

农业是耕作土壤、收获作物和饲养牲畜的生产事业，是利用动植物的生长发育规律，通过人工培育来获得产品的产业。在国民经济中的农业，还包括林业、渔业和农村副业等生产在内。

神农氏所处的时代是中国从原始畜牧业向原始农业发展的转变关头。那时人口繁多，人们靠猎物和植物的果实维持生计。可是，天上的飞禽越打越少，地上的走兽越打越稀，所得食物难以果腹。怎样才能解决人们的饥饿问题？神农氏苦苦思索，可谓绞尽脑汁。

一天，一只周身通红的鸟儿衔着一棵五彩九穗谷飞在天空，掠过神农氏的头顶时，九穆谷掉在地上。神农氏见了，拾起来埋在了土壤里，后来竟长成一片。他把谷穗在手里揉搓后放在嘴里，感到很好吃。于是他教人砍倒树木，割掉野草，用斧头、锄头、耒耜等生产工具开垦土地，种起了谷子。

神农氏从这里得到启发：谷子可年年种植，源源不断，若能将更多的草木之实选出来，多多种植，大家的吃饭问题不就解决了吗？那时，五谷和杂草长在一起，草药和百花开在一起，哪些可以吃，哪些不可以吃，谁也分不清。神农氏就一样一样地尝、一样一样地试种，最后从中筛选出稻、黍、稷、麦、菽这五谷，所以后人尊他为“五谷爷”“农皇爷”。神农氏教民种五谷后，并不单单靠天而收，还教民打井汲水，对农作物进行灌溉。

七、神农尝百草

医药是预防或治疗、诊断人类和牲畜疾病的物质或制剂。药物按来源可分为天然药物和合成药物。医药可以预防疾病、治疗疾病，帮助人类减少痛苦，增进健康，增强机体对疾病的抵抗力。

上古时候，遍地荒野，草木茂盛，哪些是草药可以治病，谁也分不清。谁要生疮害病，无医无药，不死也要脱层皮。

传说，神农氏在深山老林采药，被一群毒蛇围住。毒蛇一起向神农氏扑去，有的缠腰，有的缠腿，有的缠脖子，想置神农氏于死地。神农氏寡不敌众，终被咬伤倒地，血流不止，浑身发肿。他忍痛高喊：“西王母，快来救我。”王母娘娘闻听呼声后，立即派青鸟衔着她的一颗救命解毒仙丹在天空中盘旋，终于在一片森林里找到了神农氏。毒蛇见到了王母的使者青鸟，吓得纷纷逃散。

青鸟将仙丹喂到神农氏口里，神农氏逐渐从昏迷中清醒。青鸟完成使命后回归，神农氏感激涕零，高声向青鸟道谢，哪知，一张口，仙丹落地，立刻生根发芽长出一棵青草，草顶上长出一颗红珠。神农氏仔细一看，这红珠与仙丹完全一样，放入口中一尝，身上的余痛全消。他高兴地自言自语：“有治毒蛇咬伤的药方了！”于是，神农氏给这味草药取名“头顶一颗珠”。后来，药物学家将它命名为“延龄草”。炎帝神农氏为“宣药疗疾”，使百姓益寿延年，跋山涉水，行遍三湘大地，尝遍百草，了解百草平、毒、寒、温之药性。

他几乎嚼尝过所有植物，“一日遇七十毒”。神农氏在尝百草的过程中，识别了百草，发现了具有攻毒祛病、养生保健作用的中药，因此先民尊称他为“药神”。后人为了纪念他，将中国的第一部医学著作命名为《神农本草经》。据说，炎帝神农氏终因误尝断肠草而死，葬于湖南株洲炎陵县一带。

八、神农开创集市

集市是人们定期聚集进行商品交易活动的一种形式，是在商品经济不发达的时代和地区普遍存在的一种贸易组织形式，又称“市集”。

集市起源于史前时期人们的聚集交易，以后常出现在宗教节庆、纪念集会上，并常附带民间娱乐活动。

农业的出现使人们的劳动果实有了剩余。人们在日常生活中，需要是多种多样的，有了剩余产品，人们就会有交换产品来满足需要的愿望。

传说有一天，神农看到一群孩子吵吵闹闹地走了进来。他问孩子们为什么争吵。孩子们争着告诉他说，他们中间有一个孩子有两张弓，一个有两支箭，两个人原本说好互相交换的，后来有弓的一个反悔了，因此就吵起来了。神农一听，顿时开了窍。他想，肉多的部落不是可以和谷子多的部落互相交换吗？

于是神农来不及招呼孩子们，欣喜地向外奔去。他和几个部落的酋长一商量，决定每隔十天，到日中的时候，大家把多余的东西拿到一个指定的地点（集市），向别人换取自己所需的东西。每到此时，人来人往，熙熙攘攘，非常热闹，人们互相交换自己所需要的东西。这就是以物易物、日中为市的开始，是原始社会人们简单生活的一种自由贸易。

九、神农架

湖北省西部有一片群峰耸立、林涛起伏的高大山地，它横亘于长江、汉水之间，方圆 3 250 千米^2。区内古木参天，奇花异卉遍布，主峰东南的千家坪生长着大量被称为“活化石”的古老植物及举世闻名的第三纪冰川树种，如珙桐、水杉、水青树、连香树、领春木等，这就是著名的神农架林区。

相传，上古时代的神农氏曾在这里遍尝百草，为民除病。由于崖高壁陡，珍稀药草不易采到，神农就伐木搭架而上，架木为屋，以避风雨。神农尝完百草，找到可食用的五谷和医病的草药后，返途经过回生寨，准备下山，却发现之前搭的木架不见了。原来，那些搭架的木杆落地生根、淋雨吐芽，年深月久，竟然长成了一片茫茫林海。神农正在为难，突然空中飞来一群白鹤，把他接上天庭。从此，回生寨一年四季香气弥漫。为了纪念神农尝百草、造福人间的功绩，老百姓就把这一片茫茫林海取名为“神农架”，把神农升天的回生寨改名为“留香寨”。

神农架林区的炎帝神农文化园集中展示了其业绩与功德，内设祭坛，神农塑像高大雄伟、庄严肃穆，他双目微闭，似乎在洞察世间万物。祭坛内方外圆，有天圆地方之意；外围的五色石代表着五行，即金、木、水、火、土。祭坛两侧的壁画以艺术手法记录着神农的功德，即降牛以耕、焦尾五弦、积麻衣葛、陶石木具、原始农耕、日中为市、穿井灌溉，表达了子孙们的敬仰和怀念。

十、人文初祖黄帝

黄帝，少典之子，长居姬水，因改姓“姬”，建都于有熊，故亦称“有熊氏”，因有土德之瑞，故号“黄帝”。相传，黄帝诞辰是夏历三月初三，他一生下来就显得异常神灵，生下没多久便能说话，到了 15 岁，黄帝已经无所不通了。在黄帝成为氏族首领之后，有熊氏族的势力得到迅速发展，形成一个独立的黄帝部落。传说黄帝在涿鹿之战中与炎帝联手，打败了九黎部落首领蚩尤，后来又在阪泉之战中打败炎帝，夺取了皇位，迫使炎帝臣服并退居南方。黄帝以征服东夷、九黎族并统一华夏部落的伟绩被载入史册。

黄帝部落在从姬水向东发展的过程中，继承了神农以来的农业生产经验，将原始农业发展到高度繁荣阶段，使本部落迅速发展壮大。

史载黄帝共有 25 个儿子，其中 14 人被分封得姓。这 14 人共得到 12 个姓，依次为姬、酉、祁、己、滕、葴、任、荀、僖、姞、衣。少昊、颛顼、帝喾、唐尧以及夏朝、商朝、周朝的君主都是黄帝的子孙，这些后裔在黄帝到尧、舜、禹时期大都已经脱离黄帝母族，建立了大批的氏族方国或部落，有了独立的姓和氏。后来，周武王（姬发）从陕西东出中原建立了周朝，分封诸侯或方国，其中姬姓国 53 个，这些姬姓国以国为氏，于是形成了中国的大多数姓氏。

黄帝升天后，人们为了纪念他“艺五种，抚万民”的伟大创举，在每年农历九月九日（传说黄帝升天的日子）聚集在陕西省黄陵县黄帝陵（位于陕西省黄陵县城北桥山），在陵前献花、献果、献三牲，并在他的坟前撒五谷，让黄帝的在天之灵保佑来年五谷丰收。

《黄帝内经》是一本综合性的医书，之所以冠以“黄帝”之名，意在溯源崇本。《黄帝内经》认为，人体是肝心脾肺肾五大系统的统一体。在养生方面提出“五谷为养、五畜为益、五菜为充、五果为助”的膳食搭配理论，认为五谷是人体赖以生存的基本物质，五畜补益五脏精气，五菜有协同充养作用，五果辅助补充营养，各种食物合理搭配，保证用膳者必需的热能和各种营养素的供给。

十一、黄帝大力发展农业

黄帝统一华夏部落后，大力发展农业，设官建制，种粮种菜，种桑养蚕，制作农具，储粮酿酒，饲养禽兽，铸造了辉煌灿烂的中华古代文明。

黄帝非常重视农业生产，为了防范部落、族群间的土地争端，设立田亩制度。以前人们一起在地里耕作，收获的粮食统一上交部落，也不称量。黄帝发现这样有诸多弊端，便将土地重新划分，划成一个个“井”字。按规定，中间一块为“公亩”，由部落派人耕种；四周的八块为“私田”，由八家合种，可以打凿水井，也可以种植粮食，但收成要交部落，由部落进行分配。为了指导四时农事，黄帝专门设置了农事官，不仅对管理庶民有利，更促使了农耕技术的进步。

在黄帝时代，中原地区已栽培有粟、稻、小麦、豆、高粱等农作物，并且种植蔬菜；中原地区已开始种植桑麻，据说是黄帝元妃西陵氏女嫘祖发现了养蚕、制丝的方法，在麻、蚕丝的加工应用方面，已达到一定的水平。粮食储存与加工技术也有进步，其中杵臼的发明不仅提高了粮食加工效率，同时也扩展了粮食的用途。此外，已有酒的酿造，出现了酒器。中原地区还出现了井，不仅解决了先民饮水问题，也解决了农田灌溉问题。

在黄帝时代，农业生产工具种类多且数量大，有石斧、石铲、石锄、石犁、石刀、石凿形器，刮削器、砍砸器，还有陶刀、陶链、陶锉等陶制工具，还有用动物骨骼制作的角锥、角凿、穿孔蚌壳等角器农具。狩猎是中原地区先民经济生活的补充，人们已经开始驯养和使用动物，饲养猪、狗等兽禽，当时还出现了石网坠、鱼钩、鱼叉等渔业工具。

黄帝大力发展农业，为农耕技术的发扬光大做出了贡献。

十二、上古五帝之——帝喾

帝喾是上古五帝之一，前承炎黄，后启尧舜，是黄帝的曾孙、少昊的孙子。帝喾是中国神话人物中重要的一位，《山海经》《世本》《楚辞·天问》《国语》等都记载了他的事迹。

传说帝喾一生出来就能说话，会写自己的名字，相貌更是奇特异常，头极像鸟，可是又长着两只角，跟山羊的角一样。他身子非常瘦小，跟猴子差不多，满身长满毛发，只有一只脚，要拄着拐杖才能走路。帝喾很聪敏，据传 15 岁时因为辅佐颛顼有功，得到了高辛这个封邑。后来帝喾代替颛顼当上了帝王，在位 70 多年，享寿 105 岁，死后葬于河南省商丘市南边的高辛集。现如今，每年仍然有很多人来到位于河南商丘的帝喾陵祭拜他。

在帝喾之前，人们虽有一年四季的概念，能够按天象划分年历四季（分别为春分、夏至、秋分、冬至），但只是日出而作、日落而息，对于何时收种庄稼、饲养畜牧并没有一个合理的时间安排，这严重制约了农业发展和人们生活质量的提高。

据《大戴礼·五帝德》载，为发展农业生产，帝喾进一步改进历法，使黎民百姓因时而耕种，“观北斗四时指向，以定节气；观天干上古五帝之一帝喾以定周天历度。”从天象与物候变化探索规律，划分四时节令，指导人们按照节令从事农业生产。《国语·鲁语》载，帝喾“能序三辰以固民”，即帝喾沿用先人观测星宿运行规律的办法，继续改进和推算历法，修订《颛顼历》，使之成为更适用于农业耕作的简明历法，促进了农业的发展，使华夏农耕文明走进了一个崭新的时代。

专题二 小故事

万荣县新庄林澜果蔬专业合作社（沁木果园）

——“苹果震”的苹果之路

万荣县新庄林澜果蔬专业合作社成立于2012年7月，注册资金100万元，采用“合作社＋农户＋基地”的形式运作，现拥有注册农户79户，实行统一的农资供应和农技培训，优质苹果统一销售。

其主要栽培品种为红富士苹果，另有少量美八、嘎啦、新世纪、新红星品种。合作社利用“GAP＋良好农业生产规范”的规程来规范果园生产管理，引进溯源体系，聘请果树专家，对园区果树栽培实行统一农技服务和统一农资供应，果园操作全程记录，部分果园安装可视化系统，消费者可直接观看果园实时情况。同时，推进果园机械化管理，采用物理防控、化学防控以及生物防控等综合防控技术，减少农用化学品的投入。此外，合作社还与北京伟创英图科技有限公司及业内知名教授合作，利用近红外技术，进一步实施果树管理的数据化与科学化，减少投入，降低成本，增加产量，提升品质。

合作社成立后随即注册“沁木”商标，释义为“沁人心脾，入木三分”；2013年通过了推荐性认证“GAP＋良好农业规范”一级认证，用先进的标准理念来规范生产；2015年引进先进的近红外无损测糖技术；2016年8月，合作社部分基地实现了可视化管理，引进全程可溯源系统，安装杀虫灯等无公害生产设施，合作社正式推出“金标果”系列万荣苹果；2016年10月，合作社引进一台机械选果机；2018 年 7 月，引进北京伟创英图科技有限公司的一条近红外无损测糖探伤分选线，可实现苹果的内部品质检测，将优质苹果按照糖度分级。同时，合作社果园被授予“万荣县电商带动示范园区”称号。

其销售模式多样化发展，采用多种模式相结合的方式，包括传统的购销模式、自营电商业务、贴标（OEM）代加工业务、线上到线下（O2O）本地销售模式、微商代理业务等多种渠道。此外，还经常参加国内的一些行业展会，不断提升自有品牌的影响力。

合作社始终将产品品质放在第一位，利用种植、分选等技术，尽量实现非标苹果的标准化，提升品牌形象，提高产品的溢价能力。合作社始终坚持自己的 3 份责任义务：带领农民增产增收；给消费者带来更优质安全健康的苹果；减少农用化学品的投入，使自然环境可持续发展！

一、苹果震与专业合作社

王震，又名“苹果震”，毕业后，“苹果震”从事了两年的农资销售服务工作。两年的实践经验使他学会了一些苹果植保技术方面的知识，也对万荣苹果有了更深的了解。他认识到现实传统的苹果种植、包装、销售不规范，一年到头来，农民挣不了钱，城市消费者对农产品的安全也不放心。他下定决心改变这种局面，更用心地经营万荣苹果。作为一个“农二代”和土生土长的万荣人，他生长在这片中华文明的发源地，有着黄土地人的那种憨厚以及体现着万荣精神的那种倔强、不服输的特质，他决定专心、专注做一件事，那就是生产好的万荣苹果！

2012 年，“苹果震”牵头成立了万荣县新庄林澜果蔬专业合作社，并且同期注册了沁木商标，尝试新的苹果销售渠道，借助互联网，进行宣传销售。天秤座的完美主义在“苹果震”身上有了很好的体现，他努力将苹果做得更精致、用心，不放过每一个细节；几年来，凭借着万荣人的执着，“苹果震”不断出去学习、参加展会、跑市场，不放过每一个学习和宣传的机会。

“苹果震”始终坚持标准化的不断减少农药使用的方案，为农户提供整套的植保技术服务，并且经常自掏腰包聘请农业院校教授给果农讲解苹果生产管理技术，用自己仅有的积蓄帮果农购买果园机械、购买选果设备，还到北京学习并引进伟创英图的近红外无损测糖设备。

几年的努力和坚持也给他带来了一些荣誉。在 2015 年运城市第二届青年创新创业大赛中，“苹果震”凭借着沁木牌苹果的项目获得二等奖；2016 年，获得万荣县政府颁发的“农村电商带头人”荣誉，在万荣县万荣苹果杯创新互联网创业大赛获得二等奖，同年当选万荣县第十四届政协常委；2017 年，获得万荣县政府颁发的“万荣县果业发展带头人”荣誉。荣誉有了，但是他也同时感受到了更大的压力，感受到了更大的责任，他珍惜每一份荣誉，踏踏实实践行自己的梦想！

二、“苹果震”与苹果

乡村的感情是“80 后”这一代难以割舍的，泥土的清香、屋顶的炊烟袅袅都是一个村落的特性，甚至灶台里燃着的果树枝的味道也深深地印在了他们的脑海里，成为一抹挥之不去的记忆。

小时候，当老师问起大家长大后都有什么愿望时，“科学家”基本上就是标准答案了，“苹果震”也不例外。憧憬着外面世界的美好，“走出去”成为这代农村孩子的愿望，他们希望摆脱父辈们这种每天“面朝黄土背朝天”的命运，坐进舒适的办公楼里。

心里隐隐约约的乡土情让参加完高考的“苹果震”鬼使神差地选择了农学专业，在钢筋混凝土的城市里开始了大学的求知之路。记得大三那年，跟往年一样，他把家乡的苹果带到学校，烟台的同学尝了“苹果震”带来的苹果后，无意间的一句“真甜”让“苹果震”萌生了要做万荣苹果的想法，从此更加关注万荣苹果。

大学期间，他学会了轮滑这项运动，喜欢在轮子上飞舞的感觉，特别喜欢一句话“虽然上帝没有给我们翅膀，但是轮滑给了我们飞的感觉”。作为校区轮滑社、运城轮滑俱乐部发起人之一，“苹果震”对轮滑到了一种难以割舍的地步，但是相对于平整的混凝土路面，他更钟情于可以孕育生命的那片沃土。

2010年，他离开了“象牙塔”的生活，背包回到家乡，选择了农业技术服务类的工作。果树枝烧灼的味道熟悉又陌生，犹如久违的朋友的重逢，就在那一刻，“苹果震”决定，不走了，要留下来！

第一年、第一次来上海卖苹果，让“苹果震”有了从迷茫到云雾初开的感觉。他抱着极大的热情，来到了大都市上海，拎着苹果样品寻找金山区一个联系好的客户，客户吃了苹果后，说是没有新疆阿克苏苹果甜，他一时语塞，很沮丧。出了客户店门，“苹果震”突然间觉得很迷茫，不知道这样投入地经营苹果到底值不值，到底有没有前途。在当地比较的大的两个水果商店，“苹果震”购买了全国五大产区的苹果，包括新疆阿克苏的苹果，在回市区的公交车上，“苹果震”把苹果一个个掰开让前排的女乘客品尝，进行盲选，结果她选择了万荣苹果，因为她认为这个苹果有苹果该有的清新味。第二天，上海“圣甲虫农夫市集”的工作人员对苹果极高的评价也让“苹果震”充满了信心，又回到了满血状态！

随着工作的不断深入，他接触到了更多的客商和农户，渐渐地，对万荣苹果也有了更清晰的认识。“苹果震”意识到了只有这片肥沃的黄土地、只有这600～800米的海拔高度、只有这充足的阳光和纯洁的空气、只有这里400米深的地下水才能孕育出这样皮薄肉厚、甜酸适口、脆爽多汁的苹果。

但是，传统的种植过程无人监管，农户缺乏真正的技术指导，农资产品滥用，产品混级包装销售。传统的劳作方式和销售观念也束缚着优质农业的进步步伐，与现阶段的消费者需求格格不入，毫无征兆的滞销让农民们束手无策。

“苹果震”立志改变，于是加入到了“新农人”行列中来。

刚开始，农户并不接受，讲了很多，就得到一句话“阿震，你那套在咱们这边行不通，苹果很少出现卖不出去的情况，都做习惯了，没人愿意跟着你干”。的确，传统生产方式生产的苹果依靠传统的包装方式也能卖出好价钱，只是苦了收苹果的客商，更是苦了消费者。

伤痛与力量来自同一个方向，改变的虽然很痛苦，但也是新生力量的源泉。“苹果震”选择了坚持，他用行动来影响农户，终于，村里有人愿意按照他的方法来管理果园了，愿意按照他的方式销售苹果了。慢慢地，人多了起来……

“苹果震”始终相信，优质的产品是用心培育出来的，遵循自然规律是唯一的选择。在孤峰山脚下，沁木果园一片勃勃生机，春天万物复苏，果树也开始萌芽展叶，淡雅的花朵招蜂引蝶，孕育出果实，历经200多天的日升日落、风吹雨打，完成了从青涩到娇艳欲滴的蜕变。“苹果震”喜欢她蜕变后的美艳，但更喜欢与她一路相伴，慢慢成长的过程。

幽默是这片黄土地上生长的人们与生俱来的，果园里时不时就会传出一阵大笑。对，这是“苹果震”与淳厚的万荣农民在果园劳动时的场景，万荣笑话也就是这样诞生的。“快乐”是果园不可或缺的一个元素，伴随着欢快的节奏，枯燥的劳动也变得格外轻松。从开花到结果，每一次农事劳作都是一种快乐的传达，每个苹果都是听着万荣笑话快乐成长起来的哈哈果，每个哈哈果都蕴藏着果园纯净的欢乐、果农淳厚的欢乐、苹果香甜的欢乐！

责任更重，路更远。慢慢地，“苹果震”意识到他所做的这一切更是一分责任，为了把更优质的苹果带到更多人的餐桌，不做小众化的产品。他坚持推广优质生产技术，自己掏腰包请专家来果园实地讲解苹果生产技术，标准化生产万荣苹果，带动更多的合作社社员加入“新农人”的行列，生产更安全、更健康、更好吃的万荣苹果，让农户受益，让消费者更信赖。

倔强的坚持是万荣人特有的一种精神。成长的路上是艰辛的，面对怀疑、面对彷徨、面对犹豫，“苹果震”毅然选择坚持。因为“苹果震”是万荣人，不能选择放弃；因为承接着更多的责任，只能选择坚持。

三、“苹果震”与沁木品牌

万荣县的水果栽植历史悠久。

早在20世纪70年代，在农村集体经济发展时期，万荣县的很多农村就建了果园，尤其是王显乡张仪村，在20世纪60年代就建了大型果园，当时的村党支部书记闫中行带领村民向着“村南花果山，村北米粮川”的目标努力奋斗着。

1981年，全县开始实行土地联产承包责任制，有管理经验和经济头脑的群众率先在自己的责任田里栽植大面积的果树，开创了万荣果业的新纪元。

20世纪90年代，万荣苹果继王显、贾村、高村一带向全县扩展，万荣县委、县政府充分利用万荣独特的自然优势，调整产业结构，号召全县大力发展苹果生产。

在后来的20多年间，万荣县干部群众一任接着一任干，一代接着一代干，一张蓝图绘到底。

“33211”工程、“三改六配套工程”“国家有机农产品认证示范县”“有机农业基地县”和“出口苹果质量安全示范区”的建设以及“果业富农”战略让苹果种植面积超过全县102万亩耕地面积的1/3，达35万亩。万荣苹果历经无公害、绿色和有机，总产量7.8亿千克，产值20.5亿元，果业人均纯收入4 879元。果业已是万荣农民的当家产业。

对万荣苹果的赞誉接踵而来，万荣苹果开启了自己的品牌之路。“全国苹果二十强县”“中国果菜无公害十强县”，其中南张、王显、高村三个乡镇被评为“中国优质苹果生产基地百强乡镇”。“孤峰山”牌苹果在2009年中国国际果蔬展览会上被评为“中华名果”。

2011年，万荣苹果代表山西省成功进入澳大利亚国际高端市场。

2012年，万荣文化果荣获第十届中国国际农产品交易会“畅销产品奖”，在首届中国特色商品博览交易会上荣获“绿色环保奖”，被商务部选送到阿联酋参加国际特色商品展，被国家工商总局核定为地理标志证明商标，被评为“中国品牌文化十大范例”。

2015 年 6 月 2 日，万荣苹果代表中国苹果首次进入美国市场。

2015 年 11 月，国内首份鲜苹果地方标准——《万荣红富士苹果地方标准》（DB/T 1069—2015）由山西省质量技术监督局发布实施……

之后的品牌发展，万荣苹果一步步登堂入室，产业升级和品牌提升顺风顺水，一路好走。

2016 年 3 月，“苹果震”被授予了农村电商带头人；2016 年 4 月，沁木牌万荣苹果在运城市 50 多家参选的苹果中获得综合评比第二名的成绩。因为苹果品质优良，从事苹果销售的电商在万荣呈现蓬勃发展的态势，经营沁木牌万荣苹果的“苹果震”就是其中之一。他把苹果销售事业干得风生水起，自己贷款购买了一条近红外无损测糖探伤生产线，卖更高档的精品果。

“我过去卖苹果，也跟别人说，我们万荣的苹果是听着笑话长大的。现在把万荣苹果区域公用品牌定位为一个快乐的苹果，是非常好的，与我的想法一致。我跟果业局的领导说，新的 Logo 下来，就先让我用。你看，我都贴到了苹果的包装箱上。这个新的 Logo 一贴，感觉比过去的商标高大上了。”

新的品牌标志和传播口号推出后，在全国苹果行业中立刻引起了巨大轰动，深受有关专家及消费者好评。

万荣县大力度发布区域公用品牌，在万荣苹果发展史上是一个转折点，将引导万荣果业从业者主攻高档果的生产。政府要把这个品牌包装出来，让消费者记住这个品牌，就要首先管好这个品牌。在品牌管理上，有一套详细的管理办法，必须是好人、好园、好苹果才能使用，不符合标准的，不能用。

要使用这个品牌，首先人品要好，企业必须是正规经营，有正规的销售渠道和货源渠道，有生产苹果的合作社和配套的果库。此外，还有一系列的其他约束办法，如果农公约、果库管理规范、电商管理规范等。随时抽检，通过协会商会的力量，大力打击害群之马，维护好万荣苹果整体的品牌形象，政府的目的就是为了促进果农增收。

2016 年以来，万荣苹果屡获殊荣：8 月，在第二届中国果业品牌大会上，沁木品牌以 25.04 亿元的品牌价值荣登“2016 中国果品区域公用品牌价值榜”，位列山西苹果品牌价值第一名；10 月，在中国苹果年会上，万荣被授予“全国现代苹果产业 10 强县”；同月，在“2016 中国苹果品牌大会”上，沁木品牌又被授予“2016 中国最有影响力的十大苹果区域公用品牌”。

“苹果震”始终坚持将合作社的三分责任作为自己的践行标准，努力为这三分责任奋斗，将沁木品牌做成万荣苹果的知名品牌，将沁木牌万荣苹果卖到全国各地，为推动万荣苹果的标准化种植、销售，奉献自己的力量！

参 考 文 献

崔琰，2014. 陕西省礼泉县袁家村乡村旅游和谐度评价 [J]. 江苏农业科学，42 (2)：369-372.

高倩艺，2011. 二十四节气民俗 [M]. 北京：中国社会出版社.

高万林，2018. 中华农耕文化科普读本 [M]. 北京：人民教育出版社.

何振，2015. 乡村旅游安全管理的重难点及对策分析 [J]. 经济视野 (4)：255-256.

昆明市旅游发展委员会，2016. 乡村旅游经营手册 [M]. 北京：中国旅游出版社.

李光跃，2014. 休闲农业与乡村旅游概论 [M]. 成都：四川科技出版社.

李静轩，李屹兰，2010. 乡村旅游开发与经营 [M]. 北京：中国农业科学技术出版社.

罗景峰，2013. 我国乡村旅游安全研究现状与展望 [J]. 安徽农业科学，41 (33)：50-52.

秦丽娟，2016. 城市园林设计与园林植物保护探析 [J]. 美术教育研究 (8)：165.

沈镇昭，隋斌，2012. 中华农耕文化 [M]. 北京：中国农业出版社.

唐代剑，池静，2005. 中国乡村旅游开发与管理 [M]. 杭州：浙江大学出版社.

王宝地，秦树文，吴伟刚，等，2016. 现代农业与互联网 [M]. 北京：中国农业科学技术出版社.

王衍用，宋子千，2007. 旅游景区项目策划 [M]. 北京：中国旅游出版社.

王云才，郭焕成，徐辉林，2006. 乡村旅游规划原理与方法 [M]. 北京：科学出版社.

吴伟刚，王宝地，沈凤英，2017. 农民素养与现活 [M]. 北京：中国农业科学技术出版社.

夏林根，2007. 乡村旅游概论［M］. 上海：东方出版中心.

赵承华，2012. 乡村旅游开发模式及其影响因素分析［J］. 农业经济（1）：13-15.

邹统钎，2014. 乡村旅游行业管理［M］. 北京：旅游教育出版社.